Medienbildung für alle

Digitalisierung. Teilhabe. Vielfalt.

Marion Brüggemann
Sabine Eder
Angela Tillmann (Hrsg.)

Schriften zur Medienpädagogik 55

Medienbildung für alle

Digitalisierung. Teilhabe. Vielfalt.

Marion Brüggemann
Sabine Eder
Angela Tillmann (Hrsg.)

kopaed (München)
www.kopaed.de

Schriften zur Medienpädagogik 55

Dem Bundesministerium für Familie, Senioren, Frauen und Jugend danken wir für die Förderung des vorliegenden Bandes.

Diese Publikation erscheint mit Unterstützung der Technischen Hochschule Köln, des ZeMKI (Zentrum für Medien-, Kommunikations- und Informationsforschung) an der Universität Bremen und der Universität Paderborn.

Herausgeber

Gesellschaft für Medienpädagogik und Kommunikationskultur in der Bundesrepublik Deutschland (GMK) e.V.

Anschrift

GMK-Geschäftsstelle
Obernstr. 24a
D-33602 Bielefeld
Fon: 0521.67788
Fax: 0521.67729
Email: gmk@medienpaed.de
Website: www.gmk-net.de

Für namentlich gekennzeichnete Beiträge sind die Autorinnen und Autoren verantwortlich.
Redaktion: Marion Brüggemann, Sabine Eder, Angela Tillmann, Tanja Kalwar
Lektorat: Tanja Kalwar
Einbandgestaltung und Titelillustration: Katharina Künkel
Druck: Memminger MedienCentrum, Memmingen

© kopaed 2019
Arnulfstraße 205
80634 München
Fon: 089.68890098
Fax: 089.6891912
Email: info@kopaed.de
Website: www.kopaed.de

ISBN 978-3-86736-555-0
e-ISBN 978-3-86736-643-4

Inhalt

Marion Brüggemann/Sabine Eder/Angela Tillmann
Medienbildung für alle 9
Digitalisierung. Teilhabe. Vielfalt.

1. Theoretische Perspektiven

Ricarda Drüeke
„Check your privilege" 21
Intersektionale Perspektiven auf digitalisierte Medienkulturen

Ingo Bosse/Anna-Maria Kamin/Jan-René Schluchter
Inklusive Medienbildung 35
Zugehörigkeit und Teilhabe in gegenwärtigen Gesellschaften

2. Gesellschaftliche Perspektiven

Lorenz Matzat
„Algorithmic Accountability" 55
Automatisierte Entscheidungen sichtbar machen

Bernward Hoffmann
**Medienbildung als Teil kultureller Bildung zwischen
Inklusion und exklusiven Angeboten** 63

Herbert Kubicek
Medienbildung wirklich für alle? 75
Digitalbetreuung statt Lernzumutung

Torben Kohring/Dirk Poerschke/Horst Pohlmann
Computerspielsucht oder digitale Bewältigungsstrategie? 91
Medienpädagogische Implikationen zur Klassifizierung
von exzessivem Spielverhalten als Krankheit

Judyta Smykowski im Interview mit Sabine Eder
Disability Mainstreaming 105
Gleichstellung von Menschen mit Behinderung
als Querschnittsaufgabe

3. Empirische Zugänge

Ingrid Paus-Hasebrink
**Teilhabe unter erschwerten Bedingungen –
Mediensozialisation sozial benachteiligter Heranwachsender** 117
Zur Langzeitstudie von 2005 bis 2017

Olivier Steiner/Monika Luginbühl/Rahel Heeg/
Magdalene Schmid/Frank Egle
**Medienkompetenz in stationären Einrichtungen
der Jugendhilfe der Schweiz** 131

Sonja Ganguin/Ronja Schlemme
**Mediennutzung blinder Menschen und Implikationen
für die inklusive Medienbildung** 143

Adrian Roeske/Katharina Heitmann
**Nutzer*innenwünsche an eine alternative
Nachrichtenplattform** 161
Co-Creation als Methode partizipativer Sozialforschung

4. Perspektiven aus der Praxis

Wolfram Hilpert
Einfach für Alle! Politische Bildung und Inklusion 177
Zum Konzept inklusiver Materialien der politischen Bildung.
Das Beispiel der multimedialen bpb-Reihe „einfach POLITIK:"

Christoph Marx/Luise Jahn
**Selbstbestimmte mediale Teilhabe fördern:
Das Projekt „Telling Stories/Geschichten erzählen"** 193

5. Positionspapier

Ingo Bosse/Anne Haage/Anna-Maria Kamin/Jan-René Schluchter/
GMK-Vorstand
Medienbildung für alle: Medienbildung inklusiv gestalten   **207**
Positionspapier der Fachgruppe Inklusive Medienbildung der
Gesellschaft für Medienpädagogik und Kommunikationskultur e.V.
(GMK)

Autorinnen und Autoren   **221**

Abbildungsnachweis   **227**

Marion Brüggemann/Sabine Eder/Angela Tillmann

Medienbildung für alle
Digitalisierung. Teilhabe. Vielfalt.

Wir lassen uns mit der Hilfe von digitalen Geräten und Apps durch Städte navigieren, kommunizieren per Online-ID mit Behörden, absolvieren Prüfungen online, nehmen via Internet an Diskussionen, Abstimmungen und Events teil, positionieren uns politisch in sozialen Netzwerken und auf Blogs, recherchieren online Informationen. Wir spielen in Teams mit Menschen, denen wir teils nur online begegnet sind, treffen via Messenger Verabredungen und pflegen Freundschaften, suchen über Online-Portale Partnerschaften und dokumentieren im Netz bedeutsame Momente. Gesellschaftliche Teilhabe, Kommunikation, Weltverstehen und damit einhergehend auch viele Bildungschancen eröffnen sich gerade durch die Nutzung von digitalen Medien. Doch längst haben noch nicht alle Menschen einen selbstbestimmten Zugang zu digitalen Medien. Auch sind Angebote zur Medienbildung ungleich verteilt und häufig nicht breit genug aufgestellt. Überdies bringen Menschen unterschiedliche Medienerfahrungen mit und ihr Medienhandeln erfährt, je nach sozialem und kulturellem Kontext, Alter, Geschlecht, sexueller Orientierung, Behinderung, Ethnie/Rasse, Weltanschauung/Religion usw. eine unterschiedliche individuelle als auch gesellschaftliche Bedeutung.

Von pädagogischer Seite gilt es somit, bezogen auf die zunehmende Durchdringung des Alltags mit digitalen Medien, sowohl die infrastrukturellen Voraussetzungen der Teilhabe als auch die Ungleichheiten im Zugang und in der Nutzung von Medien im Blick zu behalten. Gleichermaßen gilt es auch, die Wechselwirkung und Überschneidungen von gesellschaftlichen Machtdiskursen zwischen verschiedenen ungleichheitsgenerierenden Dimensionen zu reflektieren und daneben die individuellen und gruppenbezogenen Interessen und Bedürfnisse im Medienhandeln wahrzunehmen. Zudem sind Barrieren abzubauen und Möglichkeiten zu schaffen, damit alle Menschen selbst zu Wort kommen und gehört werden können. Im Zuge dessen wandeln sich die Anforderungen an Bildung und Lernen unter den Bedingungen von Diversität und Inklusion. Alte Konzepte sollten überdacht und neue entwickelt werden, um die Teilhabe möglichst aller Menschen und auch die Vielfalt im Medienhandeln zu gewährleisten.

Um Kinder, Jugendliche und auch Erwachsene mit unterschiedlichen Voraussetzungen kreativ und kritisch teilhaben zu lassen, sind Politik, Kultur und Bildung gleichermaßen gefordert. Gemeinsame Anstrengungen von Medienpädagogik und weiteren Professionen, wie beispielsweise der Inklusionspädagogik, der Kulturpädagogik, der Sozialen Arbeit, sind nötig, um das Recht von Menschen auf eine uneingeschränkte Partizipation an und in der Informations- und Wissensgesellschaft zu erreichen.

Mit diesem Buch möchten wir das Spannungsverhältnis zwischen dem Prozess der Digitalisierung, den veränderten Bedingungen von Teilhabe und der geforderten Vielfalt in den Blick nehmen. Der Titel ist somit Feststellung und Forderung zugleich und macht deutlich, was Medienpädagogik in einer zunehmend digitalisierten Gesellschaft bedeuten kann, ja bedeuten muss. Mit dem Titel „Medienbildung für alle – Digitalisierung. Teilhabe. Vielfalt." schließen wir uns einem weit gefassten Verständnis von Inklusion an, welches unterschiedliche diverse Zielgruppen und vielfältiges Medienhandeln unter Berücksichtigung der inhärenten Macht- und Dominanzverhältnisse in den Blick nimmt.

Der vorliegende 55. Band der GMK-Schriftenreihe zur Medienpädagogik nimmt die Impulse, Beiträge und Diskussionen des 35. Forums Kommunikationskultur auf und liefert Anregungen aus unterschiedlichen Blickwinkeln. Bei den Beiträgen handelt es sich um theoretische, empirische und konzeptionelle Zugänge. Ziel ist es, die Reflexionsbasis und den Diskurs um neue Perspektiven zu bereichern. Weiterhin werden Ideen für die medienpädagogische Praxis vorgestellt. Der Band schließt mit dem Positionspapier der GMK zur „Medienbildung für alle: Medienbildung inklusiv gestalten" und aktuellen, daraus resultierenden Forderungen.

Theoretische Perspektiven

Ricarda Drüeke fordert die Leser*innen gleich zu Beginn des Bandes dazu auf, ihre Position bzw. Privilegien, auch bezogen auf die Möglichkeit zur Teilhabe und Partizipation, vor dem Hintergrund gesellschaftlicher Ungerechtigkeiten wie Rassismus, Klassismus oder Sexismus zu reflektieren: „Check your privilege"! Mit dem theoretischen Konzept der Intersektionalität eröffnet Drüeke eine vielversprechende Option, um differenziert danach zu fragen, wie Teilhabemöglichkeiten in Gesellschaften und damit auch in digitalisierten Medienkulturen verteilt sind. Anhand von zwei Fallbeispielen – der PussyHat-Bewegung und dem Hashtag-Aktivismus von #IfTheyGunnedMeDown und #BlackLivesMatter – diskutiert sie Potentiale, Schwierigkeiten und Herausforderungen von Teilhabe und Inklusion, um am Ende Potentiale und Herausforderungen mit Verbindungslinien auch zur medienpädagogischen Praxis aufzuzeigen.

Im theoretisch ausgerichteten Beitrag „Inklusive Medienbildung, Zugehörigkeit und Teilhabe in gegenwärtigen Gesellschaften" führen **Ingo Bosse, Anna-Maria Kamin** und **Jan-René Schluchter** in den Theorie-Praxis-Diskurs der Inklusiven Medienbildung in einer digitalen Welt ein. Ausgangspunkt für diese medienpädagogische Perspektive auf Inklusion bildet ein Verständnis von Inklusion als Prozess. Dieser Prozess ist zum einen als beständige Reflexion von gesellschaftlichen Strukturen zu verstehen, zum anderen als Anspruch an das Individuum, das eigene Handeln zu hinterfragen und gegebenenfalls zu ändern. Die Autor*innen stellen das Spezifische der Inklusiven Medienbildung heraus und beleuchten die Potentiale. Barrierefreiheit, Universal Design und assistive Technologien werden als Werkzeuge einer Bildung „für alle" dargestellt. Auf methodischer Ebene formulieren die Autor*innen den Anspruch, in der Praxis zielgruppensensibel und individualisiert vorzugehen und vor allem auf die Stärken der Zielgruppen zu setzen.

Das Thema „Inklusion" ist in aller Munde, Definitionen zu Inklusion sind allerdings durchaus unterschiedlich. Einigkeit herrscht weitgehend darüber, dass alle Menschen partizipieren und die gesellschaftliche Entwicklung mitbestimmen sollen. Allerdings sind die Voraussetzungen nach wie vor ungleich verteilt; so ist es heute technisch bzw. über Algorithmen möglich, Personen aufgrund einer Zugehörigkeit zu einer Gruppe pauschal von der Teilhabe am gesellschaftlichen Leben fernzuhalten. Zudem beinhalten Formen der Inklusion immer wieder auch Elemente von Exklusion. So müssen sich Bildungsangebote nicht nur bezogen auf ihre Zugänglichkeit, sondern auch bei konkreten Angeboten und Produkten die Frage gefallen lassen, in welcher Weise sie in- oder exkludierend wirken. Zudem stellt sich die Frage, ob tatsächlich alle selbst handeln müssen oder es nicht auch ein Recht auf digitale Assistenz geben sollte. Hilft ergänzend dazu das Konzept von Disability Mainstreaming weiter? Diese und weitere Perspektiven werden im folgenden Kapitel vorgestellt und diskutiert.

Gesellschaftliche Perspektiven

Lorenz Matzat setzt sich kritisch mit der Tatsache auseinander, dass im Zeitalter der Digitalisierung immer mehr Alltagsprozesse durch Algorithmen in Form von Software geregelt werden. Die Folgen dieser Automatisierung bleiben dabei aber oft im Verborgenen. Matzat kritisiert diese Entwicklung, auch bezogen auf gesellschaftliche Teilhabeprozesse: Denn Wertungen,

Vorurteile oder moralische Einstellungen, die gezielt oder unterschwellig in Software für selbstlernende Algorithmen einfließen, können dazu führen, dass Personen aufgrund einer Zugehörigkeit zu einer Gruppe pauschal von der Teilhabe am gesellschaftlichen Leben ferngehalten werden. Mit „Algorithmic Accountability" stellt der Autor eine Methode aus dem Journalismus vor, über die automatisierte Prozesse sichtbar gemacht und Prozesse der Datenverarbeitung damit kritisch in den Blick genommen werden können. Am Ende des Artikels formuliert Lorenz Matzat Überlegungen dazu, wie die Medienpädagogik sich diese Methode zu eigen machen kann.

Im Beitrag von **Bernward Hoffmann** wird „Medienbildung als Teil kultureller Bildung" integraler Bestandteil von Soziokultur und damit als Mittel zur Verwirklichung von Bildungsgerechtigkeit verstanden. Ein weit gefasster Begriff von Inklusion liefert Hoffman hierfür die argumentative Brücke. Bernward Hoffmann stellt sich einerseits die Frage, was (und wer) Menschen daran hindert, sich mit Medienbezug zu bilden. Weiterhin diskutiert er, wer den Wert medialer Objekte und medienbezogener (Bildungs-)Prozesse definiert. Zudem seien auch die medialen Kulturprojekte selbst danach zu befragen, welche Kultur sie zulassen und was sie an Kultur anerkennen oder ausblenden. Bernward Hoffmann plädiert dafür, Bildungsangebote mit Medien stärker von unten, für alle und interkulturell anzulegen und damit sensibel für kulturelle Diversität zu sein. Sein Beitrag endet mit drei Thesen zur Medienbildung als Teil kultureller Bildung.

Der Artikel „Medienbildung wirklich für alle? Digitalbetreuung statt Lernzumutung" von **Herbert Kubicek** greift auf bestehende Untersuchungen zurück und richtet seinen Blick auf die Gruppe der Älteren und ihre Anforderungen an die digitale Teilhabe. Neun von zehn über 80-Jährige waren, so sagt Kubicek, noch nie im Internet. Die meisten Menschen dieser Altersgruppe wollen keine digitalen Kompetenzen erwerben, viele andere können sich aufgrund geistiger oder körperlicher Einschränkungen nicht selbstständig im Internet bewegen. Brauchen wir daher ein Recht auf digitale Assistenz? Der Autor rückt in seinem Beitrag eine häufig vernachlässigte Zielgruppe der Medienpädagogik in den Vordergrund. Er liefert konkrete Zahlen und Anregungen und benennt die Handlungsfelder für die digitale Teilhabe im (hohen) Alter.

Die Weltgesundheitsorganisation WHO hat im Jahr 2018, nach langen Diskussionen, „Gaming Disorder" – zu Deutsch „Video- und Computerspielsucht" – als psychische Störung in ihren offiziellen, internationalen Katalog der Krankheitsbilder (ICD-11) aufgenommen. Dieses aktualisierte Klassifikationssystem tritt zwar erst 2022 in Kraft, aber einmal in den Katalog aufgenommen, können zukünftig entsprechende Behandlungen und

Therapien in Deutschland durch gesetzliche Krankenkassen finanziert werden. Diese Entwicklung wirft für die medienpädagogische Arbeit einige Fragen auf, insbesondere weil die Sorge besteht, dass sich mit der Fokussierung auf das Gaming möglicherweise zu sehr mit dem Symptom beschäftigt wird und andere Kontextfaktoren außen vor bleiben. Die Autoren **Torben Kohring, Dirk Poerschke** und **Horst Pohlmann** fassen in ihrem Beitrag „Computerspielsucht oder digitale Bewältigungsstrategie? Medienpädagogische Implikationen zur Klassifizierung von exzessivem Spielverhalten als Krankheit" die wichtigsten Fakten der Diskussion zusammen und diskutieren, welche Auswirkungen eine „Computerspielsucht" auf das Selbstverständnis und das Arbeitsfeld der Medienpädagogik hat.

Judyta Smykowski erläutert im Interview mit Sabine Eder das Konzept von „Disability Mainstreaming" und zeigt auf, wie bedeutsam die Gleichstellung von Menschen mit Behinderung als Querschnittsaufgabe für eine diverse und gleichberechtigte Gesellschaft ist. Am Beispiel des Projekts *Leidmedien.de* verdeutlicht Smykowski, wie sich Disability Mainstreaming umsetzen lässt. Das Projekt des Vereins Sozialhelden wurde 2012 zu den Paralympics in London gegründet, um Journalist*innen Tipps für eine Berichterstattung über behinderte Menschen auf Augenhöhe zu geben. Leidmedien fordert Menschen auf, hinzusehen und über behinderte Menschen in den Medien und in der Gesellschaft zu sprechen – Behinderung als allgemeine gesellschaftliche Angelegenheit anzugehen. Behinderung, so gibt Smykowski zu verstehen, wird dabei nicht von außen als Beeinträchtigung interpretiert, sondern als eine soziale Konstruktion wie das Geschlecht. Die Interviewte macht weiterhin deutlich, wie wichtig ihr eine positive Haltung zur Vielfalt ist. Darin liegt für sie die Vision einer inklusiven und diversen Gesellschaft, in der körperliche oder psychische Beeinträchtigungen als Bereicherung wahrgenommen werden. Dass eine solche Haltung nicht selbstverständlich ist und der Umgang mit dieser Vielfalt erlernt werden muss, dazu kann auch die Medienpädagogik, z.B. durch inklusive Filmprojekte, ihren Beitrag leisten.

Der Umgang mit Vielfalt und Heterogenität als Aufgabenfeld für die empirische Forschung findet im folgenden Kapitel Beachtung. Noch immer sind empirische Studien, die nicht von „dem Jugendlichen" ausgehen, sondern stärker differenzieren, neue Methoden erproben und nicht allein klassische Bildungseinrichtungen in den Blick nehmen, rar. Die folgenden Beiträge nehmen einen breiteren Blickwinkel ein und sprechen damit auch das Thema der sozialen Ungleichheit und deren Reproduktion an. Sie liefern damit wichtige Grundlagen auch zur Entwicklung pädagogischer Förderkonzepte und Fördermaßnahmen, auch für eine inklusive Medienpädagogik.

Empirische Zugänge

Ingrid Paus-Hasebrink fokussiert sich auf sozial benachteiligte Kinder und Jugendliche, die in der Gefahr stehen, im Zuge der Digitalisierung noch mehr an den Rand der Gesellschaft gedrängt zu werden. Ausgangspunkt ihrer Überlegungen zur „Teilhabe unter erschwerten Bedingungen – Mediensozialisation sozial benachteiligter Heranwachsender" ist, dass nicht nur die sozialen und kulturellen Ressourcen, sondern auch die Ressourcen zur gesellschaftlichen Partizipation über Medien ungleich verteilt sind. Anhand ihrer von 2005 bis 2017 in Österreich durchgeführten Langzeitstudie, an der 20 sozial benachteiligte Familien teilgenommen haben, zeigt die Autorin einerseits auf, wie ein Zugang auf theoretischer und methodischer Ebene angelegt werden kann, um der Komplexität der Thematik gerecht zu werden. Ergänzend dazu macht Paus-Hasebrink anhand ihrer Erkenntnisse aus der Studie deutlich, dass sozial benachteiligte Familien hinsichtlich ihres Medienhandels und ihrer Medienerziehung nicht über einen Leisten zu schlagen sind. Sie legt der Medienpädagogik damit insgesamt nahe, Förderkonzepte und Fördermaßnahmen für Familien milieubezogen auszurichten; dabei gelte es aber auch, an die jeweiligen lebensweltlichen Bedingungen der Individuen und die speziellen Interessen und Fähigkeiten der Kinder und Jugendlichen anzuknüpfen.

Das Autor*innen-Team **Olivier Steiner, Monika Luginbühl, Rahel Heeg, Magdalene Schmid** und **Frank Egle** beschäftigt sich mit der Frage der Förderung von „Medienkompetenz in stationären Einrichtungen der Jugendhilfe in der Schweiz". Der Beitrag beruht auf den Ergebnissen einer empirischen Studie zum medienerzieherischen Handeln und zur Medienkompetenz von Fachpersonen in stationären Einrichtungen der Jugendhilfe. Die Ergebnisse ihrer Studie verdeutlichen, dass viele Kinder und Jugendliche, die in stationären Einrichtungen der Jugendhilfe in der Schweiz leben, über einen eingeschränkten Zugang zu digitalen Technologien verfügen. Deutlich wird zudem, dass die Einrichtungen, die über ein medienpädagogisches Konzept verfügen, deutlich aktiver mit der Frage der Förderung von Medienkompetenz umgehen und häufiger eine allgemein getragene Team- und Einrichtungskultur gegenüber digitalen Medien an den Tag legen, als jene, die kein medienpädagogisches Konzept verfolgen. Aufbauend auf den Ergebnissen wurden Handlungsansätze für eine medienbezogene soziale Arbeit in (teil-)stationären Einrichtungen der Kinder- und Jugendhilfe in Bezug auf einzelne Interventionsfelder (bspw. die Elternarbeit) sowie Zielgruppen (Alter, Handlungsfelder) entwickelt. Auch ausgewählte Beispiele aus den Modulen zu den medienpädagogischen Aktivitäten finden sich im Betrag.

Sonja Ganguin und **Ronja Schlemme** präsentieren in ihrem Beitrag „Mediennutzung blinder Menschen und Implikationen für die inklusive Medienbildung" die Ergebnisse einer explorativen Studie mit sechs (er)blind(et)en Menschen und liefern damit Einblicke, in welcher Weise (er)blinde(te) Menschen Medien nutzen und welche Herausforderungen sie im Medienhandeln zu bewältigen haben. Ein Ergebnis ihrer Studie ist, dass – wenngleich das Interesse an Medien gegeben ist – Medien von den (er)blind(et)en Menschen selten zum Selbstausdruck und zur Artikulation genutzt werden. Deutlich wird ebenfalls, dass sich die Möglichkeiten einer gleichberechtigten Teilhabe von blinden Menschen zwar stetig verbessern, aber längst noch nicht selbstverständlich sind. Aus Sicht der Autorinnen besteht die Aufgabe einer inklusiven Medienpädagogik daher zum einen darin, Aufklärung und Sensibilisierung für die barrierefreie Gestaltung von Medienangeboten zu leisten und barrierefreie Lösungen zu vermitteln. Gleichermaßen sei es zum anderen notwendig, Angebote zur aktiven Medienarbeit auch für (er)blindete Menschen zu schaffen.

Erfahrungen im Forschungsprozess, wie sie bei der Entwicklung einer interaktiven App zur lokalen Vernetzung als alternative Nachrichtenplattform gemacht wurden, stehen im Mittelpunkt des Beitrags „Nutzer*innenwünsche an eine alternative Nachrichtenplattform – Co-Creation als Methode partizipativer Sozialforschung" von **Adrian Roeske** und **Katharina Heitmann.** Die ursprünglich aus der Produkt- und Softwareentwicklung stammende Methode bietet einen interessanten Ansatz zur Erweiterung sozialwissenschaftlicher Praxisforschung. Im Rahmen des vom BMBF geförderten Forschungsprojekts *Tinder die Stadt* wurde die Methode in einem experimentellen und partizipativen Entwicklungsprozess erprobt. Der Artikel fasst die im Prozess gewonnenen methodischen Erkenntnisse zusammen und gibt Hinweise für die Weiterentwicklung der Methode.

In den empirischen Beiträgen sind teilweise bereits erste Ideen für eine inklusive Medienpädagogik angesprochen worden. Im Folgenden geht es nun explizit darum, das medienpädagogische Methodenrepertoire zu erweitern und Anregungen für die Praxis zu liefern.

Perspektiven aus der Praxis

In Einfacher Sprache Politisches zu beschreiben und zu erklären, das ist eine besondere Herausforderung, die sich aber, so wird es im Artikel von **Wolfram Hilpert** deutlich, durchaus meistern lässt. Ausgehend von der fachwissenschaftlichen Diskussion der inklusiven politischen Bildung zeigt

Hilpert auf, wie sich mediale Angebote der politischen Bildung mit inklusivem Anspruch erfolgreich entwickeln und nutzen lassen: „Einfach für Alle! Politische Bildung und Inklusion". In dem Beitrag beschrieben werden insbesondere Erfahrungen, die bei der Konzeptentwicklung der multimedialen bpb-Reihe „einfach POLITIK:" der Bundeszentrale für politische Bildung gemacht wurden. Die Erkenntnisse geben einen guten Einblick auch in fachdidaktische und inklusionspädagogische Überlegungen.

Unter der Prämisse „aus der Praxis für die Praxis" lässt sich der Beitrag „Selbstbestimmte mediale Teilhabe fördern: Das Projekt ‚Telling Stories/ Geschichten erzählen'" von **Christoph Marx** und **Luise Jahn** zusammenfassen. Das Projekt basiert auf drei zentralen Bausteinen: einem barrierearmen, sachsenweiten Wanderkino, der Produktion eigener medialer Produkte (eBooks) in Werkstätten und auf Workshops sowie Fortbildungen für Fachkräfte in der Arbeit mit Menschen mit Behinderung. Die Autor*innen erläutern, wie es gelingen kann, ein Projekt im Umfeld von Behinderteneinrichtungen und Behindertenwerkstätten erfolgreich umzusetzen und zu etablieren, sodass die geschilderte Medienarbeit nachhaltig zu einer Verbesserung der Teilhabe an der digitalen Gesellschaft führen kann.

Medien prägen gesellschaftliches Orientierungs- und Deutungswissen. Sie sollten deshalb die Vielfalt der Gesellschaft widerspiegeln und Stigmata, Klischees und Vorurteilen entgegenwirken. Inklusive Medienbildung, so schwingt es in vielen der Beiträge mit, hat das Ziel, alle Menschen zu erreichen und gemeinsames mediales Handeln anzuregen. Das abschließende Positionspapier weist auf notwendige Voraussetzungen hin, um (Medien-)Bildungsprozesse über die gesamte Lebensspanne hinweg nach den Zielvorstellungen von Inklusion gestalten zu können.

Positionspapier

Im Vorfeld der einmal im Jahr stattfindenden GMK-Foren werden Positionierungen zum Tagungsthema vorbereitet, die auf dem jeweiligen Forum Kommunikationskultur diskutiert und weiterentwickelt werden. Im vorliegenden Positionspapier „Medienbildung für alle: Medienbildung inklusiv gestalten" unterscheiden die Autor*innen der Fachgruppe Inklusive Medienbildung der Gesellschaft für Medienpädagogik und Kommunikationskultur e.V. (GMK) drei Formen medialer Teilhabe. Mit dem Fokus auf „Teilhabe IN Medien" nehmen sie vor allem die Präsenz ganz unterschiedlicher sozialer Gruppen in den Medien als sichtbares Zeichen von Diversität in der Gesellschaft in den Blick. Das zweite Feld der medialen Teilhabe beschreiben

Bosse et al. als „Teilhabe AN Medien"; gemeint ist damit ein barrierefreier Zugang zu Inhalten und Produkten sowie die Sicherstellung ihrer technischen Bedienbarkeit unter Nutzung unterschiedlicher Sinne. Das dritte Feld umfasst die „Teilhabe DURCH Medien" und beinhaltet die Mediennutzung als Möglichkeit der öffentlichen Einmischung und Kommunikation, aber auch die Chance zu arbeiten und zu lernen. So können sich Menschen mithilfe von assistiven Technologien Inhalte erschließen und verbreiten. Die programmatische Botschaft besteht darin, dass inklusive Medienbildung die Vielfältigkeit des Menschseins in den Blick nimmt und alle Menschen einbezieht. In diesem Kontext werden Gruppen, die besondere Erfahrungen von Marginalisierung, Benachteiligung und Ausschluss machen, in den Mittelpunkt gestellt.

Die Beiträge des 55. GMK-Bandes „Schriften zur Medienpädagogik" zeigen einerseits, dass gesellschaftliche Teilhabe und Bildungschancen heute eng mit digitaler Kommunikation und vielfältigen Medienerfahrungen verknüpft sind; sie zeigen aber auch, dass mit dieser Entwicklung, neben zahlreichen neuen Möglichkeiten zur gesellschaftlichen Partizipation, gleichzeitig auch die Gefahr einer Exklusion einhergeht. Längst nicht alle Menschen haben Zugang zu den digitalen Medienwelten, ihre Medienerfahrungen sind unterschiedlich und auch die Optionen zur Medienbildung sind nach wie vor ungleich verteilt. Der Band liefert wichtige theoretische, empirische sowie konzeptionelle Zugänge, wie eine „Medienbildung für alle" zukünftig gestaltet werden kann. Damit gibt er wichtige Impulse und Anstöße, die es weiterzudenken, weiterzuentwickeln und auszubauen gilt.

Lizenz

Der Artikel steht unter der Creative Commons Lizenz **CC BY-SA 4.0.** Die Namen der Urheberinnen sollen bei einer Weiterverwendung genannt werden. Wird das Material mit anderen Materialien zu etwas Neuem verbunden oder verschmolzen, sodass das ursprüngliche Material nicht mehr als solches erkennbar ist und die unterschiedlichen Materialien nicht mehr voneinander zu trennen sind, muss die bearbeitete Fassung bzw. das neue Werk unter derselben Lizenz wie das Original stehen. Details zur Lizenz: https://creativecommons.org/licenses/by-sa/4.0/legalcode

1. Theoretische Perspektiven

Ricarda Drüeke
„Check your privilege"
Intersektionale Perspektiven auf digitalisierte Medienkulturen

Mit der Aufforderung „Check your privilege" wird angeregt, darüber nachzudenken, wie Personen etwa aufgrund ihres Status, ihres Körpers, ihrer sexuellen Identität mit bestimmten Privilegien versehen sein können. Die Internetseite *Know your meme* (o.J.) vermutet die erstmalige Verwendung des Ausdrucks im Jahr 2006 in einem sogenannten Social Justice Blog, also einem Blog, der gesellschaftliche Ungerechtigkeiten wie Rassismus, Klassismus oder Sexismus thematisiert. Die Reflexion von Privilegien macht deutlich, dass bestimmte Identitäten gesellschaftlich höher bewertet sein können als andere. Diese Höherbewertungen äußern sich etwa medial und in öffentlichen Diskursen, sie können sich auch in Gesetzen widerspiegeln oder durch institutionelle Regelungen unterstützt werden. So sind etwa Herkunft, Klassenzugehörigkeit, sexuelle Identität und Ethnie Kategorien, die in unseren Gesellschaften je nach ihrer Ausprägung mit Vorteilen, aber auch mit Nachteilen versehen sein können. Und ein Blick auf die damit verbundenen Privilegien macht deutlich, dass bestimmte soziale Gruppen stärker von Exklusionen betroffen sein können als andere.

Auch mittels digital vernetzter Kommunikationsprozesse werden Ein- und Ausschlüsse sowie Privilegien (re-)produziert. So lässt sich etwa kritisch fragen, wie Geschlecht in YouTube-Kanälen repräsentiert wird und warum YouTuberinnen signifikant häufiger mit sexistischen und ablehnenden Kommentaren konfrontiert sind als YouTuber (vgl. Döring/Mohseni 2018). Und wer produziert eigentlich das Wissen, das in Wikipedia präsent ist, und wie lässt sich Teilhabe forcieren, sodass nicht nur weiße, gut ausgebildete Männer Editoren bei Wikipedia sind (vgl. Jaki 2018)? Privilegien und Ausschlüsse werden also in digitalisierten Medienkulturen entlang verschiedener, auch sich wandelnder Kategorien wie etwa Geschlecht, Ethnie und Klasse deutlich und finden sich auf verschiedenen Ebenen kommunikativer Prozesse wie der Produktion und Repräsentation.

Ein theoretisches Konzept, das solche Verschränkungen theoretisch und analytisch in den Blick nimmt, ist das der Intersektionalität. Mit diesem Konzept kann differenziert danach gefragt werden, wie Teilhabemöglichkeiten in Gesellschaften verteilt sind. Im Folgenden möchte ich dieses Konzept zum Ausgangspunkt meiner Überlegungen zu digitalisierten Medienkulturen machen, um Potentiale, Schwierigkeiten und Herausforderungen von Teilhabe und Inklusion zu diskutieren. Mein Beitrag gliedert sich in drei Teile. Zunächst werde ich die Analyse von Mehrfachdiskriminierungen historisch kontextualisieren und das Konzept der Intersektionalität vorstellen. Anschließend werde ich, um diese Forschungsperspektive zu verdeutlichen, zwei Fallbeispiele anführen: erstens die PussyHat-Bewegung, also die v.a. von Frauen* initiierten Proteste gegen den US-amerikanischen Präsidenten Donald Trump, und zweitens gegenwärtigen Hashtag-Aktivismus am Beispiel von #IfTheyGunnedMeDown und #BlackLivesMatter, einer Bewegung, die vor allem von Schwarzen US-Amerikaner*innen getragen wird. In einem kurzen Fazit werde ich die Fallbeispiele in das Konzept der Intersektionalität einordnen und die Potentiale und Herausforderungen mit Verbindungslinien auch zur medienpädagogische Praxis diskutieren.

Zum Konzept der Intersektionalität

Theoretische Ausführungen zu Privilegien, Macht- und Dominanzverhältnissen haben eine lange Geschichte und sind in vielen wissenschaftlichen Disziplinen präsent. Gerade in Bezug auf Verschränkungen und Überlagerungen verschiedener Machtverhältnisse gibt es eine Vielzahl durchaus unterschiedlicher Ansätze. Deswegen kann dieser Abschnitt nur einen Ausschnitt der derzeitigen Forschungen zu gesellschaftlichen Ungleichheiten sowie Inklusions- und Exklusionsprozesse bieten (vgl. zu einer ausführlichen Diskussion der unterschiedlichen Ansätze z.B. Erel et al. 2007 und Meyer 2017).

Als Ausgangspunkt einer stärkeren Berücksichtigung der Verschränkungen von Differenzkategorien gilt u.a. die Frage „Ain't I a woman?", die Sojourner Truth, eine ehemalige Sklavin, auf einem Kongress ausschließlich weißer Frauen im Jahr 1851 stellte (vgl. The Sojourner Truth Project o.J.). Die Schwarze Frauen*bewegung thematisierte daran anschließend immer wieder die Ausschlüsse, die nicht nur alleine auf Geschlecht, sondern eben auch auf Race[1] gründeten (vgl. Winker/Degele 2009; Bose 2012). Auch das Combahee River Collective machte im Jahr 1979 in ihrem „Black Feminist Statement" auf ineinandergreifende Systeme der Unterdrückung aufmerksam und formulierte:

> „[…] we are actively committed to struggling against racial, sexual, heterosexual, and class oppression and to see as our particular task the development of integrated analysis and practice upon the fact that the major systems of oppression are interlocking." (Combahee River Collective 2006: 412, zit. n. Meyer 2017: 29)

Angela Davis wies ebenfalls auf die Verflechtungen von Gender, Race und Klasse und die damit einhergehenden Diskriminierungsformen hin, zugleich zeigt ihr Leben und Werk, wie wichtig eine Verbindung politischen Handelns und wissenschaftlicher Reflexion gerade auch im Zusammenhang mit Intersektionalität ist (vgl. Klaus 2014). Die intendierte Kritik richtete sich an eine Frauenbewegung, die vor allem die Probleme weißer Mittelschicht-Frauen adressierte und damit Rassismus und Klassenherrschaft zu wenig beachtete (vgl. Byrne 2015) und die theoretischen Positionen Schwarzer Frauen nicht aufgriff, wie Patricia Hill Collins (2000) in *Black Feminist Thoughts* darlegt. Ausschlüsse und Privilegien in den Blick zu nehmen, gelingt also nur, wenn der Blick auf verschränkte Unterdrückungsmechanismen und die daraus resultierenden Dominanzverhältnisse gerichtet wird (vgl. Meyer 2017: 30). Damit wurde schon recht früh kritisiert, dass sich hinter dem „global sisterhood" vor allem die politischen Interessen weißer Frauen, die zudem meist der Mittelklasse entstammten, verbargen (Erel et al. 2007: 242). Auch im deutschsprachigen Raum wurde in den Diskussionen der 1980er und 1990er die Differenzen unter Frauen* thematisiert, diesbezüglichen Anstoß lieferten insbesondere Frauen* mit Migrationshintergrund und lesbische Frauen*, die sich in der deutschsprachigen Frauenforschung zu wenig repräsentiert sahen (vgl. ebd.; Kerner 2012). Feminist*innen mit Migrationshintergrund brachten vor allem die Verflechtungen von Rassismus und Sexismus in die Debatte ein – diese wurden jedoch nur vereinzelt in die Theoriedebatten aufgenommen und Ethnie erst verstärkt seit den 1990er-Jahren als Differenzkategorie diskutiert (vgl. Meyer 2017).

Besondere Aufmerksamkeit erfuhren dann die Ausarbeitungen der US-amerikanischen Juristin Kimberley Crenshaw, die von „Intersectionality" sprach (vgl. Crenshaw 1995). Ihr Verdienst ist es im Wesentlichen, dass Intersektionalität zu einem der zentralen Konzepte der modernen Sozialwissenschaften wurde. Das visuell eingängige Bild einer Straßenkreuzung, an der sich verschiedene Differenzachsen treffen und sich überkreuzen, wurde vielfach rezipiert. Kategorien, die Ungleichheiten hervorrufen, wie etwa Geschlecht, Ethnie und Sexualität, treffen demnach an bestimmten Punkten zusammen, was spezifische Mehrfachdiskriminierungen zur Folge haben kann. Die Achsen kreuzen sich dabei nicht lediglich an neutralen Punkten, die Positionierung auf einer Achse ist stets mit einer Wertung versehen. Identitäten und Subjektpositionen werden so eine bestimmte Stellung in einer Gesellschaft zugewiesen, die mit jeweils unterschiedlichen Machtressourcen ausgestattet ist. Das Konzept der Intersektionalität stellt zudem heraus, dass sich solche Ungleichheitskategorien addieren bzw. verschränken (vgl. Winker/Degele 2010). Zumeist werden dabei Gender, Race und Klasse als zentrale (Struktur-)Kategorien gesehen, die in ein System der Unterdrückung eingebunden sind, sich überlagern und sich damit gegenseitig bedingen (vgl. Collins 2017: 20). Nina Degele und Gabriele Winker (2007) plädieren dafür, zusätzlich die Kategorie Körper hinzuzunehmen. Unabhängig von der – umstrittenen – Zahl der Kategorien, bilden diese durch ihr Zusammenspiel „Achsen der Differenz" (Knapp/Wetterer 2003) oder auch „Achsen der Ungleichheit" (Klinger/Knapp/Sauer 2007). Diese Kategorien, die soziale Ungleichheit, Marginalisierung oder Privilegierungen bedingen, sind nicht fest, sondern interdependent – abhängig von und bedingt durch andere Kategorien sowie in gesellschaftliche Kontexte eingeordnet (vgl. Dietze 2009; Lorey 2008). Sie stellen damit ein komplexes Beziehungsgeflecht her, das nicht einzeln auflösbar ist und unterschiedliche und spezifische Formen der Unterdrückung hervorbringen kann (vgl. Lutz/Vivar/Supik 2010). Subjekte sind demnach durch unterschiedliche gesellschaftliche Verhältnisse strukturiert, die verschieden wirken können (Erel et al. 2007: 245). Darüber hinaus ist Intersektionalität nicht nur ein theoretisches Konstrukt, sondern eine analytische Strategie, die eine kritische Praxis befördern kann (vgl. ebd.).

Zusammenfassend lässt sich festhalten, dass mithilfe des Konzepts analytische Perspektiven eröffnet werden, die das Ineinandergreifen und die gegenseitige Bedingtheit verschiedener Macht-, Dominanz- und Ungleichheitsverhältnisse in den Fokus rücken. Dabei ist es nach Katharina Walgenbach (2014) vor allem wichtig, „[...] auf das *gleichzeitige Zusammenwirken* von sozialen Kategorien bzw. sozialen Ungleichheiten zu achten, da es nicht allein um die Berücksichtigung mehrerer sozialer Kategorien geht, sondern ebenfalls um die Analyse ihrer *Wechselwirkungen* (Walgenbach 2014: 54-55, H.i.O.).

Der Begriff und damit auch das Konzept der Intersektionalität, wie es von Crenshaw geprägt wurde und auf das heutzutage zumeist Bezug genommen wird, bezieht sich also auf eine lange Tradition der Ungleichheitsforschung. In der deutschsprachigen Geschlechterforschung bzw. in den Sozial- und Geisteswissenschaften allgemein wurde dennoch vor ungefähr 15 Jahren Intersektionalität zum Teil als ein neues Paradigma wahrgenommen und als „Buzzword" verwendet (Davis 2010). Wichtig ist es jedoch, auf die Geschichte und den Kontext der Ansätze zu Mehrfachdiskriminierungen zu verweisen, um Vereinnahmungen, Verkürzungen und Entpolitisierung zu vermeiden. Nach den theoretischen Ausführungen werde ich im folgenden Abschnitt anhand zweier Beispiele darstellen, wie eine intersektionale Perspektive einen differenzierten Blick auf Formen des Protests, der Aneignung von Protestpraktiken und die Möglichkeiten von Teilhabe in digitalisierten Medienkulturen eröffnen kann und zugleich auch Privilegien und Ausschlüsse verdeutlicht.

Digitalisierte Medienkulturen und Teilhabemöglichkeiten

Gegenwärtige digitalisierte Gesellschaften zeichnen sich durch eine ambivalente Situation aus. Auf der einen Seite gibt es zahlreiche Teilhabemöglichkeiten über digital vernetzte Medien. Erfahrungen mit Ungerechtigkeiten können online geteilt und Proteste sowohl online als auch offline organisiert werden. Gerade in Bezug auf Hashtags wurden die veränderten Teilhabemöglichkeiten in den vergangenen Jahren intensiv medial und öffentlich diskutiert (vgl. Clark 2016; Drüeke/Zobl 2016; Rodino-Colocino 2014). Mittels digital vernetzter Medien lassen sich Gegenöffentlichkeiten schaffen und alternative Narrative etwa zur medialen Berichterstattung bereitstellen. Dabei zeigt sich jedoch auf der anderen Seite auch, dass gerade Debatten um Gender und Race online umkämpft sind sowie feministische und antirassistische Hashtags häufig das Ziel von Angriffen werden (vgl. Drüeke 2017; Rosenbaum 2018: 18). Darüber hinaus führen Algorithmen dazu, dass bestimmte Seiten und damit privilegiertere Positionen leichter auffindbar sind, durch Fake News und Gerüchte werden Personen und soziale Gruppen diffamiert und durch sogenannte Echokammern, in denen nur noch übereinstimmende oder radikalere Positionen auffindbar sind, werden etwa rassistische Ressentiments unterstützt (vgl. Ganz/Messmer 2015).

Die im Folgenden dargestellten Fallbeispiele waren sogenannte Trending Topics bei Twitter – also die zu einem bestimmten Zeitpunkt am häufigsten getwitterten Begriffe, die in Ranglisten veröffentlicht werden und damit leicht auffindbar sind. Mit #PussyHat sowie #BlackLivesMatter und #IfTheyGunnedMeDown sind in den letzten Jahren Hashtags etabliert worden, die auf Macht- und Dominanzverhältnisse aufmerksam machen. Ihren Ausgangspunkt nehmen sie dabei bei Unrechtserfahrungen sozialer Gruppen und verweisen so auf die Verwobenheit sozialer Kategorien mit gesellschaftlichen Strukturen. Anhand dieser Fallbeispiele möchte ich exemplarisch aufzeigen, wie eine intersektionale Praxis genutzt wird, um auf Unterdrückung und Exklusion aufmerksam zu machen, und wie eine intersektionale Perspektive gleichzeitig Privilegien und Ausschlüsse innerhalb von Bewegungen aufzeigen kann.

PussyHat-Demonstrationen und #PussyHat

Im Januar 2017 fand die erste PussyHat-Demonstration in Washington statt, es folgten mehr als 600 sogenannte Sister Marches weltweit. Schätzungen gehen von bis zu fünf Millionen Menschen aus, die weltweit daran teilnahmen (vgl. Boothroyd et al. 2017). Auslöser des Protests war die Inauguration des 45. Präsidenten der USA, Donald Trump, und seine frauenfeindlichen Äußerungen während des Wahlkampfs, doch schnell wurden die Proteste zu einer Protestartikulation gegen patriarchale Strukturen im Allgemeinen. Charakteristisch für diese Proteste sind die pinken Mützen, die nicht nur auf der Straße, sondern auch auf verschiedenen medialen Plattformen allgegenwärtig waren (vgl. Black 2017 für eine kritische Diskussion der Nutzung dieser Symbolik). Unterstützt wurden die Demonstrationen durch zahlreiche Hashtags, Homepages und Blogs sowie verschiedene Online-Aktionen wie etwa der via Instagram übermittelte Aufruf, die Gründe „Why I march..." zu teilen. Im Jahr 2018 fand zudem der „Pussyhat Global Virtual March" mittels Instagram, Twitter und Facebook statt (vgl. Pussyhat Project o.J.).

Ein Empowerment durch diese Proteste zeigt sich darin, dass gesellschaftliche Aneignungen des weiblichen Körpers thematisiert und struktureller Sexismus angeprangert wird. Die in diesen Protestformen deutlich werdenden Bezüge auf einen weiblichen Körper stehen in einer langen Tradition feministischer Protestformen (vgl. Wrenn 2018). Bekanntestes Beispiel ist vermutlich die Gruppe Femen, deren – zumeist als attraktiv gelesenen – Mitglieder mit nackten Oberkörpern und aufgemalten Parolen demonstrieren (vgl. Stehling/Thomas 2016). Auch in der PussyHat-Bewegung wird auf einen weiblichen Körper Bezug genommen und ihm eine Handlungsfähigkeit zugesprochen, wie etwa die Parole „the pussy grabs back" verdeutlicht. Mit gemeinsamen auch visuellen Protestformen wird zu einer als kollektiv wahrgenommen Identität der Bewegung beigetragen. Die Schaffung einer solchen ist ein zentrales Merkmal von sozialen Bewegungen, um Solidarität und Zusammenhalt zu sichern sowie darauf aufbauend Mobilisierung zu forcieren. Gleichzeitig wird dadurch ein gemeinsames „Wir" konstruiert, das wiederum andere Identitäten ausschließt (vgl. Wrenn 2018). So kritisieren Schwarze Feminist*innen, dass Formen und Symbole des Protests vor allem auf einen weißen Feminismus verweisen und Schwarze Frauen* nur teilweise adressiert werden (vgl. Rose-Redwood/Rose-Redwood 2017). Im Zentrum stehen dann die mit Privilegien ausgestatteten Frauen*, d.h. eine bestimmte Gruppe von Frauen* wird inkludiert, während andere an den Rand gedrängt werden. Weibliche Körper werden in den visuellen Protestformen vor allem als weiß imaginiert, die zudem über bestimmte reproduktive Eigenschaften verfügen, was wiederum Trans*personen ausgegrenzt (vgl. Boothroyd et al. 2017). Die Kategorie Geschlecht, so wird deutlich, ist auch immer mit weiteren Differenzkategorien verbunden und eng mit gesellschaftlichen Macht- und Dominanzverhältnissen verwoben.

Race und Gender in gegenwärtigem Hashtag-Aktivismus

Sogenannter Hashtag-Aktivismus gilt als ein wirkungsvolles Mittel, um auf soziale Probleme und gesellschaftliche Missstände aufmerksam zu machen. Neben feministischen Hashtags, die vor allem sexualisierte Gewalt und Misogynie thematisieren, erfuhren Hashtags, die im Kontext von Diskriminierungserfahrungen von People of Colour entstanden sind, breite mediale Aufmerksamkeit. Im deutschsprachigen Raum war dies etwa der Hashtag #schauhin, der auf rassistisch motivierte Gewalt aufmerksam macht. In den USA sind mit #IfTheyGunnedMeDown und #BlackLivesMatter zwei Hashtags ins Leben gerufen worden, mittels derer online gegen Polizeigewalt gegen Schwarze protestiert wurde; dieser Protest war gleichzeitig mit massenhaften Protesten im öffentlichen Raum verbunden. Insbesondere #BlackLivesMatter löste eine breite politische Bewegung aus, die in fast allen US-amerikanischen Großstädten zu Demonstrationen führte.

Ziel von #IfTheyGunnedMeDown ist es, die unverhältnismäßige Polizeigewalt gegen Schwarze zu thematisieren und gleichzeitig auf die verzerrte massenmediale Berichterstattung über solche Vorfälle aufmerksam zu machen. In der traditionellen Medienberichterstattung – so der Vorwurf – werden Schwarze Opfer, die von Polizist*innen angeschossen oder erschossen werden, häufig mit einer kriminellen Vergangenheit oder devianten Handlungsweisen in Verbindung gebracht. Mittels dieses Hashtags veröffentlichen Nutzer*innen beispielsweise zwei Bilder, von denen sie eines beim Abschlussball oder als Student*in zeigt, während auf dem anderen Bild der Fokus auf der Inszenierung von Posen liegt, die muskelöse Körper und Tattoos hervorheben. Die begleitende provokante Frage lautet jeweils, welches Bild wohl die Medien veröffentlichen würden, wenn die Person von der Polizei niedergeschossen werden würde. Damit stellt dieser Hashtag Verbindungen zu den zahlreichen Fällen in den USA her, in denen (unschuldige) Schwarze Bürger*innen von Polizist*innen angeschossen oder erschossen wurden; in der Medienberichterstattung wurde häufig suggeriert, dass dieser Einsatz von Schusswaffen gerechtfertigt war. Mithilfe des Hashtags werden so Gegennarrative zu medial-öffentlichen Diskursen geschaffen, die Einfluss auf gesellschaftliche Diskurse haben können.

Auch der Hashtag #BlackLivesMatter wurde gegründet, um auf Polizeigewalt aufmerksam zu machen, von der insbesondere Schwarze US-Amerikaner*innen betroffen sind, und um die Nachsicht der Justiz mit den Polizist*innen, die Unschuldige getötet hatten, zu kritisieren. Gerade dieser Hashtag und die daraus resultierende Bewegung sorgte für eine breite öffentliche Debatte und machte das Anliegen über Twitter hinaus sichtbar. Collins (2017: 34f.) arbeitet heraus, wie #BlackLivesMatter aufgrund einer flexiblen Solidarität und als Gegennarrativ intersektionale Praxis nutzt, um auf verschränkte Diskriminierungsformen hinzuweisen. Dennoch wurde im Laufe der Bewegung Kritik daran laut, dass die spezifischen Gewalterfahrungen Schwarzer Frauen in diesem Hashtag weniger Berücksichtigung finden und der Fokus auf Schwarzen Männern liegt (vgl. Garza 2014). So meldeten sich Schwarze Frauen* mit Aktionen und weiteren Hashtags zu Wort, um ihre Positionen sichtbar zu machen, wie etwa mit den Hashtags #SayHerName und #BlackWomenMatter, in denen durch eine intersektionale Mobilisierung die vielfältigen Gewalterfahrungen Schwarzer Frauen* deutlich werden (vgl. Brown et al. 2017). Eine solche intersektionale Praxis wird dann dazu genutzt, um Ausschlüsse der Bewegung zu thematisieren. Dies führt gleichzeitig dazu, dass die Perspektiven der Bewegung erweitert und weitreichendere Forderungen artikuliert werden können. Auch wenn die Sichtbarmachung unterdrückter Positionen bei dieser Bewegung zunächst mit einer Ausblendung anderer Identitäten und weiterer Diskriminierungsformen einherging, ist es dennoch möglich, dagegen zu intervenieren, indem Privilegien und Ausschlüsse auch innerhalb marginalisierter sozialer Gruppen thematisiert werden.

Ein kurzes Fazit: Intersektionale Theorie und Praxis verbinden

Mehrfachdiskriminierungen und Ausschlüsse auf der einen sowie Privilegien auf der anderen Seite zu untersuchen, hat eine lange Tradition in verschiedenen wissenschaftlichen Disziplinen wie etwa in der Geschlechterforschung oder den Critical Race Studies. Die verschiedenen Ansätze und Konzepte, die unter dem Begriff der Intersektionalität zusammengefasst werden, stellen dabei keine leicht umsetzbare Anleitung dar, um verschränkte Diskriminierungsformen zu analysieren. Intersektional zu arbeiten bedeutet vor allem, eigene Perspektiven vor dem Hintergrund gesellschaftlicher Dominanzverhältnisse zu reflektieren.

Anhand der diskutierten Beispiele werden die Ambivalenzen von Möglichkeiten der Partizipation, Inklusion und Teilhabe in digitalisierten Gesellschaften deutlich:

Zum einen werden durch Identitäts- und Bündnispolitik wirkmächtige Proteste über digital vernetzte Medien unterstützt, die auf Ungleichheiten und Diskriminierungserfahrungen aufmerksam machen. Digital vernetzte Medien stellen dann weitere Artikulationsmöglichkeiten und Protestformen für marginalisierte soziale Gruppen bereit. Politische Positionen werden diskutiert, verhandelt und umgedeutet sowie darüber hinaus gesellschaftliche Machtverhältnisse wie Sexismus und Rassismus nachdrücklich und sichtbar kritisiert. Hier hilft also eine intersektionale Praxis, um diese verschiedenen Diskriminierungsformen wie auch Mehrfachdiskriminierungen deutlich zu machen und gegen Missstände zu intervenieren. Damit einher geht dann die Eröffnung weiterer Teilhabemöglichkeiten und die Sichtbarmachung unterdrückter Positionen.

Zum anderen macht eine intersektionale Perspektive auf der Ebene der Repräsentation deutlich, dass jede Bündnispolitik Ausschlüsse auch innerhalb von Bewegungen hervorrufen kann. Schwarze Frauen* oder Trans*personen in Bezug auf die PussyHat-Bewegung thematisieren beispielsweise solche Lücken und Leerstellen. Indem aber weitere Ausschlüsse und Diskriminierungserfahrungen sichtbar werden, werden auch zusätzliche Möglichkeitsräume intersektionaler Praxis eröffnet. Damit wird Einfluss auf gesellschaftliche Debatten und Praxen ausgeübt, mit dem Ziel, gesellschaftlich gängige Narrative und Hegemonien umzudeuten und zu erweitern. Befördert wird so – über die ursprünglich intendierte Kritik der Hashtags bzw. der Proteste hinaus – eine weitere kritische Reflexion gesellschaftlicher Ein- und Ausschlüsse.

Damit sind Proteste in und über digital vernetzte Medien Chance und Herausforderung zugleich. Eine intersektionale Perspektive – sowohl in der Praxis als auch in der theoretischen Konzeption – zu wählen, bedeutet also, die Möglichkeiten von Teilhabe herauszustellen, aber gleichzeitig auch Ausschlüsse in den Blick zu nehmen. Kategorien in ihren Überlappungen und Verschränkungen verweisen nämlich sowohl auf Identitäten und damit kollektive Vergemeinschaftungen, als auch auf Herrschaftsstrukturen, die infrage gestellt werden können. Gudrun-Axeli Knapp (2005) hat Intersektionalität als „travelling theory" – als reisendes theoretisches Konzept – bezeichnet. Das trifft es sehr gut. Nicht nur, dass es von der Begrifflichkeit her aus den USA stammend im europäischen Kontext Verwendung gefunden hat, es reist auch zwischen den Disziplinen und verändert sich je nach Forschungsgegenstand. Damit lässt es sich auf theoretischer als auch auf praktischer Ebene ständig erproben, verändern und anpassen, um immer wieder neu nach den Dynamiken von Teilhabe und Ausgrenzung über digital vernetzte Medien zu fragen – so auch in der medienpädagogischen

Praxis. Auf diese Weise macht das Konzept das Potential von Partizipation und emanzipatorischen Empowerments sichtbar, begegnet aber gleichzeitig auch den damit einhergehenden Risiken und in Verbindung stehenden Macht- und Herrschaftsverhältnissen.

Anmerkung

1   Ich verwende in diesem Beitrag den englischsprachigen Begriff „Race", der auch den Prozess der Rassifizierung einschließt. Die Verwendung des Begriffs „Rasse" im Nationalsozialismus zielt primär auf eine biologische Unterscheidung. Einige Theoretiker*innen plädieren aus diesem Grund dafür, lediglich den Begriff „Rassifizierung" zu verwenden, um den Prozesscharakter der Kategorie zu betonen.

Literatur

Black, Shannon (2017): KNIT + RESIST: Placing the PussyhatProject in the context of craft activism. In: Gender, Place & Culture, 24. Jg., H. 5, 696-710.

Boothroyd, Sydney/Bowen, Rachelle/Cattermole, Alicia/Chang-Swanson, Kenda/Daltrop, Hanna/Dwyer, Sasha/Gunn, Anna/ Kramer, Brydon/McCartan, Delaney M./Nagra, Jasmine/Samimi, Shereen/Yoon-Potkins, Qwisun (2017): (Re)producing feminine bodies: Emergent spaces through contestation in the Women's March on Washington. In: Gender, Place & Culture, 24. Jg., H.5, 711-721.

Bose, Christine E. (2012): Patricia Hill Collins Symposium. Intersectionality and Global Gender Inequality. In: Gender & Society, 26. Jg., H. 1, 67-72.

Brown, Melissa/Ray, Rashawn/Summers, Ed/Fraistat, Neil (2017): #SayHerName: a case study of intersectional social media activism. In: Ethnic and Racial Studies, 40. Jg., H.11, 1831-1846.

Byrne, Bridget (2015): Rethinking Intersectionality and Whiteness at the Borders of Citizenship. In: Sociological Research Online, 20. Jg., H. 3, 16-24.

Clark, Rosemary (2016): "Hope in a hashtag": The discursive activism of #WhyIStayed. In: Feminist Media Studies, 16. Jg., H. 5, 788-804.

Collins, Patricia Hill (2000): Black Feminist Thought: Knowledge, Consciousness, and the Politics of Empowerment. New York: Routledge.

Collins, Patricia Hill (2017): The Difference That Power Makes: Intersectionality and Participatory Democracy. In: Investigaciones Feministas, 8. Jg., H. 1, 19-39.

Combahee River Collective (1979): A Black Feminist Statement. In: Hull, T. Gloria/Scott, Patricia Bell/Smith, Barbara (Hrsg.): All the Women Are White, All the Blacks Are Men, But Some of Us Are Brave. New York: The Feminist Press at CUNY, 13-22.

Crenshaw, Kimberlé Williams (1995): Mapping the Margins: Intersectionianlity, Identity, Politics, and Violence against Women of Color. In: Crenshaw, Kimberlé/Gotanda, Neil/Peller, Gary/Thomas, Kendall (Hrsg.): Critical Race Theory. The Key Writings that Formed the Movement. New York: The New Press, 357-384.

Davis, Kathy (2010): Intersectionality as buzzword. A sociology of science perspective on what makes a feminist theory successful. In: Feminist Theory, 9. Jg., H.1, 67-85.

Degele, Nina/Winker, Gabriele (2007): Intersektionalität als Mehrebenenanalyse. Abrufbar unter: http://www.tu-harburg.de/agentec/winker/pdf/Intersektionalitaet_Mehrebenen.pdf [Stand 14.12.2018].

Dietze, Gabriele (2009): Okzidentalismuskritik. Möglichkeiten und Grenzen einer Forschungsperspektivierung. In: Dietze, Gabriele/Brunner, Claudia/Wenzel Edith (Hrsg.): Kritik des Okzidentalismus. Transdisziplinäre Beiträge zu (Neo-) Orientalismus und Geschlecht. Bielefeld: transcript, 23–54.

Döring, Nicola/Mohseni, Rohangis M. (2018): Male dominance and sexism on YouTube: results of three content analyses, Feminist Media Studies, DOI: 10.1080/14680777.2018.1467945 [Online First].

Drüeke, Ricarda (2017): Feminismus im Netz – Strategien zwischen Empowerment und Angreifbarkeit. In: Feministische Studien, 35. Jg., H. 1, 128-136.

Drüeke, Ricarda/Zobl, Elke (2016): Online feminist protest against sexism: the German-language hashtag #aufschrei. In: Feminist Media Studies, 16. Jg., H. 1, 35-54.

Erel, Umut/Haritaworn, Jinthana/Gutiérrez Rodríguez, Encarnación/Klesse, Christian (2007): Intersektionalität oder Simultaneität?! Zur Verschränkung und Gleichzeitigkeit mehrfacher Machtverhältnisse – Eine Einführung. In: Hartmann, Jutta/Klesse, Christian/Wagenknecht, Peter/Fritzsche, Bettina/Hackmann, Kristina (Hrsg.): Heteronormativität. Empirische Studien zu Geschlecht, Sexualität und Macht. Wiesbaden: VS, 239-250.

Ganz, Kathrin/Meßmer, Anna-Katharina (2015): Anti-Genderismus im Internet. Digitale Öffentlichkeiten als Labor eines neuen Kulturkampfes. In: Hark, Sabine/Villa, Paula-Irene (Hrsg.): Anti-Genderismus. Sexualität und Geschlecht als Schauplätze aktueller politischer Auseinandersetzungen. Bielefeld: transcript, 59-78.

Garza, Alicia (2014): A Herstory of the #BlackLivesMatter Movement. In: The Feminist Wire. Abrufbar unter: https://collectiveliberation.org/wp-content/uploads/2015/01/Garza_Herstory_of_the_BlackLivesMatter_Movement.pdf [Stand 14.12.2018].

Jaki, Julia (2018): Weiß, männlich, Wikipedia. In: ZeitOnline vom 24.07.2018. Abrufbar unter: https://www.zeit.de/digital/internet/2018-07/wikipedia-wikimania-konferenz-kapstadt-autoren-maenner-diversitaet [Stand: 10.12.2018].

Kerner, Ina (2012): Questions of intersectionality: Reflections on the current debate in German gender studies. In: European Journal of Women's Studies, 19. Jg., H. 2, 203-218.

Klaus, Elisabeth (2014): Öffentliche Aufmerksamkeit für Praxen der Intersektionalität am Beispiel Angela Davis. In: Medien Journal, 38. Jg., H. 3, 33-47.

Klinger, Cornelia/Knapp, Gudrun-Axeli/Sauer, Birgit (2007) (Hrsg.): Achsen der Ungleichheit. Zum Verhältnis von Klasse, Geschlecht und Ethnizität. Frankfurt/Main: Campus.

Knapp, Gudrun-Axeli/Wetterer, Angelika (2003) (Hrsg.): Achsen der Differenz. Gesellschaftstheorie und feministische Kritik. Münster: Westfälisches Dampfboot.

Knapp, Gudrun-Axeli (2005): Race, Class, Gender. Reclaiming Baggage in Fast Travelling Theories. In: European Journal of Women's Studies, 12. Jg., H.3, 249-265.

KnowYourMeme (o.J.): Check your privilege. Abrufbar unter: https://knowyourmeme.com/memes/check-your-privilege#fn1 [Stand: 10.12.2018].

Lorey, Isabel (2008): Kritik und Kategorie. Zur Begrenzung politischer Praxis durch neuere Theoreme der Intersektionalität, Interdependenz und Kritischen Weißseinsforschung. Abrufbar unter: http://www.eipcp.net/transversal/0806/lorey/de [Stand: 10.12.2018].

Lutz, Helma/Vivar, Maria Teresa Herrera/Supik, Linda (2010): Fokus Intersektionalität – Eine Einleitung. In: Lutz, Helma/Vivar, Maria Teresa Herrera/Supik, Linda (Hrsg.): Fokus Intersektionalität. Bewegungen und Verortungen eines vielschichtigen Konzeptes. Wiesbaden: VS, 9-32.

Meyer, Katrin (2017): Theorien der Intersektionalität zur Einführung. Hamburg: Junius Verlag.

Pussyhat Project (o.J.): Join the 2018 Pussyhat Global Virtual March! Abrufbar unter: https://www.pussyhatproject.com/globalmarch/ [Stand: 10.12.2018].

Rodino-Colocino, Michelle (2014): #YesAllWomen: Intersectional Mobilization against Sexual Assault is Radical (Again). In: Feminist Media Studies, 14. Jg., H. , 1113-1115.

Rose-Redwood, CindyAnn/Rose-Redwood, Reuben (2017): 'It definitely felt very white': race, gender, and the performative politics of assembly at the Women's March in Victoria, British Columbia. In: Gender, Place & Culture, 24. Jg., H. 5, 645-654.

Rosenbaum, Judith E. (2018): Constructing Digital Cultures. Tweets, Trends, Race, and Gender. Lanham: Lexington Books.

Stehling, Miriam/Thomas, Tanja (2016): The communicative construction of FEMEN: naked protest in self-mediation and German media discourse. In: Feminist Media Studies, 16. Jg., H. 1, 86-100.

The Sojourner Truth Project (o.J.): Sojourner Truth's famous 1851, "Ain't I a Woman" speech. Abrufbar unter: https://www.thesojournertruthproject.com/ [Stand: 10.12.2018].

Walgenbach, Katharina (2014): Heterogenität – Intersektionalität – Diversity in der Erziehungswissenschaft. Opladen: Budrich/UTB.

Winker, Gabriele/Degele, Nina (2009): Intersektionalität. Zur Analyse sozialer Ungleichheiten. Bielefeld: transcript.

Wrenn, Corey (2018): Pussy grabs back: Bestialized sexual politics and intersectional failure in protest posters for the 2017 women's march. In: Feminist Media Studies, DOI: 10.1080/14680777.2018.1465107 [Online First].

Lizenz

Der Artikel steht unter der Creative Commons Lizenz **CC BY-SA 4.0**. Der Name der Urheberin soll bei einer Weiterverwendung genannt werden. Wird das Material mit anderen Materialien zu etwas Neuem verbunden oder verschmolzen, sodass das ursprüngliche Material nicht mehr als solches erkennbar ist und die unterschiedlichen Materialien nicht mehr voneinander zu trennen sind, muss die bearbeitete Fassung bzw. das neue Werk unter derselben Lizenz wie das Original stehen. Details zur Lizenz: https://creativecommons.org/licenses/by-sa/4.0/legalcode

Ingo Bosse/Anna-Maria Kamin/Jan-René Schluchter
Inklusive Medienbildung
Zugehörigkeit und Teilhabe in gegenwärtigen Gesellschaften

Die GMK stellte auf ihrem 35. Forum Kommunikationskultur in Bremen Fragen zur Digitalisierung unter der Prämisse „Medienbildung für alle". In Fachvorträgen und Workshops wurde das Thema für unterschiedliche Zielgruppen und medienpädagogische Themenfelder bearbeitet und weitergeführt. Im Vorfeld der Tagung veröffentlichte die GMK-Fachgruppe Inklusive Medienbildung ein Positionspapier mit dem Titel „Medienbildung für alle: Medienbildung inklusiv gestalten" (siehe GMK 2018 und auf S. 207 in diesem Band). Das Positionspapier verdeutlicht das Inklusionsverständnis der GMK und den Stellenwert, welchen die GMK Medienbildung im Kontext von Inklusion beimisst. Die Inhalte des Papiers wurden auf der Fachtagung diskutiert und weiterentwickelt. An diesem Papier, mit den darin enthaltenen Forderungen, orientiert sich die hier vorgelegte wissenschaftliche Auseinandersetzung mit inklusiver Medienbildung. Der Beitrag gibt einen Überblick über theoretische Bezugspunkte der inklusiven Medienbildung und ihre gegenwärtigen Herausforderungen. Betrachtet wird zum einen die Perspektive der Medienpädagogik als Reflexionswissenschaft, die sich dafür interessiert, wie unter Bedingungen gesellschaftlicher Mediatisierungsprozesse Strukturen und Prozesse von Gesellschaft im Allgemeinen und von pädagogischem Handeln im Besonderen mit Blick auf (Um-)Welt und Individuum verändert werden. Zum anderen wird die Perspektive als Handlungswissenschaft thematisiert, die danach fragt, wie gesellschaftliche sowie pädagogisch relevante Strukturen und Prozesse durch Medien mit Blick auf (Um-)Welt und Individuum gestaltbar sind (vgl. Pietraß 2018: o. S.; DGfE 2017: 2).

Inklusion und Teilhabe in mediatisierten Gesellschaften

Ausgangspunkt für die medienpädagogische Theorie und Praxis unter der Perspektive von Inklusion bildet ein Verständnis von Inklusion als Entwicklungsanspruch *an* und Entwicklungsaufgabe *von* Gesellschaft. Inklusion ist demzufolge als ein Moment der ständigen Reflexion von gesellschaftlichen Strukturen und Prozessen zu verstehen (vgl. u.a. Budde/Hummrich 2013: o. S.) und lässt sich mit Kronauer (2013) – aus soziologischer Perspektive – als Verwirklichung von gesellschaftlicher Zugehörigkeit und Teilhabe begreifen. Zentrale Dimensionen sind hierbei die Wahrnehmung von (persönlichen, politischen und sozialen) Bürgerrechten, das Verfügen über (Erwerbs-)Arbeit sowie das Vorhandensein von sozialen Beziehungen (vgl. ebd.: 18). Hierbei sind alle Bereiche von Gesellschaft dahingehend zu prüfen, ob die Voraussetzungen und Kriterien für den Ein- und vor allem für den Ausschluss von bestimmten Menschen – bspw. von Bildung – als berechtigt oder unzulässig und diskriminierend anzusehen sind. Als unberechtigt und diskriminierend können Formen des sozialen Ausschlusses betrachtet werden, wenn sie Lebensqualität, -verlauf und -chancen eines Menschen beeinträchtigen (vgl. ebd.: 19-21).

Aus rechtswissenschaftlicher Perspektive rekurriert Welti (2005) im Hinblick auf den Anspruch von Inklusion auf den Begriff der Teilhabe. Diese fasst er als eine Kategorie des Verhältnisses von Zugehörigkeit und Zuteilung auf (vgl. ebd.: 535). Während Zuteilung als der Zugang zu gesellschaftlich relevanten Gütern und sozialen Positionen im Sinne von Teilhabe *an* etwas verstanden werden kann, umfasst Zugehörigkeit einerseits die subjektive Sicht auf die eigene Zugehörigkeit zu einer sozialen Gruppe/ Gesellschaft etc. und andererseits die Zuschreibung, zu einer bestimmten sozialen Gruppe zugehörig zu sein (vgl. Kamin/Hester 2015: 191).

Deutlich wird, dass sowohl der soziologischen als auch der rechtswissenschaftlichen Perspektive von Inklusion ein Verständnis der sozialen Herstellung und Reproduktion von sozialen Kategorien – wie beispielsweise Geschlecht – zugrunde liegt (vgl. u.a. Sturm 2016: 18-19). Im Kontext der Pädagogik wurden diese Gedanken mit dem Begriff der Heterogenität aufgegriffen und weitergeführt; Heterogenität gilt als die zentrale Kategorie der Beschreibung von Unterschieden zwischen Kindern, Jugendlichen und Erwachsenen (vgl. ebd.: 9). Kennzeichnend ist die Beobachtung und Zuschreibung der Differenz zwischen mindestens zwei sozialen Merkmalen. Heterogenität lässt sich somit als Resultat sozialer Interaktionen begreifen und kann als sozial konstruiert, sozial-kulturell eingebunden, relativ und partial beschrieben werden (vgl. ebd.: 14-19; auch Wenning 2017). Mit Wenning (2017) lässt sich in diesem Zusammenhang von einem „doing difference" (ebd.: 47) sprechen, welches mit dem Plädoyer für eine differenzierte Betrachtung von sozialen Differenzkonstruktionen – beispielsweise im Kontext von Bildung – einhergeht.

Inklusion in diesem Sinn verstanden, macht deutlich, dass eine hiermit verbundene (Weiter-)Entwicklung von Gesellschaft nicht ausschließlich um die Lebensverhältnisse und Bedingungen einzelner Gruppen wie Menschen mit Behinderungen kreist, sondern um gesellschaftliche Strukturen und Prozesse der Benachteiligung, der Diskriminierung und des Ausschlusses von Menschen (vgl. Kronauer 2013: 24). Ebenso sind Bereiche wie Bildung nicht isoliert von anderen Bereichen von Gesellschaft anzusehen, sondern müssen in ihrer vielfältigen Eingebundenheit in und Verflechtungen mit Gesellschaft und Bereichen von Gesellschaft gedacht werden.

In Anbetracht gesellschaftlicher Medienentwicklungen ist der skizzierte Anspruch von Inklusion zunehmend an Medien und mediale Infrastrukturen gebunden. Medien und mediale Infrastrukturen wirken in beinahe alle Alltags- und Lebensbereiche hinein, gestalten deren Strukturen mit und beeinflussen das Denken und Handeln der Menschen (vgl. Krotz 2007: 25-50). Vor diesem Hintergrund lässt sich Digitalisierung mit Krotz/Hepp (2012) als aktueller Mediatisierungsschub beschreiben, welcher auf frühere Formen der Mediatisierung stößt (vgl. ebd.: 112). So kann Digitalisierung analog zur Mediatisierung als Organisation von Gesellschaft entlang digitaler Medien und digitaler Infrastruktur verstanden werden. Mit Krotz (2007) ist Mediatisierung als Meta-Prozess gesellschaftlicher Transformation mit weiteren Meta-Prozessen, wie z.B. Individualisierung, Kommerzialisierung oder Globalisierung, verbunden (vgl. ebd.: 33). Demzufolge greifen Verständnisse von Digitalisierung als primär technikinduzierte oder -gesteuerte Entwicklungen von Gesellschaft zu kurz, vielmehr ist Digitalisierung in seiner Verwobenheit mit der Verfasstheit von Gesellschaft sowie deren Entwicklungen – insbesondere in Verbindung mit Kommerzialisierung als Basis-Entwicklung von Meta-Prozessen gesellschaftlichen Wandels – zu sehen (vgl. u.a. Dander 2018). Dem Verständnis von Digitalisierung als aktuellen Mediatisierungsschub folgend, stellt sich mit Blick auf Inklusion die Frage nach den hieraus resultierenden Veränderungen für Strukturen, Kulturen und Praktiken von Gesellschaft im Allgemeinen sowie im Kontext von Bildung im Besonderen. Entsprechend sind Medien und mediale Infrastrukturen zum Gegenstand der Analyse und Reflexion in Bezug auf ihre Bedeutung für Strukturen und Prozesse der Inklusion sowie der Exklusion zu machen.

Inklusion und Medienbildung in allen Bildungskontexten

Verbunden mit dem Inklusionstheorem geht die Verpflichtung einher, ein inklusives Bildungssystem zu schaffen (vgl. UN/BRK 2006/2008). Dies umfasst nicht nur die gemeinsame Beschulung von Kindern mit und ohne zugeschriebenem sonderpädagogischem Förderbedarf, sondern die Weiterentwicklung des Bildungssystems insgesamt im Hinblick auf die Heterogenität ihrer Adressaten entlang der Bildungskette (vgl. GMK 2018: 4; Zoyke/Vollmer 2016; Kamin/Meister 2019). Jedoch ist Bildung – z.B. Bildungsverständnisse, -orte, -arrangements – hier auch über formale Bildung hinaus in der Perspektive Inklusion hinaus zu denken. Insgesamt kreisen aktuelle pädagogische Diskurse mit Blick auf Inklusion um Fragen von Chancengleichheit, Anerkennung und Wertschätzung von Vielfalt, Anti-Diskriminierung und Bearbeitung von Strukturen sowie Mechanismen des sozialen Ausschlusses im Bildungssystem und in der Gesellschaft (vgl. Maurer/Schluchter 2013). In dieser Perspektive können Bezüge zum Diskurs über Ungleichheit(en) und Benachteiligung(en) im Bildungssystem hergestellt werden, welche gleichermaßen mit dem Begriff der Heterogenität verbunden sind (vgl. u.a. Budde et al. 2017: 12). Hier rückt die Frage nach der/den durch das Bildungssystem hervorgebrachten und/oder verstärkten (sozialen) Ungleichheit(en) und Benachteiligung(en) in den Fokus. Für Medienbildung unter der Perspektive von Inklusion gilt es gleichermaßen, die Frage nach den Möglichkeiten von Bildung/des Bildungssystems zu stellen, wie (soziale) Ungleichheiten abgebaut werden können.

Bezugnehmend auf Zusammenhänge zwischen den sozialen, kulturellen und materiellen Ressourcen von Menschen und deren Medienumgangsformen, zeigen sich beispielsweise Unterschiede in der Mediennutzung, welche in Abhängigkeit von strukturellen Merkmalen wie Bildungsniveau, sozioökonomischem Status, Geschlecht, Behinderung und Migrationshintergrund zu sehen sind (vgl. Livingstone/Haddon/Gorzig 2012; Paus-Hasebrink/Bichler 2008; Paus-Hasebrink/Kulterer 2014; Bos et al. 2014). Aufgrund mangelnder materieller und immaterieller Ressourcen kann der Zugang zu Medien sowie ein für Zugehörigkeit und Teilhabe an Gesellschaft zuträglicher Medienumgang behindert werden (vgl. u.a. Iske/Kutscher/Klein 2004; Niesyto 2009: 8-11; Zaynel 2017). In der Folge kann eine ungleiche Beteiligung an Informationen, Bildung und Meinungsäußerung entstehen (vgl. Mossberger et al. 2003), sodass im Zugang *zu* und im Besonderen im Umgang *mit* Medien soziale Ungleichheiten weitgehend reproduziert werden (vgl. Niesyto 2010: 149ff.). Vor diesem Hintergrund kommt u.a. Bildungsinstitutionen die Aufgabe zu, diesen Benachteiligungen entgegenzuwirken.

In diesem Zusammenhang können in pädagogischen Kontexten Formen der Medienbildung sowie der Medienkompetenzförderung Impulse für Menschen darstellen und ihnen Räume eröffnen, sich mit sich selbst und ihrer Umwelt auseinanderzusetzen; hierbei sind Aspekte im Bereich der Persönlichkeitsentwicklung gleichermaßen von Bedeutung wie Aspekte im Bereich der (Mit-)Gestaltung von Gesellschaft und der eigenen Alltags- und Lebenswelten.

Da Medienbildung insgesamt und inklusive Medienbildung in weiten Teilen gemeinsamen theoretisch-konzeptionellen Grundideen folgen, stellt sich die Frage, was das spezifische der inklusiven Medienbildung ist. Neben dem besonderen Fokus auf Barrierefreiheit, Universal Design, Assistive Technologien und angemessene Vorkehrungen (siehe Kap. „Zugänglichkeit von Medien"), um Bildung „für alle" zu gestalten, vertritt inklusive Medienbildung den Anspruch, auf methodischer Ebene zielgruppensensibel und individualisiert vorzugehen. Individualisierende Konzepte gehen dabei davon aus, dass die Nutzung eigener Stärken, Wissensbestände, Fähigkeiten und Fertigkeiten zur Selbstbestimmung und damit zu umfassender Teilhabe führen kann (vgl. Kamin/Schluchter/Zaynel 2018: 21-22). Zur theoretisch-konzeptionellen sowie modellhaften Verbindung zwischen medienpädagogischen, sonderpädagogischen und inklusiven pädagogischen Ansätzen, aus denen sich die inklusive Medienbildung bisher im Wesentlichen herleiten lässt, liegen von Jan-René Schluchter (2010, 2014, 2015) bereits umfangreiche Arbeiten vor. Die Überlegungen reihen sich im Wesentlichen in Traditions- und Entwicklungslinien einer handlungsorientierten Medienpädagogik ein, in welcher die Emanzipation und Partizipation von Menschen die grundlegenden Zieldimensionen von Theoriebildung und Praxis darstellen (vgl. Schell 1989; Schorb 2008). Schluchter (2012; 2016) hat für Medienbildung unter der Perspektive von Inklusion den Ansatz des Empowerments[1] bereits fruchtbar gemacht und eine Reflexions- und Handlungsfolie entwickelt, wie Strukturen und Dynamiken des sozialen Ausschlusses in Gesellschaft im Allgemeinen sowie in (medien-)pädagogischen Handlungsfeldern im Besonderen begegnet und Inklusion gefördert werden kann. Empowerment ist als (Wieder-)Aneignung von sozialer Handlungsfähigkeit von gesellschaftlichen Akteur*innen zu verstehen und entfaltet sich auf verschiedenen miteinander verwobenen Ebenen. Neben einer *individuellen Ebene*, welche sich auf die Entdeckung, Entfaltung und Nutzung der eigenen Stärken und vorhandenen Wissensbestände, Fähigkeiten und Fertigkeiten bezieht, betrachtet Empowerment auch die *soziale* und *politische Ebene*. Zielvorstellung ist die Schaffung von gesellschaftlichen Verhältnissen, die es Menschen ermöglicht, die Gestaltungs- und Handlungsfähigkeit in Bezug auf die eigenen Alltags- und Lebensbedingungen umzusetzen (vgl. Stark 1993: 41).

Medienangebote und -inhalte sowie Angebote der Medienbildung und Formen aktiver Medienarbeit als (medien-)pädagogische Methode können Bestandteil und Ausgangspunkt von Empowermentpraxen sein (vgl. Schluchter 2010: 167-172). Für die Praxis bedeutet das, dass „Ansprache, Methoden und Materialien […] so gestaltet [werden], dass Menschen vielfältiger Voraussetzungen partizipieren und profitieren. Hierfür sind zielgruppenorientierte und aufsuchende Angebote notwendig" (GMK 2018: 3). Insgesamt besteht hingegen ein großer Nachholbedarf in der Entwicklung von Konzepten und Modellen zielgruppensensibler Formen der Medienbildung. Hierbei ist ein Blick auf die Alltags- und Lebenswelten der Menschen notwendig, welcher ihre Bedürfnisse ernst nimmt und zusammen mit ihnen versucht, einen Weg der bildungsbezogenen Weiterentwicklung der eigenen Person zu initiieren (Kamin/Schluchter/Zaynel 2018: 21). Aus pädagogischer Perspektive gilt es, in der inklusiven Medienbildung die Passung zwischen den Angebotsstrukturen – seien sie digital oder analog – und den Zielgruppen bzw. präziser den einzelnen Kindern, Jugendlichen und Erwachsenen genau zu prüfen und die individuellen Stärken und Bedürfnisse der Teilnehmer*innen zur Orientierung der pädagogischen Praxis heranzuziehen (vgl. Kutscher 2012: 67). So können beispielsweise „Kinder und Jugendliche mit Beeinträchtigungen […] mit ganz eigenen und anderen Exklusionsrisiken zu kämpfen [haben] als Kinder und Jugendliche mit sog. Migrationshintergrund" (Bretländer 2015: 185). Ebenso sind in diesem Zusammenhang aus intersektionaler Perspektive Effekte von Mehrfachidentität(en) zu berücksichtigen; zum Beispiel welche sozialen Konsequenzen – u.a. Diskriminierung, soziale Benachteiligung – sich durch das Ineinandergreifen und die Wechselwirkungen von Geschlecht und Behinderung ergeben.

In der Traditionslinie der inklusiven Medienbildung, die sich (auch) aus der Sonderpädagogik speist, spielt weiterhin der Begriff der Förderung eine besondere Rolle. Es geht im Kern um individuelle Förderung, also die Relation zwischen u.a. individuellen Lern- und Leistungsvoraussetzungen und institutionsbezogenen Anforderungen (vgl. Werner 2011: 43). In inklusiven Bildungskontexten wird das Konstrukt Förderbedarf nicht nur auf Menschen mit Behinderung bezogen, sondern legt ein breites Verständnis von Benachteiligung, Aus- oder Abgrenzung und Diskriminierung zugrunde. Auch um Stigmatisierung entgegenzuwirken, werden in inklusiven Bildungskontexten individuelle wie auch gruppenbezogene Fördermaßnahmen für alle bereitgehalten (vgl. Markowetz/Reich 2016: 343).

Zugänglichkeit von Medien

Medien weisen vielfältige Potentiale für selbstbestimmte Teilhabe und Zugehörigkeit auf, da Barrieren reduziert oder gar beseitigt werden können (vgl. zum Überblick Bosse/Schluchter/Zorn 2019). Die Gestaltung von (Medien-)Umwelten unter Berücksichtigung von Barrierefreiheit und Universal Design sowie der Bereitstellung von Assistiven Technologien und individuellen Vorkehrungen spielt eine zentrale Rolle für die inklusive Medienbildung (vgl. Haage/Bühler 2019; Freese/Marczinzik 2015; Reinhard/Krstoski 2015).

Der Begriff Barrierefreiheit stellt im Zusammenhang mit Inklusion insofern einen zentralen Begriff und eine Grundvoraussetzung für umfängliche Teilhabe dar. Barrieren beziehen sich nicht nur auf Hindernisse beim Betreten von Gebäuden, sondern auch auf „technische Gebrauchsgegenstände und Systeme der Informationsverarbeitung, akustische und visuelle Informationsquellen und Kommunikationseinrichtungen sowie andere gestaltete Lebensbereiche. Barrierefrei sind diese Gegenstände oder Umweltbedingungen, wenn sie für behinderte Menschen in der allgemein üblichen Weise, ohne besondere Erschwernis und grundsätzlich ohne fremde Hilfe zugänglich und nutzbar sind" (SGB IX, 2001, §4).

Funktionen und Inhalte von (digitalen) Medien müssen insofern hinsichtlich der Gestaltung einer barrierefreien Umwelt und Gesellschaft konsequent mitgedacht werden. Barrierefreie Medien haben den Anspruch, für alle wahrnehmbar, bedienbar und verständlich zu sein (vgl. Haage/Bühler 2019). Zugänglichkeit bezieht sich aber nicht nur auf die technischen Eigenschaften von Geräten, sondern auch auf die durch die Medien abrufbaren Inhalte. Das bedeutet, dass Medienangebote verständliche und zugängliche Inhalte bereithalten müssen. Ein zentrales Konzept ist hier beispielsweise die Leichte Sprache bzw. das Angebot von sprachlichen Alternativen. Der aktuelle Forschungsstand macht aber deutlich, dass Leichte Sprache, wie sie derzeit Verwendung findet, keineswegs für alle leicht verständlich ist (vgl. Schuppener/Goldbach/Bock 2019: 221). Auf Grundlage barrierefreier Mediengestaltung ist es möglich, Medien an die individuellen Bedürfnisse der Nutzer*innen anzupassen. Dies betrifft ihre Handhabung, ihre Qualität für die Rezeption und das Verarbeiten, Verstehen und Anwenden (vgl. Miesenberger et al. 2012).

Der Versuch, Produkte bzw. Umgebungen so zu gestalten, dass sie für alle Menschen nutzbar sind, ohne dass Adaptionen und/oder ein spezielles Design notwendig sind, vereint sich im Konzept des Universal Designs. Der Ansatz gilt als Weiterführung von Barrierefreiheit und bedeutet eine barrierefreie Gestaltung mit besonderem Augenmerk auf Gebrauchstauglichkeit (Usability) (vgl. Autorengruppe des Vereins Internationales Design Zentrum Berlin e.V., zit. bei Rützel 2013). Beim Universal Design handelt es sich um einen am Menschen orientierten Gestaltungsansatz, um die gesamte gestaltete Umwelt – also auch Medien – für so viele Menschen wie möglich zugänglich zu machen. Mit Universal Design wird gleichsam der Versuch unternommen, Stigmatisierung und Ausschluss von vorneherein zu vermeiden (vgl. Haage/Bühler 2019). Technik und Design sind insofern nicht als unhinterfragte Bedingung, sondern als sozial gestaltbares Element zu sehen (vgl. GMK 2018: 3). Die North Carolina State University entwickelte im Jahr 1997 sieben Prinzipien des Universal Designs, dabei handelt es sich um:

- Flexibilität in der Benutzung: flexible Anpassbarkeit an persönliche Gewohnheiten und Vorlieben
- einfache und intuitive Benutzung: leicht verständliche/s Design/Struktur, unabhängig von Vorwissen, Erfahrungen
- sensorisch wahrnehmbare Informationen: Vermittlung/Wahrnehmbarkeit von Informationen über mehrere Sinne (mindestens zwei)
- hohe Fehlertoleranz/Sicherheit z.b. durch Verringerung ungewollter Aktivitäten
- niedriger körperlicher Aufwand; bei Benutzung
- Größe und Platz für Zugang und Benutzung: gute Zugänglichkeit und Erreichbarkeit
(zit. bei Rützel 2013)

Während das Konzept des Universal Designs zunächst vorwiegend im Bereich der Architektur und Produktgestaltung angewendet wurde, erhielt es durch Weiterentwicklungen zu Universal Design for Learning auch Einzug in pädagogische Kontexte (vgl. Fisseler/Schaten 2012: 213-214), wobei der Fokus insbesondere auf die Gestaltung von Schulunterricht gelegt ist. Universal Design for Learning folgt drei Grundprinzipien: 1. multiple Mittel der Repräsentation von Informationen, 2. multiple Mittel ihrer Verarbeitung und der Darstellung von Lernergebnissen sowie 3. multiple Möglichkeiten der Förderung von Lernenden-Engagement und Lernmotivation (vgl. Schlüter/Melle/Wember 2016). Konzepte zur Verknüpfung von Universal Design und inklusiver Medienbildung sind bereits erarbeitet (vgl. z.B. Haage/Bühler 2019).

Die Zugänglichkeit von Medien kann weiterhin durch assistive Technologien ermöglicht werden. Assistive Technologien unterstützen Personen mit Einschränkungen bei der Durchführung von Aktivitäten verschiedenster Art, die sie nicht aus eigener Kraft bewältigen können (vgl. Dirks/Linke 2019: 241). In Deutschland wird auch häufig synonym zum eingedeutschten Begriff *assistive Technologien* von *unterstützenden Technologien* gesprochen, so etwa in der deutschsprachigen Übersetzung der Behindertenrechtskonvention der Vereinten Nationen. Es handelt sich dabei um intelligentes technisches Design, z.b. für mechanische Konstruktionen oder für adaptive Softwareprogrammierungen. Beispiele sind etwa Kommunikationshilfen mit Schrift- oder Symboleingabe (Talker), digitale Assistenzsysteme für körperlich eingeschränkte Personen, spezielle Mäuse (Fußmaus, Kopfmaus), Bildschirmtastaturen, Joysticks, Augensteuerungen oder Screenreader. Diese Beispiele machen deutlich, dass eine enge Beziehung zum Prinzip der Barrierefreiheit besteht. In Deutschland ist eine Abgrenzung nicht immer klar möglich, international wird zwischen *mainstream Information and Communication Technology* (wie z.B. einem Tablet) und *assistive Information and Communication Technology* (wie z.B. einem Joystick statt einer Maus) unterschieden.

In bestimmten Fällen sind darüber hinaus individuelle Vorkehrungen erforderlich, um zu gewährleisten, dass Menschen mit Behinderungen gleichberechtigt mit anderen alle Menschenrechte und Grundfreiheiten genießen oder ausüben können. Laut Behindertenrechtskonvention bedeutet „angemessene Vorkehrungen" notwendige und geeignete Änderungen und Anpassungen, die keine unverhältnismäßige oder unbillige Belastung darstellen (vgl. Bundesgesetzblatt 2008: 1424). Konkret kann dies z.B. Unterstützung durch Peers oder eine persönliche Assistenz bedeuten.

Barrierefreiheit und Universal Design bilden gemeinsam mit assistiven Technologien und angemessenen Vorkehrungen zusammen einen Lösungsraum, ein continuum of solutions, in dem passende Lösungen auf individueller Ebene gefunden werden (vgl. Bühler 2016).

Verbindliche Vorschriften durch den Gesetzgeber, die gleichberechtigte und umfassende digitale Teilhabe aller Bürger*innen sichern sollen, sind aktuell hingegen noch die Ausnahme. So kann eine Barrierefreiheit von Webseiten und Anwendungen nur gewährleistet werden, wenn die nationalen Vorgaben der BITV (Barrierefreie Informationstechnik-Verordnung) oder die internationalen Standards des Web Content Accessibility Guidelines WCAG 2.1 (World Wide Web Consortium – W3C) eingehalten werden. Die BITV ist für Deutschland durch das Behindertengleichstellungsgesetz rechtsverbindlich. Sie gilt aber nur für alle Internetauftritte sowie alle öffentlich zugänglichen Internetangebote von Behörden des Bundes. Private und kommerzielle Webangebote fallen nicht unter den Geltungsbereich der BITV, eine Beteiligung basiert auf Freiwilligkeit. Die umfängliche Zugänglichkeit von Medienangeboten und -inhalten für alle Menschen nach dem Prinzip der universellen Nutzbarkeit ist auf der Breite von Medienangeboten und -technik insofern erst in Ansätzen verwirklicht (vgl. Bosse et al. 2017: 112-115). Eine Verschärfung des Problems entsteht vor dem Hintergrund der zunehmenden Verlagerung von Aufgaben – wie etwa Kommunikation, Konsum, Alltagsmanagement, aber auch politische Beteiligung – *in* bzw. *um* digitale Infrastruktur und Medien. Diese führt zu einer zunehmenden Abhängigkeit, im Sinne von Angewiesenheit von digitalen Medien – eine Nicht-Nutzung führt entsprechend zu eingeschränkten Möglichkeiten der Teilhabe (vgl. u.a. Zilien 2006). In der Folge büßen Menschen, deren Zugang zu Medien bislang erschwert war/ist, im Zuge zunehmender Mediatisierung weiter an gesellschaftlicher Teilhabe ein – wenn die Möglichkeiten des Zugangs (auf technischer, aber auch auf sozialer, ökonomischer und kultureller Ebene) nicht gesichert sind (vgl. u.a. Bosse et al. 2017).

Gestaltung diversitätssensibler öffentlicher Kommunikation

Neben dem Aspekt der Teilhabe *an* Medien und durch Medien beschäftigt sich die inklusive Medienbildung mit der Teilhabe *in* Medien. Dem liegt das Bewusstsein zugrunde, dass mediale Darstellungsweisen einen erheblichen Einfluss auf die soziale Inszenierung von Ungleichheit haben können (vgl. Bosse 2014: 7). Medienangebote und -inhalte tragen zur Entwicklung und Reproduktion von individuellen und sozialen Wirklichkeits- und Bedeutungskonstruktionen bei und stehen selbst in der Gefahr, zum Moment des sozialen Ausschlusses zu werden. Sie reproduzieren und prägen Auffassungen und Bilder von sozialen Gruppen bzw. Kategorien, u.a. die von sozialer oder kultureller Herkunft, sowie von Geschlecht/Gender. Die stereotype, klischeebesetzte und eindimensionale Darstellung von sozialen Gruppen in Medien trägt dazu bei, Wahrnehmungen von den jeweiligen Gruppen zu prägen (vgl. Wischermann/Thomas 2008: 7-20). Darüber hinaus ist in diesem Zusammenhang darauf hinzuweisen, dass Medienangebote und -inhalte gleichermaßen Potentiale bieten, bestehende Bilder von sozialen Gruppen bzw. Kategorien infrage zu stellen sowie Gegenentwürfe hierzu anzubieten, wie zahlreiche Blogs, Facebook-Gruppen, Videokanäle und Twitter-Accounts von Aktivist*innen mit Behinderung zeigen (vgl. GMK 2018: 6). Akteure der Initiative Leidmedien.de (https://leidmedien.de) weisen auf solche Stigmatisierungen hin und zeigen bpsw. Formulierungsalternativen auf, um einen Perspektivwechsel in der Berichterstattung in Medien zu erreichen. Obwohl eine zunehmende Abkehr zu beobachten ist, sind in Medien noch stereotype Darstellungsformen in althergebrachten Bildern zu beobachten (vgl. Maskos 2015: 69).

> „Medienschaffende können über eine veränderte Darstellung (z.b. als selbstbestimmte statt als hilflose Menschen) dabei mitwirken, dass Berührungsängste abgebaut und Ausgrenzung vermieden werden." (Beauftragte der Bundesregierung für die Belange behinderter Menschen 2016: 2)

Wenn es um die Darstellung von Behinderung geht, können die Disability Studies, die aus der Perspektive von Menschen mit eigener Behinderungserfahrung argumentieren, wegweisend sein. Die Zusammensetzung von Redaktionen bedarf insofern der Widerspiegelung von Vielfalt der Gesellschaft (vgl. GMK 2018: 6), um zu vermeiden, dass über sie (z.B. durch Assistenten und Familienangehörige) statt mit ihnen gesprochen wird (vgl. Mürner 2003).

> „Als ‚Helden', die der *bewundernde Blick* begleitet, werden Menschen ‚erfolgreich trotz Handicap', oder sie ‚meistern tapfer ihr Schicksal' – auch wenn es sich um eine einfache Handlung ihres Alltags wie den Supermarkteinkauf dreht. Das Außergewöhnliche reizt für ein massenmedial wirksames Storytelling – so werden die Para-Athlet*innen in London zu ‚Superheroes', und so werden auch homosexuelle Menschen zu Paradiesvögeln der CSD-Parade oder des ‚Homosexuellen-Milieus' stilisiert. Auch bei Menschen mit Migrationsgeschichte können Medienberichte über Muslim*innen als ‚moderne' und ‚westlich orientierte' Menschen nur ein Konstrukt sein, dass traditionelle Lebensrealitäten negativ markiert." (Masuhr 2019: 266)

Neben der Darstellung in den Medien stellt sich die Frage, „wie Menschen in einer immer stärker von (digitalen) Medien geprägten Welt handlungsfähig und -mächtig werden bzw. bleiben" (Altmeppen/Büsch/Filipovic 2013: 285). Es geht um die Möglichkeit aller zur aktiven Einmischung in das gesamte Spektrum der öffentlichen Artikulation und Kommunikation, die inzwischen überwiegend medienvermittelt stattfindet.

Fazit

Mit Blick auf die Perspektive Inklusion – als Entwicklungsaufgabe von und -anspruch an Gesellschaft – zeigt sich, dass mit Medien sowie gleichermaßen mit Formen medienpädagogischen Arbeitens sowohl Potentiale für die Qualität an gesellschaftlicher Zugehörigkeit und Teilhabe als zugleich auch Barrieren und Mechanismen des gesellschaftlichen Ausschlusses einhergehen (können). Vor diesem Hintergrund entwickelt der Beitrag erste Perspektiven für die Analyse, Reflexion und (Weiter-)Entwicklung von Medien(angeboten, -inhalten) und medialer Infrastruktur sowie medienpädagogischen Arbeitsformen in Richtung Inklusion. Hierbei zeigt sich, dass Verbindungslinien von Inklusion, Medien und Bildung in hohem Maße in interdisziplinärer bzw. multiprofessioneller Weise erschlossen werden (müssen). Bislang wurden zu wenige solcher interdisziplinären Schnittstellen in Form von zielgruppenbezogenen und -sensiblen Konzepten und Modellen aufgearbeitet, die die aufgezeigten Überlegungen zum Themenfeld „Inklusion, Medien und Bildung" aufgreifen. Für die Praxis der Medienpädagogik ist in diesem Zusammenhang darauf hinzuweisen, dass für die Ausgestaltung inklusiver Medienbildung zwar erste Ansätze erarbeitet wurden, diese aber kein Rezeptwissen darstellen (sollen), da inklusive Medienbildung immer an die individuellen Bedarfe der Kinder, Jugendlichen und/oder Erwachsenen zu orientieren sind. Diese Bedarfe können zudem von den Zielgruppen inklusiver Medienbildung selbst am treffendsten formuliert werden, was eine konsequente Einbindung dieser in Prozesse wie etwa Programm-, Angebots- und/oder Produktentwicklung notwendig macht (vgl. bpb 2016). Dies gilt auch für den Bereich der Forschung. Wissenschaft in inklusiven – und auch transdisziplinären – Teams ist bislang die Ausnahme (z.B.: im Projekt *Easy Reading*: https://www.easyreading.eu).

Für die Theorie der Medienpädagogik ist in diesem Zusammenhang anzumerken, dass derzeit noch zahlreiche Forschungsdesiderata hinsichtlich der Verbindungen von Inklusion, Medien und Bildung bestehen; ebenso sind bereits erarbeitete Konzepte und Modelle inklusiver Medienbildung bisher kaum wissenschaftlich evaluiert.

Eine Annäherung theoretischer und praktischer Positionen der Medienbildung unter der Perspektive von Inklusion in ihren verschiedenen Handlungsfeldern ist zudem in hohem Maße mit der Professionalisierung von Fachkräften verbunden. Das bedeutet, dass pädagogische Fachkräfte nicht nur in Bezug auf ihre pädagogische Zielgruppe, sondern auch in Bezug auf die inklusive Dimension der Medienbildung qualifiziert sein müssen (vgl. Kamin/Meister 2019; GMK 2018: 4).

Anmerkung

[1] Für eine differenzierte Betrachtung und Kritik des Konzepts des Empowerments vgl. unter anderem Bröckling (2003).

Literatur

Altmeppen, Klaus-Dieter/Büsch, Andreas/Filipovic´, Alexander (2013): Medienethik als Aufgabe und Verpflichtung. Zur Neuausrichtung von Communicatio Socialis. In: Communicatio Socialis, 46. Jg., H. 3-4, 280-287.

Beauftragte der Bundesregierung für die Belange behinderter Menschen (2016): Auf Augenhöhe. Leitfaden zur Darstellung von Menschen mit Behinderung für Medienschaffende. Berlin.

Bos, Wilfried/Eickelmann, Birgit/Gerick, Julia/Goldhammer, Frank/Schaumburg, Heike/Schwippert, Knut (Hrsg.) (2014): ICILS 2013. Computer- und informationsbezogene Kompetenzen von Schülerinnen und Schülern in der 8. Jahrgangsstufe im internationalen Vergleich. Münster: Waxmann.

Bosse, Ingo (2014): Ethische Aspekte inklusiver Medienbildung. In: Communicatio Socialis, 47. Jg, H. 1, 6-16.

Bosse, Ingo/Hasebrink, Uwe/Haage, Anne/Hölig, Sascha/Kellermann, Gudrun/Adrian, Sebastian/Suntrup, Theresa (2017): Mediennutzung von Menschen mit Behinderungen. Forschungsbericht. Hrsg. von Aktion Mensch & Die Medienanstalten. Abrufbar unter: https://www.aktion-mensch.de/themen-informieren-und-diskutieren/barrierefreiheit/mediennutzung.html [Stand: 12.10.2017].

Bosse, Ingo/Schluchter, Jan-René/Zorn, Isabel (Hrsg.) (2019): Handbuch Inklusion und Medienbildung. 1. Aufl. Weinheim/Basel: Beltz Juventa.

bpb – Bundeszentrale für politische Bildung (2016): Was ist die „Werkstatt einfache Sprache"? Abrufbar unter: http://www.bpb.de/lernen/projekte/inklusiv-politisch-bilden/227413/1-was-ist-die-werkstatt-einfache-sprache [Stand: 10.05.2019].

Bretländer, Bettina (2015): Inklusive Bildung ist mehr als Schule – zur Relevanz von Jugendhilfe bzw. außerschulischer Bildungsarbeit für inklusive Bildungsprozesse. In: Schnell, Irmtraud (Hrsg.): Herausforderung Inklusion. Theoriebildung und Praxis. Bad Heilbrunn: Verlag Julius Klinkardt, 181-189.

Bröckling, Ulrich (2003): You´re not responsible for being down, but you´re responsible for getting up. Über Empowerment. In: Leviathan, Jg. 31, H. 3, 323-344.

Budde, Jürgen/Dlugosch, Andrea/Sturm, Tanja (2017): (Re-)Konstruktive Inklusionsforschung. Eine Einleitung. In: Dies. (Hrsg.): (Re-)Konstruktive Inklusionsforschung. Differenzlinien – Handlungsfelder – Empirische Zugänge. Opladen/Berlin/Toronto: Verlag Barbara Budrich, 11-20.

Budde, Jürgen/Hummrich, Merle (2013): Reflexive Inklusion. In: Zeitschrift für Inklusion, 8. Jg, H. 4, 6-16. Abrufbar unter: https://www.inklusion-online.net/index.php/inklusion-online/article/view/193/199 [Stand: 10.05.2019].

Bühler, Christian (2016): Barrierefreiheit und Assistive Technologie als Voraussetzung und Hilfe zur Inklusion. In: Bernasconi, Tobias/Böing, Ursula (Hrsg.): Schwere

Behinderung & Inklusion. Facetten einer nicht ausgrenzenden Pädagogik (Impulse: Schwere und mehrfache Behinderung). Bd. 2. 1. Aufl. Oberhausen: Athena, 155-169.

Dander, Valentin (2018): Ideologische Aspekte von „Digitalisierung". Eine Kritik des bildungspolitischen Diskurses um das KMK-Strategiepapier „Bildung in der digitalen Welt". In: Leineweber, Christian/de Witt, Claudia (Hrsg.): Digitale Transformationen im Diskurs. Kritische Perspektiven auf Entwicklungen und Tendenzen im Zeitalter des Digitalen, 252-279. Abrufbar unter: https://ub-deposit.fernunihagen.de/servlets/MCRFileNodeServlet/mir_derivate_00001733/DTiD_Dander_Ideologische_Aspekte_Digitalisierung_2018.pdf [Stand: 21.03.19].

DGfE – Deutsche Gesellschaft für Erziehungswissenschaft, Sektion Medienpädagogik (2017): Orientierungsrahmen für die Entwicklung von Curricula für medienpädagogische Studiengänge und Studienanteile. Abrufbar unter: http://www.dgfe.de/fileadmin/OrdnerRedakteure/Sektionen/Sek12_MedPaed/Orientierungsrahmen_Sektion_Medienpaed_final.pdf [Stand: 23.05.2019].

Dirks, Susanna/Linke, Hanna (2019): Assistive Technologien. In: Bosse, Ingo/Schluchter, Jan-René/Zorn, Isabel (Hrsg.): Handbuch Inklusion und Medienbildung. Weinheim: Juventa, 241-251.

Fisseler; Björn/Schaten, Michale (2012): Barrierefreies E-Learning und Universal Design. In: Biermann, Horst/Bonz, Bernhard (Hrsg.): Inklusive Berufsbildung. Didaktik beruflicher Teilhabe trotz Behinderung und Benachteiligung. Baltmannsweiler: Schneider Verlag Hohengehren, 208-218.

Freese, Benjamin/Marczinzik, Tobias (2015): Digitale Teilhabe und universelles Design. Potenziale von inklusiven (Medien-) Bildungsansätzen und kollaborativen Arbeitsweisen für politische Bildungsprozesse am Beispiel des PIKSL-Labors. In: Dönges, Christoph/Hilpert, Wolfram/Zurstrassen, Bettina (Hrsg.): Didaktik der inklusiven politischen Bildung. Bonn: Bundeszentrale für politische Bildung, 155-168.

GMK – Gesellschaft für Medienpädagogik und Kommunikationskultur (2018): Medienbildung für alle: Medienbildung inklusiv gestalten. Positionspapier der Fachgruppe Inklusive Medienbildung der Gesellschaft für Medienpädagogik und Kommunikationskultur e.V. (GMK). Autor*innen: Ingo Bosse/Anne Haage/Anna-Maria Kamin/Jan-René Schluchter/GMK-Vorstand. Abrufbar unter: https://www.gmk-net.de/wp-content/uploads/2018/10/positionspapier_medienbildung_fuer_alle_20092018.pdf [Stand: 23.05.2019].

Haage, Anne/Bühler, Christian (2019): Barrierefreiheit. In: Bosse, Ingo/Schluchter, Jan-René/Zorn, Isabel (Hrsg.): Handbuch Inklusion und Medienbildung. Weinheim: Juventa, 207-215.

Iske, Stefan/Klein, Alexandra/Kutscher, Nadia (2004): Nutzungsdifferenzen als Indikator für soziale Ungleichheit im Internet. In: kommunikation @ gesellschaft 5.

Abrufbar unter: http://nbn-resolving.de/urn:nbn:de:0228-200405015 [Stand: 12.12.2017].

Kamin, Anna-Maria/Hester, Tobias (2015): Medien – Behinderung – Inklusion. Ein Plädoyer für eine Inklusive Medienbildung. In: Schiefner-Rohs, Mandy/Gómez Tutor, Claudia/Menzer, Christiane (Hrsg.): Lehrer.Bildung.Medien – Herausforderungen für die Entwicklung und Gestaltung von Schule. Baltmannsweiler: Schneider Verlag Hohengehren, 185-196.

Kamin, Anna-Maria/Meister, Dorothee M. (2019): Professionalisierung in der Erwachsenenbildung. In: Bosse, Ingo/Schluchter, Jan-René/Zorn, Isabel (Hrsg.): Handbuch Inklusion und Medienbildung. Weinheim: Beltz Juventa, 332-339.

Kamin, Anna-Maria/Schluchter, Jan-René/Zaynel, Nadja (2018): Zur Theorie und Praxis einer Inklusiven Medienbildung. In: Bundeszentrale für gesundheitliche Aufklärung (Hrsg.): Inklusive Medienbildung. Ein Projektbuch für pädagogische Fachkräfte. Köln, 15-42.

Klein, Alexandra/Iske, Stefan/Kutscher, Nadia/Otto, Hans-Uwe (2008): Virtual Inequality and Informal Education: An Empirical Analysis of Young Peoples' Internet Use and its Significance for Education and Social Participation. In: Technology, Pedagogy and Education – special issue theme 'Technology, pedagogy and education – glimpses of the wider picture', Volume 17, H. 2, 131-141.

Kronauer, Martin (2013): Soziologische Anmerkungen zu zwei Debatten über Inklusion und Exklusion. In: Burtscher et al. (Hrsg.): Zugänge zu Inklusion. Erwachsenenbildung, Behindertenpädagogik und Soziologie im Dialog. Bielefeld: Bertelsmann, 17-25.

Krotz, Friedrich (2007): Mediatisierung. Fallstudien zum Wandel der Kommunikation. Wiesbaden: Springer VS.

Krotz, Friedrich/Hepp, Andreas (2012): Mediatisierte Welten. Forschungsfelder und Beschreibungsansätze – Zur Einleitung. In: Krotz, Friedrich/Hepp, Andreas (Hrsg.): Mediatisierte Welten. Forschungsfelder und Beschreibungsansätze. Wiesbaden: VS-Verlag, 7-23 bzw. Einleitung Kapitel III, 111-112.

Kutscher, Nadia (2012): Digitale Ungleichheit: Soziale Unterschiede in der Mediennutzung. In: Bischoff, Sandra/Geiger, Gunter/Holnick, Peter/Harles, Lothar (Hrsg.): Familie 2020. Aufwachsen in der digitalen Welt. Opladen: Budrich, 33-44.

Livingstone, Sonia M./Haddon, Leslie/Görzig, Anke (Hrsg.) (2012): Children, Risk and Safety on the Internet: Research and Policy Challenges in Comparative Perspective. Chicago IL: Policy Press.

Marci-Boehncke, Gudrun (2019): Professionalisierung in der frühkindlichen Bildung. In: Bosse, Ingo/Schluchter, Jan-René/Zorn, Isabel (Hrsg.): Handbuch Inklusion und Medienbildung. 1. Aufl. Weinheim: Beltz Juventa, 288-296.

Markowetz, Reinhard/Reich, Kersten (2016): Didaktik. In: Hedderich, Ingeborg/Biewer, Gottfried/Hollenweger, Judith/Markowetz, Reinhard (Hrsg.): Handbuch Sonderpädagogik und Inklusion. Bad Heilbrunn/Obb.: Klinkhardt/UTB, 338-346.

Maskos, Rebecca (2015): Vom Sorgenkind zum Superkrüppel – Menschen mit Behinderungen in den Medien. In: Domenig, Dagmar/Schäfer, Urs (Hrsg.): Mediale Welt inklusive! Sichtbarkeit und Teilhabe von Menschen mit Behinderungen in den Medien. Zürich: Seismo (Teilhabe und Verschiedenheit), 69-84.

Masuhr, Lilian: Möglichkeiten diversitätssensibler Kommunikation in den Medien. In: Bosse, Ingo/Schluchter, Jan-René/Zorn; Isabel (Hrsg.): Handbuch Inklusion und Medienbildung. Weinheim: Beltz Juventa, 263-271.

Maurer, Björn/Schluchter, Jan-René (2013): Filmbildung und Inklusion. Bestandsaufnahme und Perspektiven. In: Maurer, Björn/Reinhard-Hauck, Petra/Schluchter, Jan-René/von Zimmermann, Martina (Hrsg.): Medienbildung in einer sich wandelnden Gesellschaft. München: kopaed, 147-179.

Miesenberger, Klaus/Bühler, Christian/Niesyto, Horst/Schluchter, Jan-René/Bosse, Ingo (2012): Sieben Fragen zur inklusiven Medienbildung. In: Bosse, Ingo (Hrsg.): Medienbildung im Zeitalter der Inklusion. Düsseldorf: Landesanstalt für Medien Nordrhein-Westfalen (LfM) (LfM-Dokumentation), 27-57.

Mossberger, Karen/Tolbert, Caroline/Stansbury, Mary (2003): Virtual Inequality. Beyond the Digital Divide. Georgetown: Georgetown University Press.

Mürner, Christian (2003): Medien- und Kulturgeschichte behinderter Menschen. Weinheim: Beltz und Gelberg Verlag.

Niesyto, Horst (2009): Digitale Medien, soziale Benachteiligung und soziale Distinktion. In: Zeitschrift für Theorie und Praxis der Medienbildung, H. 17: Medien und soziokulturelle Unterschiede. Abrufbar unter: http://www.medienpaed.com/article/viewFile/115/115 [Stand: 13.11.2017].

Paus-Hasebrink, Ingrid (2014): Praxeologische Mediensozialisationsforschung. Langzeitstudie zu sozial benachteiligten Heranwachsenden. Unter Mitarbeit von Jasmin Kulterer. Baden-Baden: Nomos Verlagsgesellschaft.

Paus-Hasebrink, Ingrid/Bichler, Michelle (2008): Mediensozialisationsforschung. Theoretische Fundierung und Fallbeispiel sozial benachteiligte Kinder. 1. Aufl. Innsbruck/Wien/Bozen: StudienVerl.

Pietraß, Manuela (2018): Die Ermöglichung von Lernen und Bildung im digitalen Raum. Medienpädagogische Perspektiven. In: Pietraß, Manuela/Fromme, Johannes/Grell, Petra/Hug, Theo (Hrsg.): Der digitale Raum – Medienpädagogische Untersuchungen und Perspektiven. Wiesbaden: Springer VS (Research, 14), 11-34.

Reinhard, Sven/Krstoski, Igor (2015): Zugänge schaffen – barrierefreies iPad?! In: Antener, Gabriela/Blechschmidt, Anja/Ling, Karen (Hrsg.): UK wird erwachsen.

Karlsruhe: von Loeper Literaturverlag (Reihe „Unterstützte Kommunikation"), 384-396.
Rützel, Josef (2013): Inklusion als Perspektive einer zukunftsorientierten Berufsbildung und die Bewältigung des demographischen Wandels. In: bwp@ Spezial 6 – Hochschultage Berufliche Bildung, 1-19.
Schell, Fred (1989): Aktive Medienarbeit mit Jugendlichen. Theorie und Praxis. Wiesbaden: Springer.
Schluchter, Jan-René (2010): Medienbildung mit Menschen mit Behinderung. München: kopaed.
Schluchter, Jan-René (2012): Medienbildung als Perspektive für Inklusion. In: merz, H. 1, 16-21.
Schluchter, Jan-René (2014): Medienbildung in der (sonder)pädagogischen Lehrerbildung. Bestandsaufnahme und Perspektiven für eine inklusive Lehrerbildung. München: kopaed.
Schluchter, Jan-René (2015) (Hrsg.): Medienbildung als Perspektive für Inklusion. Modelle und Reflexionen für die pädagogische Praxis. München: kopaed.
Schluchter, Jan-René (2016): Medien, Medienbildung, Empowerment. In: merz – medien und erziehung, Jg. 60, H. 5, 24-30.
Schlüter, Anne-Kathrin/Melle, Insa/Wember, Franz (2016): Unterrichtsgestaltung in Klassen des Gemeinsamen Lernens. Universal Design for Learning. Sonderpädagogische Förderung *heute,* Jg. 61, H. 3, 270-285.
Schorb, Bernd (2008): Handlungsorientierte Medienpädagogik. In: Sander, Uwe/von Gross, Friederike/Hugger, Kai-Uwe (Hrsg.): Handbuch Medienpädagogik. Wiesbaden: VS-Verlag, 75-86.
Schuppener, Saskia/Goldbach, Anne/Bock, Bettina M. (2019): Leichte Sprache – ein Mittel zur Barrierefreiheit? In: Bosse, Ingo/Schluchter, Jan-René/Zorn, Isabel (Hrsg.): Handbuch Inklusion und Medienbildung. Weinheim: Juventa, 216-222.
Stark, Wolfgang (1993): Empowerment. Neue Handlungskompetenzen in der psychosozialen Praxis. Freiburg i.B.: Lambertus.
UN/BRK (2006/2008): UN-Konvention über die Rechte von Menschen mit Behinderung.
Welti, Felix (2005): Behinderung und Rehabilitation im sozialen Rechtsstaat. Tübingen: Mohr Siebeck.
Wenning, Norbert (2017): Differenzen, Kategorien, Linien, Merkmale, Dimensionen – wann Unterschiede Bedeutung erlangen und wie sie gemacht werden. In: Budde, Jürgen/Dlugosch, Andrea/Sturm, Tanja (Hrsg.): (Re-)Konstruktive Inklusionsforschung. Differenzlinien – Handlungsfelder – Empirische Zugänge. Opladen/Berlin/Toronto: Verlag Barbara Budrich, 47-67.
Werner, Birgit (2011): Didaktik und Förderung unter erschwerten Bedingungen. In: Kaiser, Astrid/Schmetz, Ditmar/Wachtel, Peter/Werner, Birgit (2011) (Hrsg.): Di-

daktik und Unterricht. Enzyklopädisches Handbuch der Behindertenpädagogik. Bd. 4. Stuttgart: Kohlhammer, 43-63.

Wischermann, Ulla/Thomas, Tanja (2008): Medien – Diversität – Ungleichheit: Ausgangspunkte. In: Wischermann, Ulla/Thomas, Tanja (Hrsg.): Medien – Diversität – Ungleichheit. Zur medialen Konstruktion sozialer Differenz. Wiesbaden: VS-Verlag, 7-20.

Zaynel, Nadja (2017): Internetnutzung von Jugendlichen und jungen Erwachsenen mit Down-Syndrom. Wiesbaden: Springer VS.

Zillien, Nicole (2006): Digitale Ungleichheit. Neue Technologien und alte Ungleichheiten in der Informations- und Wissensgesellschaft. Wiesbaden: VS Verlag für Sozialwissenschaften.

Zoyke, Andrea/Vollmer, Kirsten (2016): Inklusion in der Berufsbildung: Befunde - Konzepte - Diskussionen. Hinführung, Überblick und diskursive Zusammenführung. In: Zoyke, Andrea/Vollmer, Kirsten (Hrsg.): Inklusion in der Berufsbildung. Befunde – Konzepte – Diskussionen. Bielefeld: W. Bertelsmann Verlag (Berichte zur beruflichen Bildung), 7-24.

Lizenz

Der Artikel steht unter der Creative Commons Lizenz **CC BY-SA 4.0**. Die Namen der Urheber*innen sollen bei einer Weiterverwendung genannt werden. Wird das Material mit anderen Materialien zu etwas Neuem verbunden oder verschmolzen, sodass das ursprüngliche Material nicht mehr als solches erkennbar ist und die unterschiedlichen Materialien nicht mehr voneinander zu trennen sind, muss die bearbeitete Fassung bzw. das neue Werk unter derselben Lizenz wie das Original stehen. Details zur Lizenz: https://creativecommons.org/licenses/by-sa/4.0/legalcode

2. Gesellschaftliche Perspektiven

Lorenz Matzat
„Algorithmic Accountability"
Automatisierte Entscheidungen sichtbar machen

Im Zeitalter der Digitalisierung werden immer mehr Alltagsprozesse durch Algorithmen in Form von Software geregelt. Meist geht um die Entlastung von eintöniger Arbeit, aber auch um die Vorwegnahmen und Vorbereitung von Entscheidungen. Die Folgen dieser Automatisierung bleiben dabei oft im Verborgenen, obwohl sie nicht zuletzt auch die Teilhabe an Gesellschaft berühren. Die journalistische Methode „Algorithmic Accountability" tritt deshalb für eine Rechenschaftspflicht ein: So soll nachvollziehbar werden, welche Entscheidungen wie durch Algorithmen getroffen oder geprägt werden.

Sensoren messen den Verkehr und regeln ihn per Ampeln. Computerprogramme entscheiden in Sekundenbruchteilen, ob sie Aktien verkaufen oder nicht: Der Alltag unserer Gesellschaft ist durchsetzt von automatischen Systemen, die viele kleine Entscheidungen umsetzen und uns dadurch von Arbeit entlasten. Große Aufmerksamkeit erfährt derzeit das Thema „Künstliche Intelligenz" (KI). Der Begriff wurde vor über 60 Jahren geprägt und hat seitdem schon einige Hypezyklen durchlaufen. In den 80er-Jahren des 20. Jahrhundert wurden damit beispielsweise „Expertensysteme" beschrieben (vgl. Manhart 2018). Manche meinen, dass der jüngste Zyklus, der maßgeblich auf Fortschritten von „Machine Learning" und „Neuronalen Netzen" beruht, bereits sein Potential ausgeschöpft hat und der nächste „KI-Winter" bevorsteht. Außerhalb der Fachwelt wird KI sehr unscharf verwendet; von mancher Seite werden ihr quasi-magische Fähigkeiten zugesprochen. Bis vor kurzem wurde beispielsweise noch davon ausgegangen, dass selbstfahrende Autos mittels KI kurz vor dem Durchbruch stünden. Mittlerweile ist unklar, wann dies möglich sein wird (vgl. http://rodneybrooks.com/predictions-scorecard-2019-january-01/ [Stand: 14.05.2019]). Seit der Ende 2018 veröffentlichten KI-Strategie der Bundesregierung (www.ki-strategie-deutschland.de) wird unter dem Begriff KI nun nahezu alles gefasst, was mit der „Digitalisierung" zu tun hat. Inwiefern Maschinen tatsächlich „Intelligenz" an den Tag legen können, die menschlicher Autonomie und Internationalität entsprechen, ist nach wie vor umstritten (vgl. Brooks 2019).

Aus gesellschaftlicher Sicht ist hinsichtlich der Übertragung von Aufgaben, die einst Menschen besorgten, wesentlich, dass damit Vorbereitungen und auch Umsetzungen von Entscheidungen an Maschinen delegiert werden. Das können hochgradig komplexe neuronale Netze sein oder auch recht simple Softwareanwendungen, die anhand schlichter Regelwerke Daten miteinander verrechnen, diese gewichten und sortieren. Aus meiner Sicht ist der Begriff „Systeme Automatisierter Entscheidungsfindung" (automated decision-making, ADM) geeigneter, um die neuen Entwicklungen zu beschreiben (vgl. Spielkamp et al.: 2019).

Es gibt vier wesentliche Verfahren, wie per Software Entscheidungen getroffen werden: Priorisieren, Klassifizieren, Herstellung von Zusammenhängen sowie Filterung. Nahezu alle Computerprogramme, die derzeit unter Schlagworten wie Machine Learning im Bereich der KI vermarktet werden, setzen auf eines oder eine Kombination der genannten mathematischen beziehungsweise statistischen Verfahren. Dabei spielen oft große Datenmengen eine Rolle, die es erlauben, Software anhand bestehender Datensätze zu „trainieren", um zukünftige Anforderungen erfüllen zu können.

Algorithmic Accountability – eine Methode zur Auseinandersetzung mit Automatisierung

Es ist an der Zeit für eine Auseinandersetzung mit ADM, da in den letzten zehn Jahren die Automatisierungsprozesse durch Software immens zugenommen haben. Sowohl die Menge der Daten, die automatisierte Entscheidungsfindungen häufig erst ermöglicht haben, als auch die Anzahl der Geräte bzw. Infrastruktur auf denen ADM stattfindet, hat exponentiell zugenommen. Damit steigt zwangsläufig auch der Einfluss dieser Systeme in verschiedensten Bereichen der Gesellschaft. Berührt wird dabei immer wieder auch der Bereich von Teilhabe. Wenn Behörden Systeme einsetzen, die z.B. Kriminalität vorhersagen (predictive policing), Studienplätze vergeben, Sozialhilfebetrug aufdecken oder Kindeswohl monitoren sollen, ist das nicht per se abzulehnen. Die Gefahr ist allerdings, dass diese Systeme schlecht gemacht sind und es zu Diskriminierung kommt, sprich Personen aufgrund einer Zugehörigkeit zu einer Gruppe pauschal von der Teilhabe am gesellschaftlichen Leben ferngehalten werden.

In diesem Zusammenhang kommt Algorithmic Accountability ins Spiel. Maßgeblich geprägt hat die Methode der US-amerikanische Journalismusforscher Nicholas Diakopoulos mit seiner Anfang 2014 erschienenen Veröffentlichung „Algorithmic Accountability Reporting: On the Investigation of Black Boxes" (vgl. Diakopoulus 2014). In diesem Bericht wird ein neues Aufgabengebiet für den Journalismus skizziert: Rechenverfahren (Algorithmen) wird Rechenschaft (Accountability) abverlangt. Aufgabe des Journalisten ist es demnach, die Funktionsweise von Softwaresystemen mit gesellschaftlicher Relevanz als Recherchegegenstand zu verstehen, um so Transparenz zu schaffen.

Die Methode ist mit dem Datenjournalismus verwandt, der sich einem oder mehren Datensätzen widmet und diese ins Zentrum der journalistischen Betrachtung stellt; oft unter Einsatz von (interaktiver) Datenvisualisierung. Entgegen dem Datenjournalismus widmet sich Algorithmic Accountability nicht allein dem Datensatz, sondern den Prozessen der Datenverarbeitung. Diese beginnen schon bei der Beauftragung, Konzeption und Entwicklung von Software für einen bestimmten Zweck. Weiter werden Daten, die zum Testen der Anwendung, aber auch im Normalbetrieb Einsatz finden, berücksichtigt. Schließlich wird auch der Betrieb und Einsatz der datenverarbeitenden Software und deren Auswirkungen untersucht: Es geht um das System der Automatisierten Entscheidung. Die weiter unten beschriebene journalistische Untersuchung des COMPAS-Algorithmus gilt als exemplarisch für diesen Ansatz.

Rechenschaft für Rechenverfahren

Selbstlernende Algorithmen und große Datensätze bilden eine Black Box, die Algorithmic Accountability notwendig macht. Problematisch ist nicht etwa, dass Aufgaben an Maschinen abgetreten werden; dies kann in vielen Bereichen Erleichterungen für alle Beteiligten bringen: Kosten können gespart, fairere Ergebnisse geliefert und menschliche Stimmungen sowie Vorurteile aus Auswahlprozessen herausgehalten werden. Problematisch sind allerdings die Aufgaben oder Regeln, die durch Algorithmen abgearbeitet werden sollen. So können etwa Wertungen, Vorurteile oder moralische Einstellungen gezielt oder unterschwellig in Software für selbstlernende Algorithmen einfließen. Ein Beispiel wäre der Komplex „Dieselgate", bei dem Entscheider*innen und Ingenieur*innen Testverfahren zur Messung von Motorabgasen täuschten. Gäbe es verpflichtende Verfahren für Algorithmic Accountability, wäre solch ein Betrugsversuch nicht so einfach möglich gewesen. Kritiker*innen fordern deshalb zum Beispiel ein Audit-System, bei dem Softwarecodes und Trainingsdaten überprüft werden sollten, manche wünschen sich gar einen „Algorithmen-TÜV" (z.B. Wahlprogramm SPD, Bundestagswahl 2017; vgl. Klingel/Lischka 2017).

Noch komplizierter sind Prozesse, bei denen Algorithmen automatisch an die Stelle von menschlichen Entscheidungen treten oder diese wesentlich beeinflussen. Zu diesem Bereich des Automated Decision Making (ADM) gehören auch Predictive-Analytics-Verfahren, die menschliches Verhalten voraussagen sollen. Ein Beispiel dafür ist die Software Correctional Offender Management Profiling for Alternative Sanctions (COMPAS), die in vielen Bundesstaaten der USA eingesetzt wird. Sie liefert unter anderem Richtern Einschätzungen darüber, inwiefern eine zu verurteilende Person mit hoher Wahrscheinlichkeit in Zukunft ein Gewaltverbrechen begehen könnte. Das US-amerikanische Recherchebüro Pro Publica hat die Software im vergangenen Jahr untersucht und gezeigt, wie Algorithmen juristische Entscheidungen ungerechter machen können (vgl. Angwin et al. 2016). So erlangte Pro Publica über eine Informationsfreiheitsanfrage die Risikoeinschätzungen zu mehr als 18.000 Personen, die 2013 und 2014 in einem Landkreis von Florida durch COMPAS bewertet wurden. Aber nur etwa 20 Prozent derjenigen, von denen COMPAS vorhersagte, dass sie in Zukunft ein Gewaltverbrechen ausüben würden, begingen es bislang tatsächlich. Auch wenn alle möglichen Kriminalitätsarten und Verstöße – inklusive Fahren ohne Führerschein – hinzugenommen wurden, lagen nur für etwa 60 Prozent Vergehen vor. Außerdem prognostizierte die Software für US-Amerikaner*innen schwarzer Hautfarbe fälschlicherweise fast doppelt so oft wie für Weiße, dass sie rückfällig werden würden (vgl. ebd.).

Das COMPAS-Beispiel zeigt die umstrittenen möglichen Konsequenzen von Entscheidungsprozessen, die auf ADM-Verfahren basieren. Die Software-Entwickler von COMPAS behaupteten zwar, die Analyse von Pro Publica sei falsch. Ihre Berechnungsmethoden wollte die Firma Northpointe allerdings nicht offenlegen. Schon diese mangelnde Transparenz nährt Zweifel am Einsatz entsprechender Software bei Justizverfahren, die über menschliche Schicksale entscheiden können. So lässt sich auch nicht klären, wie es zur rassistischen Diskriminierung durch algorithmische Verhaltensvoraussagen für Menschen verschiedener Hauptfarbe kam.

Das Machine-Bias-Beispiel macht deutlich, warum Datensätze und Algorithmen, auf denen ADM-Systeme basieren, offengelegt beziehungsweise zugänglich gemacht werden müssen.

Wie werden die Entscheidungen sichtbar?

In Deutschland ist der Einsatz von „Predictive" Software bei Strafverfahren noch nicht erlaubt. Die Frage ist allerdings, in welchen anderen staatlichen Verwaltungen und Bereichen Software-Entscheidungen vorbereitet werden, die die persönliche Freiheit Einzelner berühren könnten. Zählt die Software, die Hartz IV-Bescheide ausrechnet, schon dazu? Was ist mit Kreditwürdigkeitsverfahren (Schufa etc.)? Im Frühjahr 2019 haben wir von AlgorithmWatch versucht, eine Bestandsaufnahme davon in einem „Atlas der Automatisierung" vorzunehmen. Behandelt werden hier Themengebiete wie Gesundheit, Arbeit, Sicherheit und Überwachung sowie Verkehr (vgl. Matzat et al.: 2019).

Ein sinnvoller Schritt ist sicherlich die bereits geforderte Kennzeichnungspflicht für ADM-Prozesse. Die seit Mai 2018 gültige EU-Datenschutzgrundverordnung enthält dahingehende Regelungen, die allerdings als nicht weitgehend genug kritisiert werden: Etwa seien die Ausnahmen des Verbots kompletter Automatisierung recht weit und die Formulierungen zum Anspruch auf Auskunft über den Einsatz von ADM unzureichend. Denn das Wissen darüber, ob ein*e Bürger*in einer automatisierten Entscheidung ausgesetzt war, garantiert nicht, dass die Entscheidung rechtsstaatlichen Verfahren genügt oder diskriminierungsfrei ist. Auch eine Offenlegung von Softwarecodes reicht nicht aus. Damit wäre vielleicht einer Transparenz genüge getan, allerdings können Softwaresysteme so komplex sein, dass ohne beispielsweise die Trainingsdatensätze (siehe COMPAS) nicht nachvollzogen werden kann, wie sie funktionieren. Insofern sollte die Forderung bei ADM nicht Transparenz, sondern Nachvollziehbarkeit lauten. Das bedeutet, die Funktionsweise eines Algorithmus muss dokumentiert sein.

Der Vorschlag, dass den Betroffenen bei automatisierten Entscheidungen deren Gründe erläutert werden, weist in die richtige Richtung. Das ist allerdings nicht immer praktikabel: Wenn beispielsweise ein autonomes Fahrzeug „entscheiden" würde, jemanden zu überfahren, um jemand anderen zu schützen, nutzt eine Erklärung wenig. So wundert es nicht, dass diese Art von ethischen Fragen zu den Konsequenzen des automatisierten Fahrens in jüngster Zeit eine breitere Öffentlichkeit fand. Sie zeigt eindrücklich, dass es beim Thema ADM nicht nur um abstrakte Vorgänge geht, die sich auf einem Bildschirm in sozialen Online-Netzwerken oder in einem Amtsbrief niederschlagen. Vielmehr haben durch Algorithmen automatisierte Verfahren – auch hinsichtlich der zunehmenden Automatisierung von Arbeit – unmittelbare Konsequenzen in der physischen Welt. So setzt das Bundesamt für Migration und Flüchtlinge (BAMF) beispielsweise eine Software ein, um darüber automatisch in Sprachaufnahmen von einer/einem Asylsuchenden anhand des Dialektes zu erkennen, ob sie oder er aus der von ihr/ihm angegeben Region stammt. Die Software hat laut BAMF einen Fehlerquotient von 20 Prozent („false positive"); sie wird trotzdem weiterhin eingesetzt. Das heißt in rund 20 von 100 Fällen fließt eine falsche automatisierte Einschätzung in die von einem Menschen getroffene Entscheidung über einen Aufenthaltstitel ein (vgl. Biselli 2018).

Bis die Politik für ADM-Prozesse eine geeignete Regulierung und möglicherweise entsprechende Aufsichtsinstitutionen geschaffen hat, bleiben Gesellschaft und Individuum im digitalen Zeitalter auf Algorithmic Accountability angewiesen. Die Wirkungen und Nebenwirkungen von Algorithmen müssen sichtbar und öffentlich diskutiert werden. Algorithmic Accountability kann dabei für die nötige Transparenz, Nachvollziehbarkeit und Rechenschaftspflicht sorgen. Denn problematisch ist nicht, dass Aufgaben an digitale Maschinen abgetreten werden. Das kann in vielen Bereichen Erleichterungen schaffen, Probleme lassen sich teils besser lösen und Kosten können eingespart werden. Auch sind manchmal, wenn menschliche Stimmungen und Vorurteile aus den Prozessen herausgehalten werden, fairere Ergebnisse möglich, so beispielsweise in Bewerbungsprozessen, wo sich hierüber Effekte von offensichtlicher und unterschwelliger Diskriminierung lindern lassen (vgl. Kramer 2018).

Insofern wäre es an der Medienpädagogik, die journalistische Methode Algorithmic Accountabiliy für die eigene Arbeit zu übersetzen. An erster Stelle stünde sicher die Bewusstseinsmachung: Wo begegnen uns in unserem Alltag Algorithmen und automatisierte Entscheidungen? An welcher Stelle bin ich ihnen bereits unterworfen oder von ihnen beeinflusst? Ein weiterer zu reflektierender Aspekte könnte die Funktionsweise von Algorithmen sein: Wie funktioniert das Filtern und Sortieren konkret? Hier bietet es sich an, das Abstrakte erfahrbar zu machen: Etwa ließen sich diese Prozesse haptisch durch Modellbauten mit Lego nachvollziehen oder über Gruppenspiele bearbeiten, in denen Individuen eine vorher gemeinsam festgelegte Entscheidungskette anhand bestimmter Merkmale durchlaufen müssen. Letztendlich geht es um Ansätze, die den/die Einzeln*e dazu befähigen, in der Gesellschaft und im Digitalen zu erkennen, welchen Kräften sie oder er ausgesetzt ist und welche Rechte und Handlungsoptionen sie oder er hat.

Literatur

Angwin, Julia et al. (2016): Machine Bias. There's software used across the country to predict future criminals. And it's biased against blacks. ProPublica. Abrufbar unter: https://www.propublica.org/article/machine-bias-risk-assessments-in-criminal-sentencing [Stand: 18.02.2019].

Biselli, Anna (2018): Eine Software des BAMF bringt Menschen in Gefahr. Motherboard Vide Deutschland. Abrufbar unter: https://motherboard.vice.com/de/article/a3q8wj/fluechtlinge-bamf-sprachanalyse-software-entscheidet-asyl [Stand: 05.05.2019].

Brooks, Rodney (2019): Predictions Scorecard, 2019 January 01. Abrufbar unter: http://rodneybrooks.com/predictions-scorecard-2019-january-01/ [Stand: 05.05.2019].

Diakopoulos, Nicholoas (2014): Algorithmic Accountability Reporting: On the Investigation of Black Boxes. Tow Center. Abrufbar unter: https://towcenter.columbia.edu/news/algorithmic-accountability-reporting-investigation-black-boxes [Stand: 18.02.2019].

Dreyer, Stephan/Schulz, Wolfgang (2018): Was bringt die Datenschutz-Grundverordnung für automatisierte Entscheidungssysteme? Bertelsmann Stiftung. Abrufbar unter: https://algorithmenethik.de/wp-content/uploads/sites/10/2018/04/BSt_DSGVOundADM_dt_ohneCover.pdf [Stand: 05.05.2019].

Klingel, Anita/Lischka, Konrad (2017): Was die Wahlprogramme über Maschinen sagen, die Menschen bewerten. Ethik der Algorithmen. Abrufbar unter: https://algorithmenethik.de/2017/09/11/was-die-wahlprogramme-ueber-maschinen-sagen-die-menschen-bewerten/ [Stand: 05.05.2019].

Kramer, Bernd (2018): Interview mit Tim Kramer: „Der Algorithmus diskriminiert nicht". Zeit Online. Abrufbar unter: https://www.zeit.de/arbeit/2018-01/roboter-recruiting-bewerbungsgespraech-computer-tim-weitzel-wirtschaftsinformatiker/komplettansicht [Stand: 05.05.2019].

Manhart, Klaus (2018): Eine kleine Geschichte der Künstlichen Intelligenz. Computerwoche. Abrufbar unter: https://www.computerwoche.de/a/eine-kleine-geschichte-der-kuenstlichen-intelligenz,3330537 [Stand 05.05.2019].

Matzat, Lorenz et al. (2019): Atlas der Automatisierung. Automatisierte Entscheidungen und Teilhabe in Deutschland. AlgorithmWatch. Abrufbar unter: https://atlas.algorithmwatch.org/ [Stand 05.05.2019].

Spielkamp, Matthias et al. (2019): Automating Society – Taking Stock of Automated Decision-Making in the EU. AlgorithmWatch. Abrufbar unter: https://algorithmwatch.org/en/automating-society/ [Stand: 18.02.2019].

Lizenz

Der Artikel steht unter der Creative Commons Lizenz **CC BY-SA 4.0**. Der Name des Urhebers soll bei einer Weiterverwendung genannt werden. Wird das Material mit anderen Materialien zu etwas Neuem verbunden oder verschmolzen, sodass das ursprüngliche Material nicht mehr als solches erkennbar ist und die unterschiedlichen Materialien nicht mehr voneinander zu trennen sind, muss die bearbeitete Fassung bzw. das neue Werk unter derselben Lizenz wie das Original stehen. Details zur Lizenz: https://creativecommons.org/licenses/by-sa/4.0/legalcode

Bernward Hoffmann
Medienbildung als Teil kultureller Bildung zwischen Inklusion und exklusiven Angeboten

Der folgende Beitrag ist ein Plädoyer dafür, unter dem Dach eines offenen gemeinsamen Bildungsverständnisses, Medienbildung als einen Teil kultureller Bildung zu sehen und argumentativ dort zu verankern. Dafür ist der Begriff Inklusion in einem weiten Verständnis eine hilfreiche Brücke. Die These zwei im Positionspapier der GMK-Fachgruppe Inklusive Medienbildung (vgl. Bosse/Haage/Kamin/Schluchter/GMK-Vorstand 2019 in diesem Band) könnte entsprechend erweitert werden: „Inklusion und Medienbildung – *als Teil kultureller Bildung* – eröffnen wechselseitige Partizipationsgewinne und sollten in Bildungsangeboten zusammen gedacht werden." Der wechselseitige Partizipationsgewinn bekommt damit drei Seiten: Medien und Bildung ← → Inklusion ← → Kultur und Bildung.

Medienbildung als Teil kultureller Bildung zu akzeptieren, bringt einige Vorteile:
- Kulturelle Bildung ist grundsätzlich positiv besetzt, positiver als Medienbildung, die sich immer (oft zuerst) auch mit Risikomanagement herumschlagen muss. Was das Medienpolitische Positionspapier des BKJ aus dem Jahr 2000 zum Begriff „kulturelle Medienbildung" ausführt, kann und sollte für Medienpädagogik generell gelten: „Kulturelle Medienbildung zielt mit ihren Inhalten und Formen auf eine umfassende Medienkompetenz, die im Umgang mit Medien über Jugendschutz, Technikaneignung, aktive Medienarbeit und politisch-kritische Sichtweisen hinaus die Fülle kulturpädagogischer sinnlicher Arbeitsformen und Erfahrungsmöglichkeiten nutzt." (Nachdruck in: Deutscher Kulturrat 2009: 461)
- Im Rahmen kultureller Bildung ist es leichter, ein instrumentelles Verständnis von Medienkompetenz als für Medienbildung unzureichend und verkürzt zurückzuweisen, denn Medien sind zwar auch Instrumente menschlichen Handelns, vor allem aber ein Gegenstands- und Aktionsbereich, auf den Bildung Bezug nimmt. (Kulturelle Bildung im Segment Musik geht auch nicht darin auf, ein Instrument technisch zu beherrschen.)

- Der Medienbegriff könnte gerade in Zeiten der Digitalisierung pädagogisch wieder eine Weitung erfahren. Was in Kommunikationszusammenhängen material oder symbolisch (als Zeichensystem) Anwendung findet, ist „Medium". Es gibt auch weiterhin „analoge" Medien.
- Medien sind zweifellos Teil von Kultur. Es muss eine breite Akzeptanz kultureller Verhaltensweisen und Produkte geben, aber auch eine offene Debatte um Qualitäten. Es gibt viel mehr positive Medienwirkungen als negative: think positive!
- Das führt dazu, über den Kulturbegriff im Rahmen von Bildung nachzudenken; das hat Tradition: nicht Kunst-Kultur, nicht bürgerliche oder elitäre Kultur, sondern „Kultur von unten" (Glaser 1974) und „Kultur für alle" (Hoffmann 1979).

Dieses „von unten" und „für alle" passt sehr gut zu Inklusion in einem sehr weiten Verständnis. Soziologisch lassen sich drei Formen von Exklusion/Inklusion unterscheiden (vgl. Sting 2010: 19, in Anlehnung an Kronauer 2002):
- sozial-strukturelle (Arbeitsmarkt, Ökonomie),
- interaktive (Kontakte, Teilhabe),
- soziokulturelle Exklusion/Inklusion (Teilhabe an Lebensstandards, Bildung, Kultur usw.).

Man kann diese Aspekte nicht ganz voneinander trennen, aber im Folgenden steht soziokulturelle Exklusion/Inklusion im Fokus. Parallel dazu könnte man das analytische Konzept des französischen Soziologen Pierre Bourdieu (1982) mit seinen Begriffen vom sozialen und kulturellen Kapital heranziehen. Ein komplexerer Blick auf Inklusion aus sozial- und kulturpädagogischer Perspektive sollte folgende Kernfragen akzentuieren: Welchen Zugang zu sozialem und kulturellem „Kapital" haben eigentlich die unterschiedlichen Gruppen und Menschen unserer Gesellschaft? Und wie können sie ihr „Kapital" symbolisch verwerten bzw. durch welche Mechanismen werden sie daran gehindert?

Medienbildung als integraler Bestandteil von Soziokultur und Mittel zur Verwirklichung von Bildungsgerechtigkeit

Der Begriff „soziokulturell" weist auf ein besonderes Verständnis von „Kultur" hin. Die Begriffe „Soziokultur" und „Kulturelle Bildung" haben einen parallelen Ursprung in den 1960/70er-Jahren (vgl. Hill 2012/2013). 1968 vollzog die „Bundesvereinigung Musische Bildung" eine Umbenennung in Bundesvereinigung Kulturelle Jugendbildung und etablierte damit den Begriff für einen Teilbereich allgemeiner Bildung, der die Potentiale von „Kunst-Kultur" und kulturellen Symbolwelten für die Erschließung der Welt nutzen will. Die Anführungszeichen beim Begriffskonstrukt „Kunst-Kultur" verweisen auf ein systemisches Dilemma: die Spannung zwischen Alltags-Kultur und als höherwertig angenommener „Kunst-Kultur". Das findet sich auch in der Unterscheidung zwischen „Kultureller Bildung" mit großem oder kleinem K; groß geschrieben steht das Wort für die Organisationen und Institutionen, klein geschrieben für den individuellen Bildungsprozess des Einzelnen (vgl. Helbig 2019 mit Bezug auf Helmut Zacharias). Im Kontext „Soziokultur" kann Bildung generell möglich und gefördert werden – nicht nur „kulturelle Bildung". Es geht um Selbstbildung des Subjekts im Rahmen seiner Anlagen, Interessen, Möglichkeiten und nicht um vorgestanzte Bildungsideale und -standards oder um Kompetenzvermittlung. Das Individuum in seinem „Milieu" bestimmt, was Bildung ausmacht. Der Möglichkeitsraum dazu muss und kann „sozial" – im doppelten Wortsinn des lateinischen socialis (= gesellschaftlich und gesellig) – gestaltet werden.

Bei „Inklusion und Bildung" geht es somit aus meiner Sicht nicht um Bildungsgleichheit, sondern um *Bildungsgerechtigkeit:* D.h. der/die Einzelne soll die Angebote und Anregungen, Zugangsmöglichkeiten und Förderungen erhalten, die das Individuum für die Bildung seiner Individualität braucht. *Bildungsgerechtigkeit* bedeutet Teilhabe – und die hat immer Teilgabe als Voraussetzung. Teilgabe und Teilhabe an Bildung wie an „Kultur" durchdringen sich gegenseitig, sind wechselseitig voneinander abhängig und wachsen miteinander.

Das bedeutet „kommunikationstheoretisch" auch: Das Angebot muss sich am Empfänger orientieren, wenn es denn Bildung anzielen soll. Und es bedarf als Brücke manchmal einer Vermittlung, Begleitung, Assistenz. Für ein gesellschaftliches Klima offener Inklusion gibt es in den Niederlanden den schönen Begriff „Kwatiermaken" (Doortje Kal, vgl. www.kwartiermaken.nl). Bei einem daran angelehnten inklusiven Kultur-Projekt in Münster ist es das Ziel, „anders denken über anders sein" zu erreichen. Dieses Motto kann auch für inklusive Medienpädagogik als Teil kultureller Bildung gelten.

„Kulturelle Bildung ist heute immer auch Medienbildung" (BKJ-Mitgliederbroschüre 2013). Diese Formulierung der Bundesvereinigung kulturelle Kinder- und Jugendbildung zeigt eine Sicht auf mögliche Beziehungen der Seiten. (Digitale) Medien sind es, die heute Kultur zu den Menschen tragen, darüber informieren, potenziell neue Adressat*innen für Kultur interessieren können; und (digitale) Medien sind selbst Kultur bzw. kulturelles Angebot; augenfällig deutlich wird das am 2019 gestarteten ZDF-Mediathek-Kulturangebot: www.zdf.de/kultur. Kultur und kulturelle Bildung vollziehen sich heute in, mit und gegenüber Medien, Kultur und Medien sind untrennbar verwoben.

Nur die Menschen bleiben divers, unterschiedlich interessiert und vielfach ausgeschlossen. Es genügt nicht, Angebote zu machen und ihre Akzeptanz nach der Maxime „Sie könnten ja kommen, wenn sie nur wollten" auf die Ebene der individuellen Optionen und Verantwortung zu verlagern. Ein gesellschaftliches Umdenken weg von kultureller Exklusion diverser Menschen ist nötig. Dazu kann die derzeitige Debatte um Inklusion und können die Menschen, die exkludiert sind, beitragen.

Subjektiv gewendet: Menschen haben Geschmack und über den kann man bekanntlich trefflich streiten. Menschen wollen auch auf den Geschmack gebracht werden, brauchen Anregungen und Hilfestellungen für eine individuell wie gesellschaftlich positive Entwicklung. Das ist der Grundgedanke von kultureller Bildung inklusive Medienbildung; wann und inwiefern Entwicklung positiv ist, das zu bestimmen, bleibt ein permanenter Aushandlungsprozess. Ein eher bewahrpädagogischer Slogan wie „Ein Kind, das keine Pommes kennt, fragt nicht danach" scheint pädagogisch einleuchtend, ist aber bedenklich. Das Kind sollte nachfragen können und dürfen und es soll Vielfalt und Unterscheidungen lernen. Die Anregungen müssen zu den Lebensformen der Menschen und zu ihrer Weise von Lebensbewältigung passen. Das deckt sich mit dem über den Bereich der Sozialpädagogik weit hinaus bekannt gewordenen Ansatz einer „Lebensweltorientierung" (vgl. Thiersch 2011). Dieser Ansatz will die Menschen in der Deutung und Bewältigung ihres Alltags ernst nehmen, ihnen nicht fremde Perspektiven aufzwingen, sondern ihre Ressourcen stärken. Erst auf dieser Basis können Perspektiven eines möglicherweise gelingenderen Lebens gemeinsam entwickelt werden.

Aus den bisherigen Ausführungen ergeben sich zwei Kernfragen:

- Welche Angebote und Produkte von Kultur und Medien ermöglichen (soziokulturelle) Teilgabe als Voraussetzung von Teilhabe und Selbst-Bildung (vgl. Glaser 2014)?
- Wie kann einer bildungsbürgerlichen Grundskepsis begegnet werden, dass die Interessen der Menschen (der Masse, der kleinen Leute ...) eher „niedriger" Art seien – „Pop" (von popular, volkstümlich), „U" (unterhaltungsorientiert) – und deshalb eine Vorgabe von Bildungsgütern und -standards erforderlich sei? Schon Kurt Tucholsky fragte in seinem Gedicht „An das Publikum" 1931 ironisch: „Sag mal, verehrtes Publikum: bist du wirklich so dumm?"

Medienbildung als Teil kultureller *Bildung* wird über die *in-* oder *exklusive Qualität*, d.h. über die *Qualität* und deren in- oder exklusive Wirkung ihrer Angebote, Produkte, ihrer Praxis nachdenken und deren Bewertungen begründen. Eine einseitige ästhetische oder inhaltsorientierte Bewertung führt zur Exklusivität von Angeboten ebenso wie eine Begrenzung auf eine bestimmte Zielgruppe. Es geht also erstrangig um eine Berücksichtigung der *kommunikativen Qualität der Angebote* aus der Perspektive der interessierten Menschen.

Bei den Begriffen Medienbildung und Medienkompetenz orientiere ich mich an Gerhard Tulodziecki: *Medienbildung* umfasst „alle bildungsrelevanten Prozesse mit Medienbezug" (Tulodziecki 2015: 32). *Medienkompetenz* ist untergeordnet ein Zielbegriff: Das Individuum soll bereit und in der Lage sein, „in Medienzusammenhängen sachgerecht, selbstbestimmt, kreativ und sozial verantwortlich zu handeln" (Tulodziecki 2011: 23).

Kulturelle Bildung inklusiv(e) Medien

„Ist das Kunst oder kann das weg" – diese Frage persifliert einen elitären oder als elitär erlebten Anspruch von Kunst-Kultur. Auf Medien bezogen wird diese Frage oft gar nicht gestellt; *„die"* Medien werden überwiegend dem Unterhaltungssektor zugeordnet und nur in Sparten kommen Kultur und Bildung vor. Dass Unterhaltung nicht aus dem Bildungsprozess des Menschen aussortiert werden kann, wird dabei leicht übersehen. Unser Grundgesetz garantiert uns Meinungs- und Informationsfreiheit (Art. 5) und legt zugleich die Grundlage für ein Risikodenken gegenüber Medien. Der sogenannte „Kunstvorbehalt" hat Vorrang vor dem Risikodenken, aber wann und nach welchen Kriterien können Medien beanspruchen, Kunst zu sein? Und kann „Kunst" keine riskanten Wirkungen entfalten?

Die Orientierung an kommunikativer Qualität hat, wie schon zu Tucholskys Zeiten, noch einen anderen Feind: Marktwert, Quote, Verkaufbarkeit werden als Indikatoren für Akzeptanz zitiert. Ein neoliberales Denken durchzieht die Medienwelten, aber längst auch weite Teile der „Kunst-Kultur". Die wirtschaftliche Sichtweise wird pädagogisch mit guten Gründen skeptisch betrachtet, weil „Erziehung" und Bildung einen anderen Auftrag haben.

Was ist von wem, von welchen Menschen anerkannte „Kultur", was ist Medienkultur und was wäre demzufolge kulturelle Bildung? Kultur und damit auch Kulturelle Bildung ist ein bunter Strauß. Dieser fächert sich exemplarisch schon recht gut auf, wenn man die aus dem „Handbuch Kulturelle Bildung" hervorgegangene Internetseite www.kubi-online.de betrachtet. Der

Begriff „Kultur" akzentuiert mit der Herkunft aus dem Lateinischen (cultura = Bearbeitung, Pflege, Ackerbau) den Gegensatz zur Natur als das, was von selbst ist, wie es ist. Kultur ist alles, was der Mensch gestaltend hervorbringt. Aber der Mensch gestaltet nicht nur, sondern kontrolliert und bewertet zugleich; nicht nur Kultur, sondern auch Natur soll beherrschbar und formbar werden und letztlich auch der Mensch selbst. Im Ideal ist diese angestrebte allumfassende Gestaltungsmacht nicht von Zufall oder Gier geleitet, sondern von Vernunft. Zugegeben: Auch wirtschaftliches Kalkül kann vernünftig sein, wenn es ethisch-moralischen Grundhaltungen genügt. Kultur ist nicht nur materiell das vom Menschen Gestaltete, sondern im Kern der symbolische Bezug des Menschen zur Welt, seine Bedeutungszuweisung. Das macht die Dreiteilung von Kultur in *Normen, Werte, Symbole* deutlich, wobei letztere materiell oder immateriell sein können.

Die Kulturwissenschaften bzw. die Perspektive der „Cultural Studies" haben den Gegensatz von Populärkultur und Hochkultur längst infrage gestellt und widmen sich nicht mehr nur dem Besonderen, sondern der Alltags„kultur" in ihrer sozial konstruierten Vielfalt (vgl. dazu z.B. das Dossier „Kulturelle Bildung" im Internetangebot der Bundeszentrale für Politische Bildung: www.bpb.de/gesellschaft/bildung/kulturelle-bildung/). Was als Kunst bestimmt wird, bleibt der „Kunst-Kultur" exklusiv. Aber das Künstlerische, das „Ästhetische" bildet zugleich neben der kommunikativen Qualität einen sachlichen Orientierungspunkt für kulturelle Bildung. Dabei wird Ästhetik nicht reduziert auf das Kunstschöne, sondern im Sinne von Aisthesis (Wahrnehmung) allgemeiner verstanden.

> „Ästhetische Einstellung meint ein bestimmtes Weltverhalten, das nicht auf begriffliche Erkenntnis abzielt, sondern auf Verfeinerung und Erweiterung des sinnlichen Erlebens." (Waibl 2009: 15)

In den einzelnen Feldern – u.a. Musik, Kunst/Werken, Theater, Sprache/Literatur, Museen, Tanz/Bewegung, Spiel, Essen, Gerüche, Digitale Medien – gibt es jeweils eigene Ansätze und interne Diskurse. Aber wenn es ein „Dach" der kulturellen Bildung gibt, dann gelten dessen Grundprinzipien für alle Bereiche, auch für Medienbildung: Ganzheitlichkeit, die Erfahrung von Selbstwirksamkeit, ästhetische Erfahrungen, Stärkenorientierung und Fehlerfreundlichkeit, Interessenorientierung, Partizipation, Vielfalt, selbstgesteuertes Lernen, die Zusammenarbeit mit professionellen Künstler*innen und die Herstellung von Öffentlichkeit (vgl. BKJ 2009).

Die Grundprinzipien können nicht exklusiv sein, sondern müssen inklusiv gedacht und realisiert werden. Das „Übereinkommen über die Rechte von Menschen mit Behinderungen" (Convention on the Rights of Persons with Disabilities — CRPD 2008) der UN formuliert in Art. 24 und 30 das Recht auf Bildung und das Recht auf Teilhabe an Kultur: Zugang zu kulturellem Material, Orten und Medien und Ermöglichung, eigenes kreatives, künstlerisches und intellektuelles Potential zu entfalten. Bezug genommen wird dabei auf Art. 26 und 27 der „Allgemeinen Erklärung der Menschenrechte". Kurz gesagt ist kulturelle Bildung ein Menschenrecht und Inklusion eine Strategie zu deren Umsetzung.

> „Um in diesem Sinne Bildung für alle zu ermöglichen, muss sich auch die kulturelle Medienbildung fragen, an welchen Stellen sie diskriminiert, Zugänge nicht ermöglicht oder nicht die notwendigen Ressourcen aufbringt, um diese Barrieren aus dem Weg zu räumen und menschenrechtsbasierte Angebote zu realisieren." (Schaumburg 2018: 184)

Unter der Perspektive Inklusion gehören Medien und Kultur also eng zusammen und Dienstleistungen von Kultur und Medien müssen zugänglich sein. *Zugänglichkeit* ist mehr als Barrierefreiheit, als Überwindung physischer Hindernisse; viel schwerer zu überwinden als Treppen sind oft *soziale Barrieren*. Unter den vier Aspekten, die die Menschenrechtlerin Katarina Tomasevsi (2006) populär gemacht hat – Availability (Verfügbarkeit), Accessibility (Zugänglichkeit), Acceptability (Annehmbarkeit), Adaptability (Adaptierbarkeit) – verweisen vor allem die letzten beiden auf die benannte kommunikative Qualität kultureller Angebote und Ausdrucksformen.

Inklusion als Kulturprojekt auch via Medien

> „Auf der einen Seite besitzt Kulturelle Bildung mit ihren kreativgestalterischen Ansätzen die Potenziale, die komplexen und abstrakten Prozesse digitaler Infrastrukturen und ihre soziokulturelle Wirkkraft für Kinder und Jugendliche verständlich und erfahrbar zu machen. Auf der anderen Seite bietet die Kulturelle Bildung mit digitalen Medien ihren Zielgruppen neue Möglichkeiten der Positionierung und Artikulation. Nicht zuletzt bieten digitale Medien und Technologien neue Möglichkeiten, um Angebote und Zugänge der Kulturelle Bildung inklusiver zu gestalten." (Helbig 2019: 327)

Dieses Zitat zeigt, dass kulturelle Bildung und Medienbildung einander nützlich sein können auf dem Weg zu wachsender Inklusion. Über diese pragmatische Ebene hinaus kann man das Verhältnis von Kultur, Medien und Inklusion mit dem Fokus Bildung auch als Kern-Perspektive sehen;

„Inklusion" im weiten Verständnis ist so etwas wie eine Wegbeschreibung dazu. Inklusion ist kein „exklusives" Thema nur im Kontext von körperlichen (oder geistigen) *Beeinträchtigungen*. Auch in der Inklusionspädagogik wird Behinderung nicht als Körpermerkmal, als Eigenschaft einer Person, sondern relativ und relational als Interaktionsergebnis zwischen Individuum und Umwelt verstanden (vgl. Bosse 2016). *Behinderung* kann man folglich auch bestimmen als Erschwerung oder gar Verweigerung (Exklusion) von Teilgabe an Bildung mit „exklusiver" Wirkung, also Verweigerung von Teilhabe. Exklusion kann anknüpfend an das anfangs zitierte soziologische Grundverständnis auch heißen, dass jemand zwar formal zu einer Gruppe oder einem gesellschaftlichen System dazugehört, aber keine wirkliche Relevanz oder Bedeutung dafür hat. Im Sinn eines sozialen „Diversity Managements" geht es vielmehr darum, Vielfalt der Menschen und ihrer Kulturen, wie die Artenvielfalt in der Natur, grundsätzlich positiv zu bestimmen und zu nutzen.

Inklusion ist nichts primär Äußerliches auf andere gerichtet, sondern schließt immer Selbstkritik und -veränderung ein; ein vorurteilsbewusster (nicht vorurteilsfreier) Umgang mit sich und anderen gehört dazu. Deshalb kann es ein erster kleiner Baustein auf dem Weg sein, sich mit Exklusionserfahrungen auseinanderzusetzen, die jeder biografisch mehr oder weniger gemacht hat oder macht: Wo stoße ich selbst auf „kulturelle" Teilhabe-Barrieren (= Haltungen)? An welcher Stelle und auf welche Weise wird für mich Teilhabe verhindert? Wo ist künstlerische und Medien-Praxis selbst „exklusive" Praxis?

Inklusion als Kulturprojekt via Medien fragt danach, was (und wen) wir denn in unserer Kultur zulassen, was wir hineinlassen und anerkennen wollen und was uns Probleme bereitet. Das ist politisch und sicher nicht spannungsfrei. Spannungen und Konflikte auf diesem Weg sind möglicherweise ein Hinweis, dass Inklusion voranschreitet; Streitkultur kann eine gute Leitkultur sein (vgl. das sogenannte „Integrationsparadox", ElMafaalani 2018).

Auch Medienbildung muss sich entsprechend fragen: Was (und wer) hindert Menschen daran, sich mit Medienbezug zu bilden? Und wer definiert den Wert medialer Objekte und medienbezogener (Bildungs-)Prozesse als solchen?

Auf dem Inklusionsweg tragen wir Bilder und Stereotype von Inklusion und von Diversität der Menschen mit und in uns. Sie zu benennen und zu hinterfragen, ist ein wichtiger Abschnitt. Stereotype sind nicht unbedingt billige Klischees, sondern Vereinfachungen in unseren Wahrnehmungsvorgängen, die uns schnelle Einordnung und Reaktion vor einer aufwendigen Detailerfassung ermöglichen. Das ist im Alltagshandeln unumgänglich und wird durch die Echokammern und Filterbubbles digitaler Medien befördert. Gegenüber Vielfalt und Diversität von Menschen sind Stereotype schnell problematisch, ungerecht und pädagogisch unproduktiv. Weil unsere Bilder, unsere Stereotype von anderen Menschen, mit denen wir nicht unmittelbaren Umgang und Kontakt haben, so massiv von Medien (mit-)bestimmt sind, ist es wichtig, kritisch und kultursensibel wahrzunehmen und Anforderungen zu stellen, welche Medienbilder über verschiedene Gruppen von Menschen dominieren und welche uns interessieren.

Drei Thesen sollen diesen Impuls abschließen (vgl. Hoffmann 2018b):
1. Medienbildung kann dazu beitragen, kulturelle Bildung in enger Zusammenarbeit inklusiver, d.h. stärker von unten, für alle und interkulturell zu gestalten.
2. Medienbildung sollte Gegenentwürfe zum medialen Mainstream fördern. In Projekten aktiver Medienarbeit kann sie produzierende Subjekte stärken, anders zu sein, von der (bisherigen gesellschaftlichen) Norm abzuweichen. Wer selbst produziert, wer selber im Alltag kreativ sein kann, der hat auch eher Zugänge zu „anderem" Kulturgut.
3. Medienbildung zielt auf eine Schulung kritischer und kreativer Wahrnehmung und Gestaltung. „Ästhetik" hat sich immer schon für das „Andere" begeistert und es positiv als Herausforderung und Anregung gesehen. Wenn sich im Trend „die Medien" stärker für das Augenfällige, das Auffällige, das Andere nicht in aufklärerischer und authentischer, sondern in voyeuristischer Absicht interessieren, dann sind dem eine Ethik und Praxis der Akzeptanz authentischer Diversität entgegenzusetzen.

Medienbildung als Teil kultureller Bildung sollte sich nicht durch Exklusivität ihres Angebots und ihrer Produkte für wenige auszeichnen, sondern muss inklusiv und sensibel für kulturelle Diversität sein und durch „kommunikative Wirkung" ihre Qualität beweisen.

Literatur

BKJ (2009): Grundprinzipien kultureller Bildung. Textsammlung. Abrufbar unter: https://www.bkj.de/kulturelle-bildung-dossiers/theoriebildung-und-grundlagen.html [Stand: 08.08.2019].

Bosse, Ingo (2016): Teilhabe in einer digitalen Gesellschaft – Wie Medien Inklusionsprozesse befördern können. Online-Dossier der BpB. Abrufbar unter: http://www.bpb.de/gesellschaft/medien/medienpolitik/172759/medien-und-inklusion [Stand: 08.08.2019].

Bosse, Ingo/Haage, Anne/Kamin, Anna-Maria/Schluchter, Jan-René/GMK-Vorstand (2019): Medienbildung für alle: Medienbildung inklusiv gestalten. Positionspapier der Fachgruppe Inklusive Medienbildung der Gesellschaft für Medienpädagogik und Kommunikationskultur e.V. (GMK). In: Brüggemann, Marion/Eder, Sabine/Tillmann, Angela (Hrsg.): Medienbildung für alle – Digitalisierung. Teilhabe. Vielfalt. München: kopaed.

Bosse, Ingo/Schluchter, Jan-René/Zorn, Isabel (Hrsg.) (2019): Handbuch Inklusion und Medienbildung. Weinheim: Beltz/Juventa.

Bourdieu, Pierre (1982): Die feinen Unterschiede. Kritik der gesellschaftlichen Urteilskraft. Frankfurt: Suhrkamp.

Deutscher Kulturrat (Hrsg.) (2009): Kulturelle Bildung: Aufgaben im Wandel (S. 459-463). Berlin.

El-Mafaalani, Aladin (2018): Das Integrationsparadox: warum gelungene Integration zu mehr Konflikten führt. Köln: Kiepenheuer.

Glaser, Hermann/Stahl, Karl-Heinz (1974): Die Wiedergewinnung des Ästhetischen, München.

Glaser, Uli (2014): Mythos Kultur für Alle? Kulturelle Teilhabe als unerfülltes Programm. Abrufbar unter: https://www.kubi-online.de/artikel/mythos-kultur-alle-kulturelle-teilhabe-unerfuelltes-programm [Stand: 08.08.2019].

Helbig, Christian/Pohlmann, H./Schmölders, T./Tillmann, Angela (2017): Kulturelle Bildung und Medienkompetenz – Entwicklung, praktische Erprobung und Evaluation einer Weiterbildung für Kunst und Kulturschaffende. Abrufbar unter: https://www.kubi-online.de/artikel/kulturelle-bildung-medienkompetenz-entwicklung-praktische-erprobung-evaluation-einer [Stand: 08.08.2019].

Helbig, Christian (2019): Professionalisierung in der Kulturellen Bildung. In: Bosse, Ingo/Schluchter, Jan-René/Zorn, Isabel (Hrsg.): Handbuch Inklusion und Medienbildung. Weinheim: Beltz/Juventa, 324-331.

Hill, Burkhard (2012/2013): Kulturelle Bildung in der Sozialen Arbeit. Abrufbar unter: https://www.kubi-online.de/artikel/kulturelle-bildung-sozialen-arbeit [Stand: 08.08.2019].

Hoffmann, Bernward (2018a): Medien- und Kulturarbeit. In: Hartwig, Luise/Mennen, Gerald/Schrapper, Christian (Hrsg.): Handbuch Soziale Arbeit mit geflüchteten Kindern und Familien. Weinheim: Beltz-Juventa, 720-733.

Hoffmann, Bernward (2018b): Inklusion in ein exklusives Angebot. Medienpädagogik als kulturelle Bildung für eine Kultur der Vielfalt von unten. In: BZgA (Hrsg.): Inklusive Medienbildung. Ein Projektbuch für pädagogische Fachkräfte. Bonn, 43-61.

Hoffmann, Hilmar (1979): Kultur für alle. Perspektiven und Modelle. Frankfurt/M.: Fischer.

Kronauer, Martin (2002): Exklusion. Die Gefährdung des Sozialen im hoch entwickelten Kapitalismus. Frankfurt/New York: Campus.

Palme, Hans Jürgen/Zacharias, Wolfgang (2010): Kulturelle Medienbildung 2.0 in der BKJ. In: Magazin Kulturelle Bildung „Flagge Zeigen", 05/2010.

Reinwand-Weiss, Vanessa-Isabelle (2012/2013): Künstlerische Bildung – Ästhetische Bildung – Kulturelle Bildung. Abrufbar unter: https://www.kubi-online.de/artikel/kuenstlerische-bildung-aesthetische-bildung-kulturelle-bildung [Stand: 08.08.2019].

Schaumburg, Melanie (2019): Berufsfeld Kulturelle Bildung. In: Bosse, Ingo/Schluchter, Jan-René/Zorn, Isabelle: Handbuch Inklusion und Medienbildung. Weinheim: Beltz/Juventa, 181-188

Sting, Stephan (2010): Soziale Bildung. In: Schröer, Wolfgang/Schweppe, Cornelia (Hrsg.): Enzyklopädie Erziehungswissenschaft Online. Fachgebiet: Soziale Arbeit, Grundbegriffe. Weinheim und München: Juventa.

Thiersch, Hans (2011): Diversity und Lebensweltorientierung. In: Leiprecht, Rudolf (Hrsg.): Diversitätsbewusste Soziale Arbeit. Schwalbach/Taunus: Wochenschau-Verlag, 45-59.

Tomasevski, Katarina (2006): Human rights obligations in education: the 4-A scheme, Nijmegen.

Tulodziecki, Gerhard (2011): Zur Entstehung und Entwicklung zentraler Begriffe bei der pädagogischen Auseinandersetzung mit Medien. In: MedienPädagogik 20 (11. September). 11-39. Abrufbar unter: https://www.medienpaed.com/article/view/393/395 [Stand: 08.08.2019].

Tulodziecki, Gerhard (2015): Dimensionen von Medienbildung: Ein konzeptioneller Rahmen für medienpädagogisches Handeln. In: MedienPädagogik, 5. Juni 2015, 31-49. Abrufbar unter: https://www.medienpaed.com/article/view/216/216 [Stand: 08.08.2019].

Waibl, Elmar (2009): Ästhetik und Kunst von Pythagoras bis Freud. Wien: Facultas/UTB.

Lizenz

Der Artikel steht unter der Creative Commons Lizenz **CC BY-SA 4.0.** Der Name des Urhebers soll bei einer Weiterverwendung genannt werden. Wird das Material mit anderen Materialien zu etwas Neuem verbunden oder verschmolzen, sodass das ursprüngliche Material nicht mehr als solches erkennbar ist und die unterschiedlichen Materialien nicht mehr voneinander zu trennen sind, muss die bearbeitete Fassung bzw. das neue Werk unter derselben Lizenz wie das Original stehen. Details zur Lizenz: https://creativecommons.org/licenses/by-sa/4.0/legalcode

Herbert Kubicek
Medienbildung wirklich für alle?
Digitalbetreuung statt Lernzumutung

Damit alle an den Vorteilen der Digitalisierung teilhaben können, sollen sie digitale Kompetenzen erwerben. Wirklich alle? Neun von zehn über 80-Jährige waren noch nie im Internet. Die meisten wollen keine digitalen Kompetenzen erwerben, viele können es aufgrund geistiger oder körperlicher Einschränkungen nicht. Sie empfinden es als Zumutung, noch völlig neue Dinge zu lernen, weil der Staat ihnen gewohnte Formen der Daseinsvorsorge nimmt oder zumindest ihre Ausdünnung duldet. Muss er dann nicht für einen Ersatz in Form digitaler Assistenz sorgen? Von wem und wie könnte diese angemessen geleistet werden? Der Beitrag liefert dazu konkrete Anregungen und benennt einige damit verbundene Herausforderungen.[1]

Die Alterslücke als Ausgangspunkt

Die Bundesregierung, Landesregierungen und einzelne Ministerien betonen in verschiedenen Programmen und Positionspapieren, dass die wirtschaftlich notwendige Digitalisierung nur gelingen kann, wenn alle Bevölkerungsgruppen daran teilhaben. Der Königsweg dahin wird in der Förderung digitaler Kompetenzen gesehen. Wenn es um konkrete Programme zur Förderung digitaler Kompetenzen geht, betreffen diese zumeist Schüler*innen, Schulen und die berufliche Bildung. Hier werden u.a. im Rahmen des Digitalpakts Milliarden investiert. Dass die Digitalisierung in einer alternden Gesellschaft und zusammen mit dem demographischen Wandel erfolgt, wird in diesen Programmen nicht angesprochen. Das Bundesministerium für Familie, Senioren, Frauen und Jugend hat bei der Gesellschaft für Gerontologie 2016 eine Studie zum Thema „Weiterbildung zur Stärkung digitaler Kompetenz älterer Menschen" in Auftrag gegeben, die die Herausforderungen beschreibt (vgl. FfG 2016) und einen Runden Tisch eingerichtet, der Empfehlungen verabschiedet hat. Die Arbeitsgruppe zur Vorbereitung des Achten Altersberichts widmet sich aktuell auch der Frage der Digitalisierung. Umfassende praktische und der Dimension des Problems angemessene Antworten hat die Politik bisher jedoch noch nicht

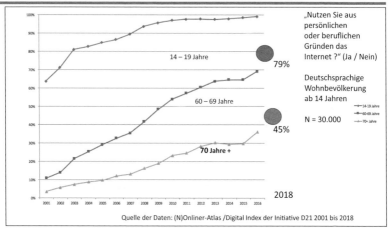

Abb. 1: *Internetnutzung in verschiedenen Altersgruppen (eigene Darstellung)*

gegeben. In dem mit Barbara Lippa verfassten Buch „Nutzung und Nutzen des Internet im Alter" zeichnen wir die Entwicklung der sogenannten Alterslücke seit Mitte der 90er-Jahre und die vielen seitdem ergriffenen Maßnahmen nach und kommen zu dem wenig befriedigenden Ergebnis, dass diese Maßnahmen ihr Ziel bei weitem noch nicht erreicht haben und grundlegende Änderungen erforderlich sind (vgl. Kubicek/Lippa 2017).

Aktuelle Meldungen zu Umfragen erwecken teilweise den Eindruck, dass kein Handlungsbedarf mehr bestehe, weil die Gruppe der Über-60-Jährigen die höchsten Zuwächse bei der Internetnutzung verzeichne (vgl. Initiative D 21 2019). Doch für eine realistische Einschätzung muss man die Daten genauer betrachten (Abb. 1). Die sogenannte Alterslücke, der Abstand zwischen dem Anteil älterer und jüngerer Internetnutzer*innen am jeweiligen Anteil an der Bevölkerung ist zwar für die 60- bis 69-Jährigen seit 2001 kontinuierlich gesunken, für die Über-70-Jährigen hingegen kaum. Hier haben immer noch 55 Prozent das Internet noch nie genutzt. Wie Abbildung 2 zeigt, drehen sich die Mehrheitsverhältnisse zwischen Onlinern und Offlinern beim Alter von 70 Jahren. Um die Problematik noch besser zu erkennen, ist eine weitere Aufschlüsselung der Altersgruppen erforderlich, wie sie bisher leider nur die Ü-60-Studie des Deutschen Institut für Vertrauen und Sicherheit im Internet (DIVSI 2016) vorgelegt hat. Danach verringert sich der Anteil der Onliner mit zunehmendem Alter drastisch. Ab 75 Jahre sind vier von fünf älteren Menschen noch nie im Internet gewesen und bei den Über-80-Jährigen sind es sogar neun von zehn.

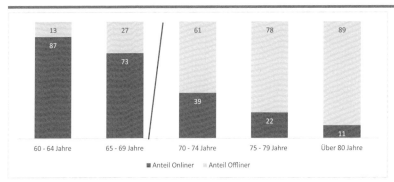

Altersklasse	Insgesamt (in Tsd.) 2016	Prozent an Offliner	Absolute Anzahl an Offliner
70 - 74 Jahre	4.582,2	61%	3.162.718
75 - 79 Jahre	4.269,9	78%	3.301.522
80 Jahre und älter	4.729,2	89%	4.209.988
	13.581,3		10.701.228

	Insgesamt (in Tsd.) 2018	Prozent an Offliner	Absolute Anzahl an Offliner
	13.581,30	55%	7.469.7

Abb.2.: Onliner und Offliner in Fünfer-Altersklassen, in Prozent und absoluten Zahlen für Deutschland (Quelle: Statistisches Bundesamt: Bevölkerung und Erwebstätigkeit. Bevölkerungsfortschreibung auf Grundlage des Zensus 2011. Fachserie 1, Reihe 1.3, erschienen am 22.12.2016, S. 11)

Um die Dimension des Problems begreiflich zu machen, sollen die absoluten Zahlen betrachtet werden (Abb. 2). 2016 waren es noch fast 10 Millionen Offliner über 70 Jahre, nun sind es noch rund 7,5 Millionen. Diese Zahl dürfte sich einerseits in den nächsten Jahren noch etwas verringern, wenn die heute 60-Jährigen älter werden. Andererseits wird mit zunehmender Lebenserwartung die Zahl der Über-80-Jährigen bis 2030 weiter steigen.

Die Zielgruppe, die praktische Unterstützung brauchen könnte, ist noch viel größer. Denn die bloße Angabe, dass man das Internet genutzt hat, ist für eine angemessene Diagnose und Therapie nicht ausreichend. So stellt der jüngste Digitalindex u.a. fest, dass digitale Gesundheitsanwendungen und Smart Home noch nicht verbreitet sind (vgl. Initiative D 21 2019).

Unterschiede zwischen den Generationen und den Anwendungen

Die regelmäßig durchgeführten Umfragen zur Internetnutzung, die ARD/ZDF-Online-Studie, die Ü-60-DIVSI-Studie, Erhebungen des Statistischen Bundesamtes u.a. offenbaren große Unterschiede in der Nutzung verschiedener Anwendungen und Altersgruppen. Besonders auffällig ist dieser Unterschied in Bezug auf soziale Medien. Nach dem jüngsten Digital-Index beträgt die Differenz zwischen den 14- bis 19-Jährigen und den Über-70-Jährigen Nutzer*innen bei Facebook 68 gegenüber 6 Prozent, bei Instagram 41 gegenüber 1 Prozent, bei Snapchat 31 gegenüber 0 Prozent. Bei Facebook sind es 81 Prozent der 14- bis 29-Jährigen gegenüber 20 Prozent der Altersgruppe der 65-Jährigen, und Snapchat bei den 14- bis 19-Jährigen. Ähnliche Unterschiede zeigen sich auch bei Transaktionen wie dem Online-Einkaufen und dem Online-Banking. Sie haben sich in den vergangenen Jahren nicht grundsätzlich verändert (vgl. Kubicek/Lippa 2017: 71ff.).

Die Hauptgründe für die Nicht-Nutzung sind nach dem letzten Digital-Index (D 21 2019: 18):

- „Habe generell kein Interesse am Internet/diesen Medien." (82% aller Offliner)
- „Ist mir zu kompliziert." (37%)
- „Sehe für mich keinen Nutzen/Vorteil darin." (34%)
- „Klassische Medien (Print, Hörfunk, Fernsehen) sind ausreichend." (28%)
- „Meine Kinder/Freunde/Bekannte sind im Internet und erledigen das für mich mit, was ich brauche." (21%)

Umgekehrt nach den „Top Motivatoren" gefragt, antworten auf die Frage „Unter welcher Bedingung würden Sie künftig das Internet nutzen?"

- 19 Prozent „Wenn ich einen klaren Nutzen für mich erkennen würde".
- 12 Prozent „Wenn mir jemand zeigen würde, wie es funktioniert".
- 11 Prozent „Wenn die Nutzung einfacher wäre".
- 9 Prozent „Wenn ich die Fachbegriffe und Funktionen besser verstehen würde".
- 5 Prozent „Wenn ich wüsste, wie ich meine persönlichen Daten (besser) schützen kann". (ebd.: 19)

Dies entspricht der in der Fachdiskussion anerkannten These, dass Medien Erfahrungsgüter sind, deren Nutzen man erst erkennt, wenn man sie nutzt. In Bezug auf das Internet besteht das Problem, dass für diese Nutzung Geräte erforderlich sind, die extra dafür erworben werden müssen, und zusätzlich ein Vertrag mit einem Provider notwendig wird. Man kann von einem Investitionsdilemma sprechen, weil diejenigen, die keinen Nutzen erwarten, diese Investitionen nicht tätigen, dann aber auch den Nutzen nicht erfahren können und bei ihren Vorurteilen bleiben, wenn nicht jemand diese Blockade auflöst.

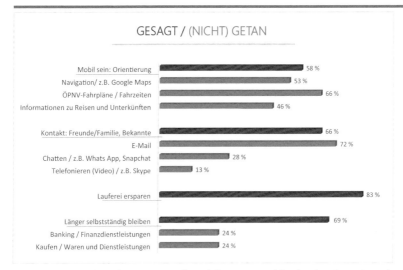

Abb. 3: Gesagt und (nicht) getan (Quelle: Telefonica Deutschland und Stiftung Digitale Chancen 2016: 37)

Früher waren dazu öffentliche Internetzugangsorte in Bibliotheken, Jugend- und Seniorenheimen, Internet Cafes und anderen zugänglichen Orten mit stationären PCs geeignet. Die Stiftung Digitale Chancen hat eine Datenbank mit über 7.000 solcher Angebote, die nach Postleitzahlen auffindbar sind (vgl. Stiftung Digitale Chancen 2019). Den Nutzen des mobilen Internets kann man dort allerdings nicht erfahren. Dazu hat die Stiftung seit 2012 mit Telefonica Deutschland mit dem Projekt *Digital mobil im Alter* einen passenden Weg eröffnet: Älteren Menschen wird über Seniorentreffs oder Begegnungsstätten und teilweise auch Seniorenwohnheime angeboten, acht Wochen einen Tablet PC mit SIM-Karte auszuleihen und in einem regelmäßigen wöchentlichen Betreuungsangebt nützliche Anwendungen gezeigt zu bekommen und auszuprobieren. 2016 wurde dazu eine begleitende Studie durchgeführt, in der etwas über 300 Senior*innen teilnahmen. In 30 Einrichtungen in vier Städten wurden sie vor der Ausleihe zu dem erwarteten Nutzen befragt und nach den acht Wochen zu der tatsächlichen Nutzung (vgl. Kubicek/Lippa 2017: 55ff.). Dabei ist ein Unterschied zwischen Anwendungen deutlich geworden, der für angemessene Maßnahmen zur Verringerung der Alterslücke sehr relevant ist (Abb. 3).

Hohe Übereinstimmung gab es bei dem Nutzen der Unterstützung der Mobilität durch Fahrpläne und Karten, dem Kontakt mit Familie und

Freunden sowie bei der Gewinnung von Wissen und der Unterhaltung. Grundsätzlich für möglich gehalten, aber nur von wenigen ausprobiert, war hingegen die Nutzung von Anwendungen, die Wege ersparen oder es erlauben, länger selbstständig zu bleiben, wie Online-Einkaufen und Online-Banking. Das heißt gerade bei den Anwendungen, die aus sozialpolitischer Sicht besonders wünschenswert sind, waren trotz einer konkreten Erprobungsmöglichkeit und Betreuung die Barrieren besonders hoch und haben viele davon abgehalten.

In den Interviews zeigte sich, dass die Ursache für die höheren Schwellen vor allem darin liegt, sich zu registrieren und ein Passwort zu erzeugen, welches sicher sein soll und daher Groß- und Kleinbuchstaben, Ziffern sowie Sonderzeichen enthalten soll, aber nicht aufgeschrieben werden darf, und dass dieses Passwort bei jeder Nutzung erneut eingeben werden muss. Das ist für viele der Befragten zu umständlich. Auch das nachlassende Vertrauen in die eigene Gedächtnisleistung der Befragten könnte ein wichtiger Faktor für die Nichtnutzung sein. Wenn man seinem Gedächtnis nicht traut, ist diese Art der Gedächtnisleistung etwas, was man vermeiden möchte, so lange es geht. Das Risiko nimmt man nur auf sich, wenn der Nutzen sehr groß ist, wenn beispielsweise so eine Kommunikation mit Enkeln zustande kommt, die auf anderen Wegen wie dem Telefon nicht möglich ist.

Damit zusammen hängt ein Unterschied zwischen jüngeren und älteren Menschen, den die Ü-60-Studie des DIVSI aufgrund einer größeren Zahl vertiefender Interviews mit älteren Menschen betont: die Art des Nutzens und der Umgang mit Risiken. Während Jugendliche neugierig auf neue Techniken sind, diese auch als Statussymbol empfinden und sie ausprobieren und sich aneignen, sind Ältere selten an der Technik selbst, sondern an einem konkreten Nutzen interessiert. Wenn sie diesen nicht erkennen, aber Risiken vermuten, verzichten sie auf einen Versuch – zumindest so lange es noch Alternativen gibt (vgl. DIVSI 2016: 24ff.).

Diesen Unterschied zwischen den Generationen gibt es nicht nur bei der Internetnutzung. Er wird als unterschiedliche Selbstwirksamkeit bezeichnet, d.h. als das (Selbst-)Vertrauen auftretende Probleme bewältigen zu können. Wenn diese Annahme zutrifft, verwundert es nicht, dass ein üblicher PC- oder Tablet-Kurs in vielen Fällen nicht zu einer Nutzung führt. Hinzu kommt noch ein weiteres, vorgelagertes Problem fehlenden Selbstvertrauens: Insbesondere Menschen im höheren Alter trauen sich nicht mehr zu, die Ziele eines Kurses zu erreichen, weil sie nicht mitkommen und sich nicht blamieren möchten. Neben technischen Fertigkeiten und Kenntnissen müssen motivierende Angebote für ältere Menschen daher vor allem deren Selbstwirksamkeit stärken. Die entscheidende Frage ist, wo und wie dies gelingen kann. Darauf gibt es keine einfache Antwort. Denn ältere Menschen unterscheiden sich nicht nur grundsätzlich von Jüngeren, sondern auch untereinander. Sie befinden sich in sehr unterschiedlichen Lebensumgebungen und weisen große Unterschiede in ihren körperlichen und geistigen Möglichkeiten auf.

Nicht alle wollen oder können an der Digitalisierung teilhaben

In Abbildung 4 werden sechs Gründe unterschieden, warum ältere (und auch andere) Menschen das Internet nicht nutzen wollen oder können.

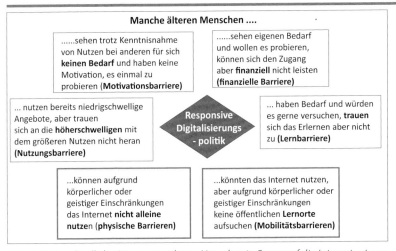

Abb. 4: Unterschiedliche Situationen älterer Menschen in Bezug auf die Internetnutzung

Bezugspunkte und Handlungsfelder einer responsiven Digitalisierungspolitik

Als responsiv kann eine Digitalisierungspolitik gelten, die gezielt und differenziert auf die unterschiedlichen Lebenssituationen und Fähigkeiten unterschiedlicher Nutzergruppen eingeht. Für die ältere Bevölkerung könnte sie an den unterschiedlichen Wohnverhältnissen ansetzen, für die es teilweise bereits entsprechende Unterstützungsformen gibt (Abb. 5):

Abb. 5: Elemente und Ansatzpunkte einer responsiven Digitalisierungspolitik für ältere Menschen

- Für mobile ältere Menschen gibt es mittlerweile vielfältige Angebote in Begegnungsstätten und Seniorentreffs.
- In der stationären Pflege stehen vergleichbare Angebote noch ganz am Anfang. Eine Schweizer Studie sieht hier ein großes Potential, aber auch große Herausforderungen bei der personellen Umsetzung (vgl. Seifert 2017; vgl. auch FfG 2016: 29f.).

Für Menschen, die noch in ihrer eigenen Wohnung leben, aber aus verschiedenen Gründen eine Begegnungsstätte oder einen Seniorentreff nicht aufsuchen können oder wollen, gibt es Projekte mit Technikpat*innen, Internetbotschafter*innen und anderen aufsuchenden Formen der Unterstützung und auch schon kommerzielle Angebote der Förderung digitaler Kompetenzen in Form eines individuellen Trainings oder Coachings, stets mit dem Ziel, dass die betreuten Personen nach einer gewissen Zeit das Internet selbst nutzen können und digital autonom werden (vgl. Kompetenzzentrum 2011; BAGSO 2013; Doh et al. 2016; Buboltz-Lutz/Stiehl 2018).

Teilhabe durch aufsuchende Digitalbetreuung

Aufsuchende Medienbildung ist ohne Zweifel für viele ältere Offliner ein angemessener Weg, um Teilhabe in einer zunehmend digitalisierten Welt zu ermöglichen. Aber was ist mit denen, die nicht digital autonom werden können oder nicht wollen? Darüber wird aktuell wenig diskutiert. Eine erste vorsichtige und quasi-politische Äußerung findet sich in der Dokumentation der Smart City Dialog-Plattform, die im Auftrag der Staatssekretärsrunde für Nachhaltige Entwicklung der Bundesregierung beim Bundesministerium für Umwelt, Naturschutz, Bau und Reaktorsicherheit (BMUB) normative Leitlinien und Handlungsempfehlungen mit Vertretern aus Kommunen, den Ländern, der Wissenschaft und der Zivilgesellschaft erarbeitet hat. Die Stiftung Digitale Chancen hat in diesen Dialogen und der Formulierung der Charta mitgewirkt. In den Zusammenfassungen aus den Dialoggruppen wird zum Thema Digitale Teilhabe in einem Best Case-Szenario 2040 erwartet:

> „Es gibt ein Recht auf digitale Teilhabe. [...] Es gibt jedoch keine Pflicht zur Digitalisierung im eigenen Leben: So gibt es für die Nicht-Nutzer sowie für benachteiligte Gruppen analoge Ersatz- und digitale Helferstrukturen wie Paten- und Unterstützernetzwerke" (BBSR 2017: 79)

Wer genau soll einen Anspruch auf diese Unterstützung erhalten? Sollen die Helferstrukturen von jedem in Anspruch genommen werden, der keine Lust auf Digitales in dem einen oder anderen Bereich hat? Zu den klaren Fällen gehören

- Menschen mit anerkannten Behinderungen: Für sie ergeben sich aus dem geltenden Behindertenrecht Ansprüche auf assistive Technologien und unter bestimmten Bedingungen auf Unterstützung durch persönliche Assistenz. Wenn jemand aufgrund seiner Behinderung digitale Angebote auch mithilfe assistiver Technologien nicht nutzen kann oder wenn das Erlernen der Nutzung dieser technischen Unterstützung nicht zumutbar ist, sollte die persönliche Assistenz auch bei der Nutzung digitaler Angebote helfen.
- Menschen mit einem anerkannten Pflegegrad in häuslicher Pflege: Nach der Pflegerechtsreform gibt es fünf Pflegegrade mit unterschiedlichen Erstattungsregelungen, u.a. für die Entlastung pflegender Angehöriger und ab dem ersten Pflegegrad bereits einen monatlichen Entlastungsbetrag in Höhe von 125 Euro, der für anerkannte Betreuungs- und Entlastungsleistungen eingesetzt werden kann. Zurzeit sind dies von Pflegediensten, speziellen Anbietern wohnungsnaher Dienstleistungen oder auch Nachbarschaftshelfern und Alltagsassistenten anerkannter Institutionen erbrachte Dienstleistungen wie Aufräumen, Putzen, Waschen, Vorlesen und Spielen, Begleitdienste u.a., die in Landesverordnungen festgelegt werden. Hier könnte die Unterstützung bzw. Übernahme digitaler Tätigkeiten in die Kataloge der abrechenbaren Leistungen aufgenommen werden.

In beiden Fällen gibt es festgelegte Verfahren zur Feststellung eines Unterstützungsbedarfs und einen Katalog definierter Hilfen. Aber was ist, wenn jemand nicht unter diese beiden Kategorien fällt und dennoch der Überzeugung ist, dass er auf keinen Fall digital autonom werden will, weil sie oder er sich weder das Erlernen noch die spätere Nutzung von Internetanwendungen oder Apps generell oder speziell der höherschwelligen Angebote zutraut?

Digitalbetreuung als Kompensation der Entwertung von Erfahrungen

Es dürfte Einigkeit zu erzielen sein, dass man von einer über 90-jährigen Frau mit Volksschulabschluss, die nie berufstätig war und nie Kurse besucht hat, nicht verlangen kann, sich noch digitale Kompetenzen anzueignen, um Lebensmittel und Medikamente sicher online zu bestellen oder ihren Arzt per Videosprechstunde zu konsultieren, weil es im Umkreis weder einen Supermarkt, eine Apotheke noch einen Arzt und auch keine angemessene Verbindung im öffentlichen Nahverkehr gibt. Wie begründet man diese intuitiv naheliegende Einschätzung und wo zieht man die Grenze? Man könnte eine staatliche Verpflichtung aus der allgemeinen Menschenrechtskonvention und Artikel 1 GG „Freie Entfaltung der Persönlichkeit" ableiten, auf die sich auch die UN-Behindertenrechtskonvention stützt. Man kann aber auch konkret auf die Verpflichtung zur Daseinsvorsorge und zur Altenhilfe nach § 71 SGB XII verweisen. Dort heißt es:

> „(1) Alten Menschen soll außer den Leistungen nach den übrigen Bestimmungen dieses Buches Altenhilfe gewährt werden. Die Altenhilfe soll dazu beitragen, Schwierigkeiten, die durch das Alter entstehen, zu verhüten, zu überwinden oder zu mildern und alten Menschen die Möglichkeit zu erhalten, selbstbestimmt am Leben in der Gemeinschaft teilzunehmen und ihre Fähigkeit zur Selbsthilfe zu stärken.
> (2) Als Leistungen der Altenhilfe kommen insbesondere in Betracht:
> 1. Leistungen zu einer Betätigung und zum gesellschaftlichen Engagement, wenn sie vom alten Menschen gewünscht wird,
> 2. Leistungen bei der Beschaffung und zur Erhaltung einer Wohnung, die den Bedürfnissen des alten Menschen entspricht,
> 3. Beratung und Unterstützung im Vor- und Umfeld von Pflege, insbesondere in allen Fragen des Angebots an Wohnformen bei Unterstützungs-, Betreuungs- oder Pflegebedarf sowie an Diensten, die Betreuung oder Pflege leisten,

4. Beratung und Unterstützung in allen Fragen der Inanspruchnahme altersgerechter Dienste,
5. Leistungen zum Besuch von Veranstaltungen oder Einrichtungen, die der Geselligkeit, der Unterhaltung, der Bildung oder den kulturellen Bedürfnissen alter Menschen dienen,
6. Leistungen, die alten Menschen die Verbindung mit nahestehenden Personen ermöglichen."

Damit meint der Gesetzgeber vermutlich ausschließlich analoge Angebote wie Begegnungsstätten sowie persönliche Beratung und Unterstützung. Nun beobachten wir aber einen zunehmenden Trend, dass analoge Einrichtungen der Nahversorgung geschlossen werden und vergleichbare Angebote im Internet als Substitution entstehen. Im Gesundheitswesen erhofft man sich von Telemedizin eine bessere Versorgung, insbesondere in ländlichen Regionen, sowie Kostenreduzierungen. Beratungsstellen werden weniger, weil man viele Fragen auf den Internetseiten und in Chats klären kann – wenn man das kann. Das Internet bietet darüber hinaus mit E-Mail, Video Calls und Messengerdiensten neue Möglichkeiten der Verbindung mit nahestehenden Personen (Ziffer 6).

Aus medien- und sozialwissenschaftlicher Sicht handelt es sich bei diesen Veränderungen nicht um eine einfache Substitution analoger durch digitale Kommunikationsmittel oder offline durch online, sondern um eine grundlegende Veränderung von Alltagspraxis. Ältere Menschen haben sich über Jahrzehnte für ihre alltägliche Versorgung und Teilhabe Routinen angeeignet, wissen worauf zu achten ist, was schiefgehen kann, wie sie angemessen auf Probleme reagieren können. Wenn nun die Bedingungen der Nahversorgung aus wirtschaftlichen Überlegungen heraus verändert werden, muss nicht nur die Bedienung neuer Geräte erlernt werden. Sie ermöglichen nur den Zugang zu komplexen Systemen, die mit den bisherigen eigenen Erfahrungen nicht verstanden werden können und bei denen eine ungeschickte Handlung über Erfolg und Misserfolg entscheidet. Was aus Anbietersicht als eine inkrementale Innovation betrachtet werden kann, die Bestehendes in einigen Aspekten weiterentwickelt, ist für die älteren Offliner eine radikale Innovation, bei der alles neu und anders ist und nicht auf die erworbenen Erfahrungen zurückgegriffen werden kann. Dies verunsichert viele ältere Menschen. Ein großer Teil fühlt sich nach der hier vertretenen Überzeugung zu Recht überfordert.

Diese Unsicherheit und Überforderung kommt in der Ü60-Studie des DIVSI sehr deutlich zum Ausdruck (vgl. DIVSI 2016). Die überforderten älteren Menschen nehmen gerade im hohen Alter mit 80 oder 90 Jahren für sich in Anspruch, dass sie ihr Leben nicht mehr umstellen müssen und sich auf diese undurchschaubaren Systeme einlassen und sich ihnen ausliefern sollen. Die digitalen Angebote entsprechen nicht ihren Bedürfnissen, niemand hat sie gefragt und sie möchten alltägliche Verrichtungen einfach wie bisher erledigen.

Hartung et al. kritisierten bereits 2009 in ihrer Studie „Alter(n) und Medien" für die Thüringer Landesmedienanstalt, dass die Diskussion über Medienkompetenz und Medienpädagogik nicht hinreichend zwischen Jungen und Alten differenziert und in der Erwachsenenbildung die Lebenssituationen älterer Menschen nicht gründlich reflektiert und differenziert wird. Die aus wirtschaftlichen Gründen vorangetriebene Digitalisierung von Lebensräumen werde zum Anlass genommen, ohne nähere Legitimation Anpassungsleistungen einzufordern. Unter Verweis auf Schäffter bezeichnen sie die Aufforderung zum Erwerb von digitalen Kompetenzen als „Lernzumutung" (Hartung et al. 2009: 59). Damit treffen sie genau das in Umfragen zum Ausdruck kommende Gefühl eines Teils älterer Menschen, die sich gedrängt fühlen und Angst haben, dass sich ihre Umwelt so verändert, dass sie sich darin nicht mehr zurechtfinden und ihr Erfahrungswissen wertlos wird.

Wenn Medienkompetenz als Medienaneignung verstanden wird und diese einen komplexen Prozess der Integration medialer Angebote in die alltäglichen Lebens- und Erfahrungskontexte bedeutet (vgl. ebd.: 63), dann entwertet die Digitalisierung diese von älteren Menschen über Jahrzehnte erworbenen Kompetenzen. In der industriellen Produktion ist die Entwertung von Qualifikationen durch Technik die Regel, im Laufe der Zeit sind ganze Berufe verschwunden und viele Berufsbilder ändern sich – auch jetzt wieder mit der Digitalisierung. Dieser berufliche Wandel konnte von den Gewerkschaften nicht aufgehalten, aber in seinen sozialen Konsequenzen für die Betroffenen abgemildert und kompensiert werden. Speziell für ältere Beschäftigte gibt es eine Befreiung von Umschulungen. Ist dieser Umgang mit der Entwertung beruflicher Qualifikationen auf die Entwertung von Alltagskompetenzen übertragbar und wie sähe dann die Parallele zur Befreiung von Umschulungen älterer Menschen aus?

Im Verhältnis der Bürger*innen zu ihrem Staat sollte die Legitimationspflicht bei der Entwertung von Kompetenzen größer sein als im privatwirtschaftlich organisierten Arbeitsleben. Die Regierung ist nach der Verfassung verpflichtet, die freie Entfaltung der Persönlichkeit der Bürger*innen zu gewährleisten. Wenn durch staatlich geförderte Veränderungen der Lebensbedingungen erworbene Kompetenzen zur Bewältigung des Alltags entwertet werden und Schulungen erforderlich und gefördert werden, stellt sich sehr wohl die Frage nach der Zumutbarkeit einer allgemeinen Aufforderung zur digitalen Teilhabe und des individuellen Erwerbs der dazu erforderlichen Kompetenzen. Dies ist eine politische und eine ethische Frage, die an die Ethik-Kommission verwiesen werden kann. Wenn man die hier geforderten Kompensationsleistungen grundsätzlich anerkennt, stellt sich die konkrete Frage nach dem Was, Wer und Wie, ähnlich wie bei der aufsuchenden Medienbildung, allerdings mit einigen zusätzlichen Herausforderungen.

Qualifiziertes Personal und rechtliche Klärung

Die hier empfohlenen vielfältigen, auf die unterschiedlichen Lebensverhältnisse responsiv eingehenden Lern- und Unterstützungsangebote erfordern entsprechend qualifizierte Betreuer*innen. Die derzeitigen Projekte und Initiativen mit Ehrenamtlichen reichen auf Dauer weder quantitativ noch qualitativ aus für eine angemessene und flächendeckende Unterstützung. Vielmehr ist eine Professionalisierung dringend geboten. Die eigentliche Herausforderung für die Gewährung voller Teilhabe älterer Menschen an der zunehmend digitalisierten Gesellschaft ist daher nicht die Bereitstellung finanzieller Mittel, sondern liegt in der Analyse und Planung der Veränderungen von Tätigkeitsfeldern und Berufsbildern der Helfer*innen auf diesem Weg, bei Pflegekräften, Sozialarbeitern, Erwachsenenpädagogen u.a. Zunächst ist dabei zu klären ob Digitalassistenz für ältere Menschen eine Zusatzqualifikation bei bestehenden Berufen der Altenhilfe und Pflegekräfte sein soll oder ob dafür ein neues spezielles Berufsbild (geragogische Digitalassistenz) entwickelt werden muss, so wie es Physiotherapeuten, Logopäden u.a. Fachberufe gibt. Dann ist es erforderlich, entsprechende Ausbildungsinhalte und -wege zu planen und einzurichten.

Darüber hinaus sind wesentliche rechtliche Fragen zu klären, wie weit die Unterstützung gehen kann. In Bremen beginnt das Institut für Informationsmanagement Bremen (ifib) im Auftrag der Senatorin für Finanzen im Rahmen eines größeren Verbundes von Dienstleistungen für Senioren unter dem Titel „Herbsthelfer" gerade ein Projekt mit aufsuchender Digitalassistenz in Kooperation mit mehreren Dienstleistungszentren (vgl. Herbsthelfer 2019). Diese Zentren gibt es in allen Stadtteilen. Sie werden im Auftrag der Stadt von den Wohlfahrtsverbänden betrieben, beraten ältere Menschen und vermitteln ehrenamtliche Nachbarschaftshelfer*innen und Alltagsassistent*innen, die ihre Kund*innen im Haushalt unterstützen, mit ihnen Zeit verbringen, Spazierengehen, sie bei Behördengängen begleiten u.a. Diesen Kund*innen wurde angeboten, über das Dienstleistungszentrum für drei Monate einen Tablet PC auszuleihen und zwei Stunden in der Woche von einer/einem Digitalassistent*in in nützliche Anwendungen eingewiesen und bei der Nutzung unterstützt zu werden. Bei der Klärung, welche Anwendungen dies sein sollen und können, wurde auf Haftungsfragen verwiesen. So wie die Nachbarschaftshelfer*innen nicht mit der EC-Karte losgehen und Bargeld für die Kund*innen holen dürfen, sollen die Digitalassistent*innen kein Online-Banking für die Kund*innen machen. Aber wie ist es mit der Registrierung von E-Mail, Messengerdiensten, Online-Einkäufen in Bezug auf Registrierung und Passwörter? Es liegt nahe, diese Aktionen auf Wunsch für die Kund*innen zu übernehmen, um zu einem Erfolgserlebnis zu verhelfen. Aber welche Verantwortung wird damit übernommen und wofür könnten ältere Menschen, die die Anwendungen nicht verstehen, ihre Assistent*innen verantwortlich machen? Rechtlich gesehen handelt es sich um Rechtsgeschäfte in Stellvertretung ohne ausdrückliche Vollmacht. Ist eine Vorsorgevollmacht erforderlich oder gar eine rechtliche Betreuung? Und müssen umgekehrt heute bestellte Betreuer*innen in Zukunft auch die Übernahme online abgewickelter Rechtsgeschäfte übernehmen? Worauf müssen sie z.B. im Hinblick auf Datenschutz und IT-Sicherheit achten? Welche Haftungsrisiken decken Versicherungen ab? Diese Fragen bedürfen dringend einer gründlichen Erörterung und Klärung mit den Akteur*innen und in den Gremien, die für die analogen Formen aufsuchender Altenhilfe und Betreuung zuständig sind. Denn die Entwicklung und Erprobung geeignete Ausbildungs- und Weiterbildungsangebote werden einige Jahre beanspruchen.

Auf solche längerfristigen Forderungen wird häufig entgegnet, dass sich die Alterslücke schließen wird, wenn die heutigen Digital Natives ins Rentenalter kommen. Dies ist zum einen zynisch gegenüber den heute 70-Jährigen, die noch eine Lebenserwartung von 20 Jahren oder mehr haben. Und der Einwand ist in Bezug auf die heute Jungen in zweierlei Hinsicht falsch: Zum einen werden auch sie mit zunehmendem Alter körperliche und geistige Einschränkungen erleben, und zum anderen beherrschen sie zwar die heutige Technik, aber wenn sie 70 sein werden, wird es wieder radikale Innovationen geben, die ihre heutige Kompetenz, auf die so stolz sind, entwerten werden.

Anmerkung

1   Einige Passagen in diesem Beitrag sind wörtlich übernommen aus Kubicek/Lippa (2016).

Literatur

ARD/ZDF-Online-Studie (2018): Abrufbar unter: http://www.ard-zdf-onlinestudie.de/ [Stand: 18.09.2019].

BAGSO (2013): Senioren-Technik-Botschafter. Wissensvermittlung von Älteren für Ältere. Abrufbar unter: http://projekte.bagso.de/senioren-technik-botschafter/materialien-und-nuetzliche-links/broschuere-senioren-technik-botschafter/ [Stand: 15.03.2019].

BBSR – Bundesinstitut für Bau-, Stadt- und Raumforschung (Hrsg.) (2017): Smart City Charta. Digitale Transformation in den Kommunen nachhaltig gestalten. Bonn. Abrufbar unter: https://www.bbsr.bund.de/BBSR/DE/Veroeffentlichungen/Sonderveroeffentlichungen/2017/smart-city-charta-dl.pdf?__blob=publicationFile&v=2 [Stand: 15.03.2019].

Bubolz-Lutz, Elisabeth/Stiel, Janina (2018): Technikbegleitung. Aufbau von Initiativen zur Stärkung der Teilhabe Älterer im Quartier. Handbuch 5. Ältere als (Ko-)Produzenten von Quartiersnetzwerken. Impulse aus dem Projekt QuartiersNETZ. Abrufbar unter: https://www.quartiersnetz.de/wp-content/uploads/2018/10/WEB [Stand: 15.03.2019].

Digitalbotschafterinnen & Botschafter Rheinland-Pfalz: Abrufbar unter: https://digibo.silver-tipps.de/ [Stand: 15.03.2019].

DIVSI – Deutsches Institut für Vertrauen und Sicherheit im Internet (2016): Ü60-Studie 2016. Die digitalen Lebenswelten der über 60-Jährigen in Deutschland. Eine Grundlagenstudie des SINUS-Institut Heidelberg im Auftrag des Deutschen Institut für Vertrauen und Sicherheit im Internet. Hamburg. Abrufbar unter: https://www.divsi.de/wp-content/uploads/2016/10/DIVSI-UE60-Studie.pdf [Stand: 15.03.2019].

Doh, Michael et al. (2016): Neue Technologien im Alter. Ergebnisbericht zum Forschungsprojekt „FUTA" – Förderliche und hinderliche Faktoren im Umgang mit neuen Informations-und Kommunikations-Technologien im Alter. Abrufbar unter: https://www.psychologie.uni-heidelberg.de/mediendaten/ae/apa/futa-ergebnisbericht_2015.pdf [Stand: 15.03.2019].

FfG – Forschungsstelle für Gerontologie e.V. (2016): Abschlussbericht zur Vorstudie „Weiterbildung zur Stärkung digitaler Kompetenz älterer Menschen" im Auftrag des Bundesministeriums für Familie, Senioren, Frauen und Jugend. Bearbeitung Anja Ehlers. Dortmund. Abrufbar unter: http://www.ffg.tu-dortmund.de/cms/de/Projekte/Abgeschlossene_Projekte/2016/Weiterbildung-zur-Staerkung-digitaler-Kompetenz-aelterer-Menschen/FfG_Weiterbildung-zur-Staerkung-digitaler-Kompetenz-aelterer-Menschen.pdf [Stand: 15.03.2019].

Hartung, Anja, et al. (2009): Alter(n) und Medien. Theoretische und empirische Annäherungen an Forschungs- und Praxisfeld. TLM Schriftenreihe. Band 20. Berlin.

Herbsthelfer (2018): https://www.finanzen.bremen.de/organisation/herbsthelfer-61017 [Stand: 15.03.2019].

Initiative D21: (N)Onliner Atlas 2002 bis 2016. Abrufbar unter http://initiatived21.de/studien/.[Stand: 19.09.2019].

Initiative D21 (2019): D21 Digital-Index 2018/19. Abrufbar unter: https://initiatived21.de/publikationen/d21-digital-index-2018-2019/ [Stand: 15.03.2019].

Kompetenzzentrum Technik Diversity Chancengleichheit: Internet-Patinnen und Paten – Erfahrung teilen. Abrufbar unter: https://www.kompetenzz.de/Unsere-Projekte/A-Z/Internet-Patenschaften [Stand: 15.03.2019].

Kubicek, Herbert/Lippa, Barbara (2017): Nutzung und Nutzen des Internet im Alter. Empirische Befunde zur Alterslücke und Empfehlungen für eine responsive Digitalisierungspolitik. Leipzig: Vistas Verlag.

Seifert, Alexander (2017): Internetnutzung von Bewohnern stationärer Alterspflegeeinrichtungen. In: Pflegezeitschrift, 70. Jg., Heft 5, 55-57.

Stiftung Digitale Chancen: Datenbank der Interneterfahrungsorte. Abrufbar unter: https://www.digitale-chancen.de/einsteiger/suche.cfm/lang.1 [Stand: 15.03.2019].

Telefonica Deutschland und Stiftung Digitale Chancen: Digital mobil im Alter. Abrufbar unter: https://digital-mobil-im-alter.de/ [Stand: 15.03.2019].

Lizenz

Der Artikel, sofern nicht gesondert angegeben, steht unter der Creative Commons Lizenz **CC BY-SA 4.0.** Der Name des Urhebers soll bei einer Weiterverwendung genannt werden. Wird das Material mit anderen Materialien zu etwas Neuem verbunden oder verschmolzen, sodass das ursprüngliche Material nicht mehr als solches erkennbar ist und die unterschiedlichen Materialien nicht mehr voneinander zu trennen sind, muss die bearbeitete Fassung bzw. das neue Werk unter derselben Lizenz wie das Original stehen. Details zur Lizenz: https://creativecommons.org/licenses/by-sa/4.0/legalcode

Torben Kohring/Dirk Poerschke/Horst Pohlmann
Computerspielsucht oder digitale Bewältigungsstrategie?
Medienpädagogische Implikationen zur Klassifizierung von exzessivem Spielverhalten als Krankheit

Die Aufnahme von „Gaming-Disorder" in den Katalog der Erkrankungen (ICD-11, International Classification of Diseases) im Jahr 2018 (vgl. WHO 2018) durch die Weltgesundheitsorganisation WHO wirft für die medienpädagogische Arbeit ein paar Fragen auf. Im Folgenden fassen wir die Fakten zusammen und diskutieren, welche Auswirkungen eine „Computerspielsucht" auf das Selbstverständnis und das Arbeitsfeld der Medienpädagogik hat.

Die Ausgangslage

Verhaltenssüchte sind durch wiederholte Handlungen ohne vernünftige Motivation gekennzeichnet, die von den Betroffenen nicht kontrolliert werden können. Sie berichten von impulshaftem Verhalten. Zudem schädigt die Verhaltenssucht meist die Interessen der Betroffenen und/oder die anderer Menschen. Betroffene berichten von impulshaftem Verhalten. Verhaltenssüchte sind eine relativ junge Einordnung und die Wissenschaft forscht in vielen Bereichen der Abhängigkeit durch mediale Einflüsse. Die bisherigen Ergebnisse dieser Forschung zeigen, dass Abhängigkeiten die Lebensführung beherrschen und zum Verfall der sozialen, beruflichen, materiellen und familiären Werte und Verpflichtungen führen können. Der amerikanische Psychologe Adam Alter verweist auf neuere Studien, nach denen 35 Prozent aller Menschen an einer Störung leiden sollen. Leichtere Verhaltenssüchte sind extrem verbreitet. Kritische Stimmen zu dieser scheinbaren Inflation an psychiatrischen Diagnosen gibt es allerdings auch. Der amerikanische Suchtexperte und Psychiater Allen James Frances siedelt zum Beispiel die hohe Zahl der Störungen als normal und in der Natur des Menschen an und klassifiziert diese als soziales und weniger als ein medizinisches Problem (vgl. Alter 2017: 31).

Die internationale statistische Klassifikation der Krankheiten und verwandter Gesundheitsprobleme der Weltgesundheitsorganisation nennt unter der Kodierung F63 „Abnorme Gewohnheit und Störung der Impulskontrolle" exzessive Verhaltensweisen, die Merkmale einer psychischen substanzungebundenen Abhängigkeit aufweisen und von Betroffenen willentlich nicht mehr vollständig kontrolliert werden können.

Zum Begriff Gaming Disorder: „Disorder" bedeutet im Deutschen so viel wie Störung. Der Begriff Addiction, der übersetzt „Sucht" bedeutet, wird nicht verwendet.

Exzessives Computer- oder Videospielen gilt nach einem neuen Verzeichnis (ICD-11) der Weltgesundheitsorganisation (WHO) nun als Krankheit. Gaming Disorder oder Online-Spielsucht wurde 2018 in den neuen Katalog der Krankheiten (ICD-11) aufgenommen (vgl. WHO 2018). Wie die WHO beschlossen hat, direkt hinter Glücksspielsucht.

Die Goldstandards eines Krankheitsbildes

Die diagnostischen Goldstandards der WHO, also die Diagnosekriterien der Gaming Disorder, lesen sich sehr frei interpretierbar und stellen eigentlich nur einen Bruchteil der in der Fachwelt mittlerweile diskutierten Kriterien dar.

Die WHO stellt drei Symptomgruppen fest, die bei Betroffenen auftreten können:
- Gestörte Kontrolle über das Spielen (Häufigkeit, Dauer, Intensität etc.),
- Priorisierung des Spielens über alle anderen Lebensbereiche und Alltagsaktivitäten,
- Weiterführen oder Eskalation des Spielens trotz negativer Konsequenzen.

Gaming Disorder kann episodisch oder dauerhaft auftreten, eine Diagnose kann nach zwölf Monaten gestellt werden. Eine kürzere Dauer ist denkbar, wenn alle Symptome in besonderer Schwere auftreten.

Mit diesen Kriterien müssen oder können wir in Zukunft in der medienpädagogischen Praxis das Spielverhalten von Kindern und Jugendlichen einschätzen.

Die Arbeitsgruppe Spielsucht der Universitätsklinik Charité in Berlin veröffentlicht auf ihrer Webseite einen Selbsttest, der in der Arbeit mit Kindern und Jugendlichen immer wieder zum Einsatz gebracht wird (vgl. Charité 2019).

Vor allem die Frage 10 des Tests kann durchaus auch kritisch gesehen werden: „Haben Sie Familienangehörige oder Freunde hinsichtlich Ihres Computer- oder Online-Spielverhaltens kritisiert oder sich Sorgen gemacht, dass Sie zu viel spielen?". Die häufigste Antwort von Jugendlichen in unserer medienpädagogischen Praxis war: „Natürlich, die mögen keine Games."

Ähnlich verhält es sich im Selbsttest auch mit der Frage 6: „Nutzen Sie Computer- oder Online-Spiele als einen Weg, um vor Problemen zu fliehen oder von negativen Gefühlen wie Hilflosigkeit, Schuld, Angst oder Niedergeschlagenheit abzulenken?" Auch hier lässt sich sagen, dass es ganz menschlich ist, dass Auswege, Rückzugsgebiete oder eine schöne Alternative gesucht werden, um Problemen aus dem Weg zu gehen. Wenn es nicht das Computerspiel wäre, wäre es sicher etwas anderes, wie zum Beispiel Sport, Kino oder Fernsehen. Dieses Verhalten als kritisch einzuschätzen, führt schon sehr weit.

Dieser Rahmen stellt die Medienpädagogik zusätzlich vor die Frage: Was ist ein normales, funktionales Verhalten? Wie definieren wir diese Konfliktfelder in der medienpädagogischen Arbeit? Unwidersprochen ist: Sucht ist immer auch mit dramatischen persönlichen Schicksalen verbunden. Sie betrifft Abhängige ebenso wie Familienangehörige, Freund*innen oder Kolleg*innen und ist kein Randphänomen unseres Zusammenlebens. Im März 2019 veröffentlichte die Krankenkasse DAK eine Studie (vgl. DAK 2019), nach der 465.000 Jugendliche zwischen 12 und 17 Jahren als Risikogruppe für Computerspielsucht einzustufen sind.

Die Schwierigkeiten, einen fachgemäßen Umgang mit suchtgefährdeten Jugendlichen im medienpädagogischen Kontext zu gestalten, sind bekannt und Debatten über Studien und politische Statements werden immer wieder kontrovers geführt. Im schulischen Kontext wird zuerst Kontakt mit dem Elternhaus, dann über die entsprechenden Fachstellen aufgenommen. Die Schulpsychologischen Dienste finden immer wieder auch häusliche Problemlagen als Ursache für eine Suchtgefährdung. In diesen Fällen kommen auch Erziehungsberatungsstellen oft an ihre Grenzen, angemessene Hilfestellungen zu geben. Für (Medien-)Pädagog*innen macht es Sinn, sich zuallererst bei den übergeordneten Behörden zu erkundigen um die Vorgehensweisen abzusprechen. In manchen Schulen gibt es Medienscouts, die entsprechend ausgebildet, Jugendlichen als erste, direkte Ansprechpartner*innen zur Seite stehen können, falls diese unter der eigenen exzessiven Mediennutzung leiden. Die Scouts müssen dann aber auch wissen, an welche Stelle sie die Jugendlichen weitervermitteln können, z.B. an die Drogen- und Suchtberatungsstellen oder bei den jüngeren Spieler*innen an Erziehungsberatungsstellen. Einfach ist das nicht, da alle Stellen sich immer klar darüber werden müssen, was genau unter Gaming Disorder zu verstehen ist.

Wenn wir uns noch einmal die Zahlen der DAK-Studie aus dem Jahr 2019 ansehen, dann werden hier ca. 3 Prozent der untersuchten Altersstufe als Risikogruppe eingestuft. An einer Schule mit 1000 Schüler*innen wären das statistisch betrachtet 30 Jugendliche. Eine ganze Klasse als Risikogruppe. Breit angelegte Präventionsprogramme, wie bei Problematiken von z.B. der Drogen- und Gewaltprävention, gibt es im Bereich Gamingsuchtprävention in Deutschland derzeit leider noch nicht.

Was ist eine gestörte Kontrolle über das Spielen?

„Über alle Spieloptionen (Computer-, Konsolen-, Tablet- und Smartphonespiele) gesehen, beträgt die durchschnittliche Spieldauer der 12- bis 19-Jährigen nach eigener Schätzung unter der Woche 103 Minuten pro Tag (125 Minuten am Wochenende). Im Vergleich zum Vorjahr zeigt sich ein deutlicher Anstieg der Spieldauer um mehr als 20 Prozent (2017 Mo-Fr: 84 Min.). Dieser signifikante Anstieg geht vermutlich mit der Beliebtheit des vor einem Jahr erschienenen und direkt sehr erfolgreichen Spieletitels Fortnite einher." (mpfs 2018: 58)

Das bedeutet, dass wir direkte Auswirkungen einzelner Spieltitel in der Statistik messen können. Die Industrie lernt von solchen Erfolgen und die Anforderungen an das Game-Design, die technische Umsetzung und das Marketing der Spiele werden sie immer wieder versuchen neu zu perfektionieren. Allerdings ist *Fortnite* ein Koop-Survival-Spiel und wie lange der derzeitige Hype anhält, ist ungewiss, denn Spielevorlieben ändern sich immer wieder und das erfolgreiche Genre von heute kann auch der Misserfolg von morgen sein.

Was allerdings bleibt, ist die Frage nach der Dauer und Intensität: Finden wir schnell genug medienpädagogische Antworten auf die jeweils angesagten Hypes, um Kinder und Jugendliche auch präventiv nicht in einen ungesunden Erfolgsdruck für das jeweils angesagte Spiel abgleiten zu lassen? Oder müssen wir aufgrund von Förderzyklen und langen Vorlaufzeiten den nächsten Hype abwarten und stets spontan darauf reagieren?

Bindungsfaktoren und Spielmechanismen

Angesichts der erhobenen Spielzeiten stellt sich die Frage, wie Computer- und Videospiele Gamer*innen auch über einen längeren Zeitraum in ihren Bann ziehen und welche Bindungsfaktoren und Spielmechanismen dabei eine besondere Rolle spielen. Der offensichtlichste Unterschied zu anderen Medienformaten ist die Möglichkeit, interaktiv in den Spielwelten zu agieren. Hierbei stellt das Spiel ständig neue Aufgaben oder Herausforderungen, auf die Spielende reagieren müssen, um weiterzukommen und einen

Spielerfolg zu erleben. Der Schwierigkeitsgrad steigt kontinuierlich an, um auch weiterhin neue Herausforderungen zu bieten und Erfolgserlebnisse zu ermöglichen. Stimmt das Verhältnis von Herausforderungen, Belohnungen und Erfolgserlebnissen, tauchen Spieler*innen in die Spielwelt ein und erleben ein sog. Flow-Erlebnis, ein positives emotionales Erleben, beim und durch das Spielen. In einem Flow-Erlebnis begegnet eine Person vor ihr liegenden Herausforderungen mit Einsatz der eigenen Fähigkeiten und wird bei Erfolg für die Leistung belohnt. Stimmt das Mischungsverhältnis zwischen Herausforderung, eigenem Können und Belohnung, steigt die Motivation und die nächste Aufgabe wird in Angriff genommen, um das Flow-Erleben aufrechtzuerhalten. So entsteht ein Schaffens- oder Tätigkeitsrausch. In der Tat ist kein anderes Medium besser dazu in der Lage, ein Flow-Erlebnis herbeizuführen, als ein Computer- und Videospiel, das aufgrund seiner Programmierung auf die Eingaben und das Vorankommen der Spielenden reagieren kann. Viele Spieledesigner*innen werden also versuchen, ein Spiel so zu programmieren, dass es Gamer*innen bindet und ein Flow-Erleben ermöglicht. Sie versuchen, die Spielmechanik so aufzubauen, dass die Bindungsfaktoren aufgehen und funktionieren. Ein Spiel, das dies nicht schafft, bietet in den Augen der Spielenden kein ausreichendes Preis-Leistungs-Verhältnis und wird im Markt-Konkurrenzkampf nicht bestehen.

Eine Erfolgskontrolle findet in Games unmittelbar und meist ohne Zeitversatz statt, d.h. eine Bewertung *von* und Belohnungen *für* die Leistungen erfolgen direkt und Spieler*innen erleben sich kontinuierlich als selbstwirksam (vgl. Klimmt/Hartmann 2006: 133-145). Dadurch lässt sich auch jederzeit messen, wie gut jemand im Spiel ist und andere Spieler*innen können ihre eigene Leistung mit denen der anderen abgleichen. Entscheidend für die Wahrnehmung des eigenen Spielerfolgs ist so auch, Anerkennung von anderen für die eigene Leistung zu erhalten. Da diese Leistung aber nur von jemandem eingeschätzt werden kann, der/die mit den Spielforderungen vertraut ist, erfolgt die Anerkennung nur innerhalb von Gamer*innen-Kreisen. Oder anders gesagt, Personen, die das Spiel nicht kennen, es nicht selbst gespielt haben und nicht wissen, auf was es im Spiel ankommt, werden keine Leistungsbewertung abgeben können. Bestätigungen erhalten und suchen Gamer*innen also bei Gleichgesinnten. In einer Studie für die Landesanstalt für Medien NRW äußern sich Vielspieler*innen dahingehend, dass die Hauptmotivationen für zeitintensives Gamen die sozialen Kontakte zu anderen Gamer*innen und die Anerkennung für die Leistungen innerhalb eines Spielkontextes ausmachen (vgl. Fritz/Lampert/Schmidt/Witting 2011: 234ff.). Die sozialen Kontakte zu anderen Gamer*innen ergeben sich natürlich auch aus dem gemeinsamen Spielen, ganz gleich, ob miteinander im Team oder im Wettstreit gegen andere.

Um sich im Wettbewerb zu behaupten, versuchen Spielefirmen also, ein Produkt auf den Markt zu bringen, das Spieler*innen stärker bindet als Konkurrenzprodukte. Das gelingt mit einer passenden Mischung der skizzierten Spielmechaniken. Manche gehen aber noch einen Schritt weiter und bedienen sich bestimmter Mechanismen, die aus der Glücksspielforschung bekannt sind und eine Bindung verstärken können. Und genau hier setzt die Kritik im Sinne einer möglichen Inkaufnahme von Abhängigkeiten an, die nicht nur aufseiten von Wissenschaft und Pädagogik laut wird, sondern auch unter Game-Designer*innen und in der Gaming-Community selbst sehr kontrovers diskutiert wird: Darf sich ein Computerspiel klassischer Glücksspielprinzipien bedienen, die offensichtlich nur der Spieler*innen-Bindung und der Gewinnmaximierung dienen? In dem Kontext sind vor allem folgende Aspekte zu diskutieren: Durch den zunehmenden Schwierigkeitsgrad eines Spiels verbessert sich der/die Spieler*in kontinuierlich. Herausforderungen, die zu Beginn noch gar nicht zu meistern sind, da den Spieler*innen die Spielfähigkeiten fehlen, werden immer greifbarer und eine Belohnung oder ein Spielerfolg sorgt für ein Flow-Erleben. Gleichzeitig werden die Spieler*innen darauf konditioniert, die eigenen Fähigkeiten stetig zu verbessern, um weitere Belohnungen für Spielhandlungen zu erhalten. Das Aufrechterhalten des Flows und das Erreichen der nächsten Belohnung werden zu impliziten Zielen und Konditionierung geht mit einer Bedürfnisbefriedigung einher.

Das eingangs erwähnte Spiel *Fortnite* folgt dem sog. „Battle-Royal-Prinzip", in dem Spieler*innen in direkter Auseinandersetzung gegeneinander antreten, bis nur noch eine Spielerin bzw. ein Spieler übrig bleibt und das Match gewinnt. Einen Überblick über das Battle-Royal-Genre gibt Tobias Nowak in einem Radio-Beitrag für WDR 5 (vgl. Nowak 2018). Eine kulturelle Hervorhebung erfuhr das Spielprinzip mit dem Romanzyklus *Die Tribute von Panem* bzw. mit seiner Kino-Verfilmung. Auch hier treten Kontrahent*innen auf einem immer enger werdenden Spielfeld gegeneinander an, versuchen, bessere Waffen zu bekommen, um sich gegen die anderen durchzusetzen. Entsprechende Ausrüstung liegt auf dem Spielfeld nach dem Zufallsprinzip verstreut und es ist Glückssache, welche Waffen Spieler*innen bekommen. Die direkte Wettkampf-Situation selbst sorgt für Anspannung und Adrenalin. Gewinnen werden letztlich diejenigen, die über die stärkeren Waffen und die meiste Spielerfahrung verfügen.

Das Glücksprinzip beim Ergattern besserer Ausrüstung lässt sich noch weiter ausbauen, wenn z.B. Kisten bzw. Boxen, sog. „Lootboxen", im Spiel gewonnen werden können, deren Inhalt unbekannt ist. Die Spieler*innen erhoffen sich, besondere Gegenstände zu erhalten und sind dafür durchaus bereit, für das Öffnen dieser Boxen Geld zu bezahlen (In-Game- bzw. In-App-Käufe). Ob tatsächlich etwas Besonderes in der Box versteckt ist, bleibt dem Zufall überlassen und ist demnach durchaus als glücksspielähnlich einzustufen. Dem Argument, dass kein Geld ausgezahlt wird, halten die Neuseeländischen Psychologen Drummond und Sauer entgegen:

> „Some legal definitions of gambling require that the aforementioned ability to cash out their winnings for money is present. However, we argue that this is a narrow definition of gambling because it fails to recognize the value created for players from the combination of scarcity of, and competitive advantage provided by, in-game items in the gaming environment. Nonetheless, even according to this strict interpretation of gambling, at least one in five (23%) of the games with loot boxes we sampled constituted a form of gambling." (Drummond/Sauer 2018: 3)

Das Lootbox-Prinzip ist insgesamt nicht neu, sowohl analog als auch digital, wenn wir uns z.B. Wundertüten oder Überraschungseier anschauen. Denn auch hier ist ungewiss, was man bekommt, auch wenn man den Eindruck hat, Einfluss nehmen zu können. Luke Clark vom Behavioural and Clinical Neuroscience Institute an der Cambridge University schreibt zu diesem Glücksspiel-Mechanismus:

> „Gambling games promote an 'illusion of control': the belief that the gambler can exert skill over an outcome that is actually defined by chance." (Clark 2007)

Die Erwartungshaltung ist sehr groß und die Enttäuschung meist auch, wenn die Inhalte ausgepackt sind. Dennoch sorgen Ungewissheit, Neugier und der Wunsch nach (Status-)Verbesserung dafür, dass die Produkte überhaupt gekauft werden, denn schließlich werden die wenigsten ein Überraschungsei nur wegen der Schokolade kaufen. Eine ausführliche Darstellung und Kritik von Glücksspiel-Prinzipien in Computerspielen nimmt der Autor und Software-Entwickler Peter Bright für das Internetportal arstechnica vor (vgl. Bright 2018).

Einen ganz anderen Aspekt beleuchtet der Autor und Multimedia-Künstler Eron Rauch in einem Beitrag für die Zeitschrift WASD (vgl. Rauch 2018). Er verknüpft Spielinhalte und Spielmechaniken mit den Merkmalen einer anderen Verhaltenssucht, der Arbeitssucht, und führt aus, dass Spieler*innen ähnliche Verhaltensmuster an den Tag legen. Wenn Games

Aspekte der Realität virtuell simulieren, ist es nicht verwunderlich, wenn sich Merkmale der Arbeitswelt in Spielen wiederfinden. Interessant ist seine Annahme, dass einerseits Personen, die an Arbeitssucht leiden, gezielt Spiele wählen, die die Mechanismen aufgreifen (Spieler*innen wählen lebenstypisch und kompensatorisch), dass die Wirkmechanismen sich andererseits aber auch wechselseitig verstärken können. Hier stellt sich die Frage nach der Henne und dem Ei und wie pädagogisch und therapeutisch darauf reagiert werden kann.

Warum wir auch digital spielen

Wenn wir über das menschliche Spielen sprechen, sprechen wir über eine Tätigkeit, die offensichtlich zivilisatorisch schon immer einen wichtigen und hohen Stellenwert hatte und, so wissen wir heute, eine unverzichtbare Grundlage für unsere psychische Entwicklung darstellt. Das Spielen weist immer einen Bezug zum Spielmaterial auf, schließlich spielt der Mensch meist mit Gegenständen wie einer Puppe, einem Instrument, einer Spielfigur, einem Fahrzeug oder auch einem Computer. Das bevorzugte Spielzeug spiegelt dabei auch immer den Zeitgeist wider. Das Computerspiel ist eines der vorherrschenden Mittel zur eigenen und gemeinsamen Auseinandersetzung mit der sogenannten dritten digitalen Revolution. Die mit dieser Revolution einhergehenden Veränderungen in der Wirtschafts- und Arbeitswelt, in Öffentlichkeit und Privatleben vollziehen sich in großer Geschwindigkeit und das digitale Spielzeug übernimmt damit auch eine Funktion. Eine Funktion, die Spiele schon immer, neben der Unterhaltungsfunktion, auch hatten: die Entschärfung unserer Ängste und unbewussten Vorbehalte vor zu großen Veränderungen. Ist der technologische Umbruch von mir persönlich zu meistern? Welche Erwartungshaltungen und Leistungsanforderungen kommen da auf mich zu? Wir finden in der Psychologie und der Psychoanalyse unzählige Beispiele für diese wichtige Funktion des Spiels. Menschen setzen sich im Spiel mit unbewussten oder auch echten Ängsten auseinander. Damit haben digitale Spiele heute auch eine wichtige Funktion und sind keinesfalls nur ein nutzloser Zeitvertreib für die Konsument*innen, als die sie häufig eingeordnet werden. Für exzessive Spieler*innen würde dann in erster Linie die Aufgabe bestehen, sich mit den Gründen für ihr übermäßiges Spielverhalten kritisch auseinanderzusetzen. Eine Klassifizierung als Krankheit des Nutzungsverhaltens im Spiel erschwert unserer Meinung nach die echte Ursachenforschung. Viele Untersuchungen verweisen deshalb auch immer auf ein schwieriges soziales Umfeld, kritische Lebenssituationen oder auf die Nutzung digitaler

Spiele zur Selbstmedikation bei manifesten Persönlichkeitsstörungen. Hier sind wir, die Autoren dieses Beitrags, uns allerdings auch untereinander nicht einig. Dagegen spricht, dass die oben beschriebenen Bindungsfaktoren in digitalen Spielen Sucht stärker begünstigen können, als dies in anderen Spielformen der Fall ist.

Auf der steten Suche nach dem Kompass – das Selbstverständnis der Medienpädagogik

Medienpädagog*innen fällt es nicht leicht, sich klar zu den beschriebenen Phänomenen zu positionieren und zu verhalten. Das liegt zum einen in der ständigen technischen und inhaltlichen Transformation digitaler Spiele begründet, deren Mechanik, Form und Ästhetik sich mit jedem Update ändern oder erweitern können. Da die beschriebenen Bindungsfaktoren ihre volle Wirkung erst im Zusammenspiel entwickeln, lassen sich viele Phänomene nachahmen, aber fast nie vollständig kopieren, was die Greifbarkeit von Games als „Suchtmittel" schwierig und eine Einschätzung im Vorfeld fast unmöglich macht. Schaut man sich z.B. den langjährigen Platzhirsch unter den Online-Rollenspielen *World of Warcraft* an, so lassen sich die Bindungsfaktoren des Spiels gut beschreiben. Dies hat aber trotzdem nicht dazu geführt, dass andere Spiele, die versuchten möglichst viele dieser erfolgreichen Faktoren zu kopieren, die gleiche Beliebtheit erzielen konnten.

Zum anderen fällt es Medienpädagog*innen auch deshalb schwer, weil Abhängigkeit immer individuell betrachtet werden muss. *Den* Spieler bzw. *die* Spielerin gibt es nicht, denn wie beschrieben, ist das Spielverhalten immer ein von persönlichen Vorlieben geprägtes. Damit sind auch die Spielelemente, die Spieler*innen besonders binden, äußerst individuell. Genau bei dieser individuellen Wirkung digitaler Spiele kommt die Medienpädagogik mit breit angelegten Projekten durch die Beschreibung des ICD11 der WHO an ihre Grenzen. Bis heute gibt es außerhalb der Institution Schule nur wenige brauchbare Instrumente, um die Wirksamkeit von medienpädagogischen Angeboten zu beschreiben und zu messen.

Das System Schule hat z.B. mit dem Medienkompetenzrahmen NRW versucht, den Begriff der Medienkompetenz aufzugliedern und auf den Bereich Schulunterricht anzuwenden (vgl. Medienkompetenzrahmen NRW 2018). Natürlich fällt einem kompetenzorientierten und altersgegliederten System wie der Schule die Beschreibung von Kompetenzbereichen leichter als in der offenen Kinder- und Jugendarbeit, in der viele klassische medienpädagogische Angebote verortet sind und deren Aufgabe es ist, Jugendliche bei der Persönlichkeitsentwicklung zu unterstützen. Die direkten Auswirkungen dieser Bemühungen sind natürlich schwer bis gar nicht direkt messbar und haben trotzdem Auswirkungen auf die Abhängigkeitsgefährdung Jugendlicher und junger Erwachsener.

Die Diagnosen von Kinderärzt*innen, Kindertherapeut*innen und Psycholog*innen aufgrund der Beschreibungen des ICD11 erfordern dagegen in der Zukunft viel stärkere individuelle Unterstützungsstrategien durch medienpädagogische Fachkräfte.

So beschäftigt sich z.B. eine Arbeitsgruppe der Evangelischen Jugendhilfe Godesheim in Bonn seit 2018 intensiv mit dem Thema „Digital Care" (vgl. Stadtgrenzenlos 2018). In der Arbeitsgruppe zur Entwicklung eines anamnestischen Instruments sind Fachkräfte verschiedener Bereiche vertreten, wie beispielsweise Psycholog*innen, Sozialpädagog*innen, Medienpädagog*innen und Vertreter*innen von Stadtgrenzenlos.

> „Ziel ist es, ein alltagstaugliches Handwerkszeug zu entwickeln, mit dessen Hilfe der Medienkompetenzrahmen eines jungen Menschen und sein Verhalten in der Medienwelt greifbar wird – durch gezielte Betrachtung wird deutlich, was der Einzelne mitbringt, auf welchen Brettern der digitalen Welt er sich sicher bewegt und welche Unterstützung er zur ‚digitalen Fitness' noch braucht. Punkte wie Nutzungsmotive, Anwendungskompetenzen, soziale Beziehungen, Werte und Normen, und einiges mehr, werden mit Hilfe determinierter Ankerwerte evaluiert – die Arbeitsgruppe bedient sich hierbei der Logik eines in der Einrichtung seit Jahren genutzten Evaluationsinstrumentes namens WIMES." (ebd.)

Anhand dieses Beispiels wird deutlich, dass die Logik und auch Finanzierung eines Systems sich als entscheidend für den Umgang mit dem Thema „Computerspielsucht" darstellt. Die Definition der Problemlage und die Festlegung eines normalen, funktionalen Verhaltens im Bezug auf digitale Spiele werden hier in einem bestehenden System getroffen.

Unabhängig vom System werden wir in der Zukunft differenzierte Ansätze für den Umgang mit dem Thema exzessiver digitaler Spielekonsum benötigen. Helbig führt dazu an, dass „das souveräne Handeln in einer mediatisierten Gesellschaft, die kritisch-reflexive Bewertung der Gegebenheiten und der selbstbestimmte Gebrauch von digitalen Medien die individuelle Ausprägung von Medienkompetenz erfordert. Wird ein Blick in die Aufgabenfelder der Kinder- und Jugendhilfe geworfen, zeigt sich, dass sich medienpädagogische Inhalte aktuell nur in wenigen Angeboten und Leistungen wiederfinden und die Förderung von Medienbildungsprozessen und Medienkompetenz noch am Anfang steht [...]. Die wenigen medienpädagogischen Projekte in der Sozialen Arbeit sind meist in offenen Angeboten der Kinder- und Jugendarbeit verortet, die gesetzlich dazu aufgefordert sind, die Entwicklung Jugendlicher zu einer eigenverantwortlichen und gemeinschaftsfähigen Persönlichkeit zu fördern" (§11 SGB VIII; vgl. Helbig 2017: 138).

Neben der klassischen jugendkulturellen Projektgestaltung zum Thema Computerspiele müssen sich Medienpädagog*innen stärker in die Ausgestaltung von differenziertem Präventionsmaterial einbringen, das über eine reine Warnung oder Aufklärung gegenüber dem Medium hinausgeht und stärker die individuelle Nutzung digitaler Spiele und Medien durch Jugendliche in den Blick nimmt. Dabei gilt es, nicht nur dem nächsten Hype hinterherzulaufen, sondern Materialien zu erstellen, die die grundlegenden und identifizierten Bindungsfaktoren von digitalen Spielen unabhängig von aktuellen Spielen analysieren und für Jugendliche greifbar machen.

In der Ausbildung von Medienpädagog*innen spielt die individuelle Beratung und individuelle medienpädagogische Arbeit mit Klient*innen in den Hilfen zur Erziehung bisher fast keine Rolle. Möchte die Medienpädagogik an dieser Stelle in der Zukunft eine Rolle spielen, müssen bestehende Konzepte übertragen und neue Konzepte entwickelt werden, die insbesondere Jugendlichen und jungen Erwachsenen direkte Hilfestellungen bieten.

Die bisherigen Konzepte nehmen digitale Spiele eher aus einem kultur- oder spielpädagogischen Blickwinkel wahr und nehmen die Prävention nur als einen Baustein in ihre Arbeit mit auf. Fraglich ist zudem, ob die bestehende Struktur der Projektförderung einer gelingenden, breit angelegten und nachhaltigen Prävention nicht im Weg steht, da individuelle Hilfen natürlich aufwendiger und dadurch kostenintensiver sind als zeitlich begrenzte Projekte, die zudem in der Regel immer wieder einen neuen Schwerpunkt oder einen innovativen Ansatz verfolgen müssen, wodurch langfristige Ansätze nur schwer umzusetzen sind.

Ein medienpädagogisches Arbeitsfeld wird auch in Zukunft die Aufklärung und Beratung von Eltern sein. Sie müssen über technische Aspekte wie Spielmechanismen, Spielgenres und Finanzierungsmodelle aufgeklärt werden und benötigen Beratung auf pädagogischer Ebene zu Spielzeiten-Regelungen, Interventionsmöglichkeiten und müssen auch dazu angeregt werden, sich ernsthaft für das Spielinteresse ihrer Kinder zu interessieren, vielleicht mal mitzuspielen, um mitdiskutieren zu können, ohne Gefahr zu laufen, den Anschluss an die digitale Lebenswelt der Heranwachsenden zu verlieren. Eine größere Bedeutung wird zukünftig der Kooperation mit Erziehungs- und Drogenberatungsstellen sowie behandelnden Therapeut*innen zukommen, um einen systemischen Ansatz in der Behandlung von exzessiver Mediennutzung überhaupt angehen zu können.

Fazit

Die Medienpädagogik steht angesichts des technischen Fortschritts und der fortschreitenden Digitalisierung aller Lebensbereiche vor vielen Fragen. Dies merkt man letztlich nicht nur an ungeklärten Fachtermini, sondern auch an einer mangelnden Differenzierung der Profession. Medienpädagog*innen müssen im Angesicht von medienpädagogischen Fragestellungen wie der Computerspielsucht bereit sein, mit anderen Fachrichtungen zusammenzuarbeiten und gemeinsam Hilfestellungen für die individuellen Probleme von Betroffenen zu entwickeln. Hierbei wird es in Zukunft auch um die Zuständigkeit im Hinblick auf bestimmte Problemstellungen gehen, für die klare Positionen und fachliche Differenzierungen notwendig sind. Wenn man sich die Ausbildung von Medienpädagog*innen in den verschiedenen Studiengängen jedoch anschaut, werden eher Alleskönner*innen auf die Arbeit vorbereitet, denn Spezialist*innen für verschiedene Arbeitsbereiche. Die Debatte um die Computerspielsucht gibt der Fachdisziplin Medienpädagogik die Chance, über ihr Selbstverständnis auch im Hinblick auf eine gesamtgesellschaftliche Entwicklung nachzudenken und sich darauf vorzubereiten, neben den Bereichen Schule und Jugendförderung auch vermehrt in anderen Bereichen der sozialen Arbeit ein Betätigungsfeld zu erhalten. Dies setzt jedoch gerade in der individuellen Hilfe eine andere Förderlogik der Medienpädagogik voraus, will man diese Entwicklung nicht komplett einem ökonomisch orientierten Markt überlassen.

Literatur

Alter, Adam (2017): Unwiderstehlich. Berlin Verlag.

Bright, Peter (2018): Op-ed: Game companies need to cut the crap—loot boxes are obviously gambling. arstechnica. Abrufbar unter: https://arstechnica.com/gaming/2018/05/op-ed-game-companies-need-to-cut-the-crap-loot-boxes-are-obviously-gambling/ [Stand: 21.03.2019].

Charité, AG Spielsucht (2019): Computerspiel – Merkmale, Selbsttest. Abrufbar unter: https://ag-spielsucht.charite.de/computerspiel/ [Stand: 21.03.2019].

Clark, Luke (2007): The psychology of gambling. Camebridge. Abrufbar unter: https://www.cam.ac.uk/research/news/the-psychology-of-gambling [Stand: 21.03.2019]

DAK (2019): Computerspiele: 465.000 Jugendliche sind Risiko-Gamer. Abrufbar unter: https://www.dak.de/dakonline/live/dak/bundes-themen/computerspielsucht-2053894.html [Stand: 21.03.2019].

Drummond, Aaron/Sauer, James D. (2018): Video game loot boxes are psychologically akin to gambling. In: nature – human behaviour. London: Macmillan Publishers Limited. Abrufbar unter: http://www.tascl.org/uploads/4/9/3/3/49339445/drummond_sauer_nhb_2018_loot_boxes.pdf [Stand: 21.03.2019].

Fritz, Jürgen/Lampert, Claudia/Schmidt, Jan-Hinrik/Witting, Tanja (Hrsg.) (2011): Kompetenzen und exzessive Nutzung bei Computerspielern: Gefordert, gefördert, gefährdet. Schriftenreihe Medienforschung der Landesanstalt für Medien NRW (LfM). Band 66. Berlin: Vistas. Abrufbar unter https://www.medienanstalt-nrw.de/foerderung/forschung/abgeschlossene-projekte/schriftenreihe-medienforschung/kompetenzen-und-exzessive-nutzung-bei-computerspielern.html [Stand: 21.03.2019].

Helbig, Christian: Die Mediatisierung professionellen Handelns – Zur Notwendigkeit von Handlungskompetenzen im Kontext digitaler Medien in der Sozialen Arbeit. In: MedienPädagogik: Zeitschrift für Theorie und Praxis der Medienbildung: Themenheft Nr. 27: Tagungsband: Spannungsfelder und blinde Flecken. Medienpädagogik zwischen Emanzipationsanspruch und Diskursvermeidung. Herausgegeben von Sven Kommer, Thorsten Junge und Christiane Rust. Abrufbar unter: https://www.medienpaed.com/article/download/484/467/ [Stand: 21.03.2019].

Klimmt, Christoph/Hartmann, Tilo (2006): Effectance, self-efficacy, and the motivation to play video games – Playing Video Games: Motives, Responses, and Consequences. In: Vorderer, P./Bryant, J. (Eds.): Playing video games: Motives, responses, and consequences. Mahwah, NJ, US: Lawrence Erlbaum Associates Publishers, 133-145. Abrufbar unter: https://www.researchgate.net/publication/284789921_Effectance_self-efficacy_and_the_motivation_to_play_video_games [Stand: 21.03.2019].

Medienkompetenzrahmen NRW (2018). LVR Zentrum für Medien und Bildung, Düsseldorf. Abrufbar unter: https://medienkompetenzrahmen.nrw.de [Stand: 21.03.2019].

mpfs – Medienpädagogischer Forschungsverbund Südwest (2018): JIM-Studie 2018 – Jugend, Information, Medien. Basisuntersuchung zum Medienumgang 12- bis 19-Jähriger. Stuttgart. Abrufbar unter: https://www.mpfs.de/fileadmin/files/Studien/JIM/2018/Studie/JIM2018_Gesamt.pdf [Stand: 21.03.2019].

Nowak, Tobias (2018): Das ‚Battle-Royal'-Genre. Radio-Beitrag für WDR5 Scala, 12.01.2018. Abrufbar unter: https://soundcloud.com/kollege-gamer/battle-royal [Stand: 21.03.2019].

Rauch, Eron (2017): Warum sich Spiele manchmal wie Arbeit anfühlen — und was wir dagegen tun können. In: WASD Magazin 12. München: Sea of Sundries Verlag. Abrufbar unter: https://wasd-magazin.de/wasd-12/leseprobe-warum-sich-spiele-manchmal-mit-arbeit-anfuehlen-und-was-wir-dagegen-tun-koennen/ [Stand: 21.03.2019].

Stadtgrenzenlos (2018): Digitaler Medienkonsum & Digital Care: Wie sich Hilfeformen weiterentwickeln. Abrufbar unter: https://stadtgrenzenlos.de/digitaler-medienkonsum-digital-care-wie-sich-hilfeformen-weiterentwickeln/ [Stand: 21.03.2019].

WHO ICD11 (2018): Gaming Disorder. Abrufbar unter: https://icd.who.int/browse11/l-m/en#/http://id.who.int/icd/entity/1448597234 [Stand: 21.03.2019].

Lizenz

Der Artikel steht unter der Creative Commons Lizenz **CC BY-SA 4.0.** Die Namen der Urheber sollen bei einer Weiterverwendung genannt werden. Wird das Material mit anderen Materialien zu etwas Neuem verbunden oder verschmolzen, sodass das ursprüngliche Material nicht mehr als solches erkennbar ist und die unterschiedlichen Materialien nicht mehr voneinander zu trennen sind, muss die bearbeitete Fassung bzw. das neue Werk unter derselben Lizenz wie das Original stehen. Details zur Lizenz: https://creativecommons.org/licenses/by-sa/4.0/legalcode

Judyta Smykowski im Interview mit Sabine Eder
Disability Mainstreaming?
Gleichstellung von Menschen mit Behinderung als Querschnittsaufgabe

Sie haben an der Universität der Künste in Berlin Kulturjournalismus und an der Hochschule in Darmstadt Onlinejournalismus studiert. Sie waren lange freie Autorin bei Leidmedien und sind dort inzwischen Projektleiterin, welches Thema beschäftigt Sie derzeit?

Derzeit beschäftigen wir uns viel mit der Barrierefreiheit von Kinofilmen. Ein weiteres Thema ist die authentische Rollenbesetzung von Charakteren mit Behinderung, denn leider ist es oft noch so, dass diese Rollen von nichtbehinderten Schauspieler*innen gespielt werden. Hier leisten wir Beratungsarbeit für Regisseur*innen.

Wie kann ich mir das vorstellen?

Wir haben z.B. bei dem Kinofilm *Die Goldfische,* der im März in die Kinos kam, beraten, bereits in der Phase des Drehbuchschreibens. Der Film ist das Kinodebüt des Regisseurs Alireza Golafshan und dreht sich um die Mitglieder einer Behinderten-WG, den „Goldfischen". Es geht in der Komödie um einen Banker, gespielt von Tom Schilling, der einen Autounfall hat und dann aufgrund einer Querschnittslähmung auf einen Rollstuhl angewiesen ist. Während der Reha lernt er andere Leute mit Behinderung, die WG, kennen und die freunden sich an. Im Film kommen also viele Charaktere mit Behinderung vor: ein Autist, eine blinde Frau und eine Frau mit Down-Syndom. Es wäre daher doch plausibel, wenn die Rollen auch authentisch besetzt werden würden, mit Menschen mit Behinderung. Aber nur eine Schauspielerin hat eine Behinderung und zwar Luisa Wöllisch, die das Down-Syndrom hat. Nun lässt sich ein Down-Syndrom ja auch schwer schauspielern, da ist es für den Regisseur schon mal naheliegend, auch wirklich authentisch zu besetzen. Anders ist es beim Rollstuhl, da heißt es ja schnell, in einen Rollstuhl kann sich jede und jeder reinsetzen und genau das ist unsere Kritik. Es stimmt, dass Schauspieler*innen jemand anderes als sich selbst verkörpern, verschiedene Berufe darstellen oder Figuren spielen. Aber es verbaut Schauspieler*innen mit einer echten Behinderung jede Menge Chancen, Rollenangebote wahrzunehmen.

Auf der anderen Seite ist nachvollziehbar, dass prominente Schauspieler wie Tom Schilling, der nicht behindert ist und die Hauptrolle des Rollstuhlfahrers spielt, wichtig sind als Publikumsmagneten. Aber wir wünschen uns, dass nach und nach die Besetzung authentischer wird. Wir haben auf Leidmedien.de Mythen gesammelt, die sich um Schauspieler*innen mit Behinderung und das Filmgeschäft ranken. Es lohnt sich da mal reinzuschauen: https://leidmedien.de/aktuelles/mythen-schauspieler-mit-behinderung/

In Ihrem Twitterfeed (@Jusmyk) las ich etwas über den Tyrion-Test[1]**, den der US-amerikanische Aktivist Andrew Pulrang entwickelt hat. Der Name des Tests bezieht sich auf den Charakter Tyrion Lannister aus der Serie *Game of Thrones*, gespielt vom kleinwüchsigen Schauspieler Peter Dinklage. In dem Test untersucht Pulrang, ob z.B. Figuren mit Behinderung nicht nur hilfsbedürftig und passiv, sondern auch aktiv und selbstermächtigt dargestellt werden. Beraten Sie auch in diese Richtung!?**

Genau. Im Film *Die Goldfische* haben wir weiterhin angeregt, am Plot etwas zu ändern und in den Begegnungen von nichtbehinderten und behinderten Leuten ein bisschen das Mitleid rauszunehmen. So begegnen sich die Figuren mehr auf Augenhöhe. Das entspricht ja auch den Aspekten, wie sie im Tyrion-Test genannt werden.

Und sind Sie auf den Regisseur Alireza Golafshan zugegangen oder hat er von sich aus um Rat gefragt?

Er ist auf uns zugekommen. All das ist nur möglich gewesen, weil der Drehbuchautor Alireza Golafshan eine große Bereitschaft gezeigt hat, sich über sein Werk auszutauschen.

Leidmedien setzt sich medienwirksam für Inklusion ein. Sagen Sie uns kurz etwas über den gewählten Namen des Projekts: „Leidmedien"?

Leidmedien ist ein Wortspiel, wir wenden uns an die Leitmedien und wollen, dass das Leiden aufhört. Vor allem dieser Floskel „jemand leidet an einer Behinderung oder an einer Krankheit" wollen wir etwas entgegensetzen. Denn man muss sich als Journalist*in stets fragen: Leidet die Person wirklich? Gleichzeitig sagen wir aber auch immer: Wenn es so ist, dass ein

Mensch leidet und das auch selbst so sagt, dann soll das so akzeptiert und weitergetragen werden. Es geht nicht darum, Behinderung oder Leid zu beschönigen oder zu verharmlosen. Es geht darum, das Journalist*innen einfach mehr zuhören und hinschauen und die eigenen Klischees und Schubladen in den Köpfen ablegen. Wir wünschen uns, dass sie sich wirklich darauf einlassen und verstehen, dass ein Leben mit Behinderung nicht per se schrecklich und traurig sein muss. Journalist*innen müssen dringend davon wegkommen, bei behinderten Menschen immer die Leidensgeschichte zu erzählen. Wir brauchen eine Berichterstattung, die aufzeigt, was dieser Mensch denn eigentlich bräuchte, um besser und gleichberechtigter leben zu können? Es ist wichtig, Barrieren zu benennen, die in der Umwelt und der Gesellschaft vorzufinden sind. Deshalb sollte die Berichterstattung nicht beim Einzelschicksal bleiben.

Seit 2009 ist hier in Deutschland die UN-Behindertenrechtskonvention (UN-BRK) geltendes Recht. Das bedeutet gleichberechtigte Teilhabe auch der zehn Millionen Menschen mit Behinderung am gesellschaftlichem Leben, unabhängig von Behinderung oder Behinderungsgrad. Wie ist denn Ihre Bilanz nach zehn Jahren UN-BRK? Ist Inklusion eine Schnecke?

Inklusion geht zu langsam voran. Die gleichberechtigte Teilhabe in nationales Recht umzuwandeln, da hinken wir auf jeden Fall hinterher. Dabei ist es eigentlich so einfach.

Behinderte Menschen sind auf die Kooperation der Gesellschaft angewiesen. Ziehen wir Bilanz nach zehn Jahren UN-BRK, sieht es düster aus. Das Deutsche Institut für Menschenrechte hat herausgefunden, dass jetzt mehr Menschen mit Behinderung in einem Heim untergebracht sind als noch vor zehn Jahren. Das heißt, es ist ein Rückschritt zu verzeichnen. Schauen wir die Inklusion im Kontext von Schule an, dann ist spürbar, wie gereizt die Menschen inzwischen reagieren. Allein das Wort Inklusion scheint Fronten zu verhärten, weil die Umsetzung eben Ideen und Einsatz braucht. Und dafür fehlt natürlich, wie so oft, auch das Geld.

Es muss sich vielmehr in den Köpfen ändern und wir müssen noch mehr dazu beitragen, dass Inklusion von Anfang an umgesetzt wird, denn dann wachsen behinderte und nichtbehinderte Menschen von vorneherein miteinander auf, sie gehen zusammen in die Kita, später in die Schule und nicht, wie es derzeit noch Realität ist, in getrennten Welten von Förder- und Regelschule. Auf dem Arbeitsmarkt sieht es auch nicht besser aus, weil es die Fortsetzung der Schulsituation ist. Getrennte Arbeits- und Werkstättenwelten vertiefen Berührungsängste. Die Menschen müssen erkennen, dass ihnen niemand etwas vom Kuchen wegnimmt, denn es ist für alle etwas da. Es geht bei unserem Einsatz für Inklusion schlicht darum, dass behinderte Menschen die Rechte bekommen, die ihnen auch zustehen.

Wie kann so etwas möglich sein, wenn wir seit zehn Jahren die UN-BR-Konvention haben? Braucht es mehr Aktivisten wie z.B. Raul Krauthausen? Wie schaffen wir eine Gegenöffentlichkeit?

Wir müssen mehr Aufmerksamkeit schaffen, ganz klar. Unser Gründer Raul Krauthausen hat Kontakt mit Politiker*innen und spricht viel mit ihnen. Er ist auch aktiv auf vielen Demos, aber wir müssen noch viel mehr die Zivilgesellschaft aktivieren und auf die Aspekte der Inklusion aufmerksam machen, dafür sensibilisieren und die Herausforderungen angehen.

Da kann Bildungsarbeit sicher einen wichtigen Beitrag leisten, z.B. durch medienpädagogische Projekte, wie sie auch die GMK durchführt, bei denen Menschen mit und ohne Behinderung zusammenkommen, die vielleicht sonst nicht zusammen gekommen wären. Aber muss das nicht doch gesetzlich noch mehr verankert werden?

Gesetzlich ist es verankert. Im Grundgesetz steht, dass wir alle gleich sind und dass niemand aufgrund einer Behinderung diskriminiert werden darf. Es fehlt leider zu oft der Wille, das Gesetz umzusetzen und zu leben.

Sie waren in Bremen auf dem GMK-Forum und haben einen hervorragenden Vortrag über „Disability Mainstreaming" gehalten.[2] Können Sie den Leser*innen erläutern, was darunter zu verstehen ist?

Danke. Ja, ich habe ein sehr gutes Feedback bekommen für meinen Vortrag, dass er sehr lebensnah war, was mich sehr gefreut hat. Und ja, Disability Mainstreaming ist was Lebensnahes, auch wenn der Begriff vielleicht erst einmal sperrig wirkt.

Disability Mainstreaming besagt, dass Leute mit Behinderung von Anfang dabei sind, um von Anfang an ein Projekt oder Produkt inklusiv zu gestalten. Zum Beispiel kommen Firmen oder große Konzerne dadurch, dass sie Menschen mit Behinderung beschäftigen, auf völlig andere Designideen. Nehmen wir als Beispiel IKEA. Das bekannte Möbelhaus hatte einige Behindertenrechtsorganisationen um Rat gefragt bezüglich ihrer Bedürfnisse, die sie an Möbel stellen. Die Anregungen hat IKEA bei der Produktion der

Möbel bedacht und Erweiterungen geschaffen, z.B. Knäufe mit besserer Griffigkeit oder auch Podeste, durch die Möbel höhenverstellbar gemacht werden können. Diese Erweiterungen sind also in einer Art „Projekt" mit der Expertise von Menschen mit Behinderungen entstanden. Das ist schon nicht schlecht, aber: Disability Mainstreaming setzt einen Schritt vorher an. Wenn bei IKEA von vornherein eine bestimmte Anzahl an Menschen mit Behinderung arbeiten würde, dann könnte das Unternehmen kontinuierlich von diesem diversen Wissen profitieren. Es gäbe keine Sonderprojekte, sondern die inklusive Designlinie würde immer mitgedacht werden und gehörte selbstverständlich immer mit dazu. Ein gutes Beispiel kommt vom Leuchtmittelhersteller Osram. In einem Werbespot wurde die Arbeit eines Fotografen gezeigt. Der benötigt für seine Arbeit gutes Licht. Und so erläutert der Fotograf im Spot, welchen Einfluss Licht auf sein Berufsleben hat. Dass der Fotograf auch im Rollstuhl sitzt, wird im Clip nicht thematisiert, es geht nur um die Expertise des Fotografen zum Thema Licht und das ist Disability Mainstreaming.

Schlägt das auch manchmal um, dass die Firmen Themen wie Behinderung oder Diversität nutzen um „in" zu sein?

Aufmerksamkeit ist grundsätzlich gut, aber ja, Diversität ist auch so ein Schlagwort, es ist in aller Munde und nicht immer ist klar, was damit gemeint ist. Es gibt manche Firmen, die damit Frauen meinen, andere meinen Menschen mit Migrationsgeschichte. Wir würden uns natürlich wünschen, dass Diversität und Vielfalt alle Menschen mit einschließt und dass für alle Bedürfnisse Lösungen gefunden werden. Ich finde es gut, dass die Begriffe auch von großen Firmen in den Mund genommen werden. In den sozialen Medien merkt man, dass der Begriff Diversität „cooler" wird. Aber das ist natürlich immer noch zu wenig, man muss Diversität leben und man kann es auch nur leben, wenn man selber divers ist als Team. Wenn von Anfang an Mitarbeitende dabei wären, die sich das ganze Leben damit beschäftigt haben, dann wäre da vielmehr möglich. Gleichzeitig sind Menschen mit Behinderung nicht immer nur dafür da, auf sich und ihre Bedürfnisse aufmerksam machen zu müssen. In einer inklusiven Gesellschaft würden wir alle sensibler für die Bedürfnisse der Mitmenschen sein.

Klar, Betroffene sind ganz nah dran, aber setzen sich nicht auch manches Mal Menschen, die selbst gar nicht betroffen, sondern vielleicht mit einem behinderten Bruder aufgewachsen sind, viel stärker für Di-

versität ein, als manche Rollstuhlfahrer*innen es tun (sollten), ähnlich dem Prinzip, dass Frauen sich nicht per se für Frauenrechte einsetzen?

Klar. Wenn man miteinander aufwächst, ist man sensibler dafür. Wie oft höre ich von Leuten: Seitdem ich dich kenne, achte ich mehr auf Bordsteinkanten, defekte Aufzüge usw. Man kann aber auch nicht von Leuten verlangen, dass sie alle Bedürfnisse auf dem Schirm haben. Wenn man ein vielfältiges Umfeld hat, ist man sensibler dafür. Natürlich hat nicht jeder behinderte Mensch die Lust und die Kraft, ständig gegen Ungerechtigkeiten zu kämpfen. Genauso wenig ist es die Aufgabe eines Menschen mit Migrationsgeschichte, immer auf dem Diversityportal des Unternehmens als das eine Feigenblatt zu fungieren. Es muss gemeinsam gelebt werden. Die Mehrheitsgesellschaft muss mitmachen, denn ohne sie schaffen wir es nicht.

Auf sozialhelden.de wird die App Wheelmap vorgestellt. Nutzen Sie diese auch?

Auf jeden Fall die Wheelmap (https://wheelmap.org/), die gebrauche ich im täglichen Leben als Rollstuhlfahrerin. Ich nutze sie, wenn ich an einen neuen Ort gehe, in eine neue Bar oder in ein neues Kino, in dem ich vorher noch nicht war. In der Wheelmap kann ich checken, ob die Örtlichkeit rollstuhlgerecht ist oder nicht.

Gibt es denn weitere Projekte oder Apps, die gerade realisiert werden?

Das neuste Projekt ist *TV für alle* (https://tvfueralle.de/), das ist eine elektronische Programmzeitschrift für barrierefreie Angebote. Die Öffentlich-Rechtlichen haben die Verpflichtung, barrierefrei zu sein, in bestimmten Teilen. Teilweise waren die Sendungen, die mit Untertitel oder Audiodeskription versehen sind, nicht auffindbar oder Zuschauenden war nicht klar, wie diese anzuschalten sind. Deswegen haben wir die barrierefreie Fernseh-Programmzeitschrift gemacht. Darin informieren wir darüber, welche Sendungen barrierefrei sind. Leider gibt es noch große Unterschiede zwischen dem öffentlich-rechtlichen und dem privaten Rundfunk, weil letztere sehr wenige barrierefreie Sendungen haben. Aber auch Leute mit Behinderung haben, das sagte schon Ingo Bosse, ein Recht darauf, Unterhaltungssendungen, wie z.B. *Bauer sucht Frau*, barrierefrei zu gucken und nicht nur die Nachrichten, aber leider ist das noch lange nicht umgesetzt.

Sie nannten eben Dr. Ingo Bosse, einen der Fachgruppensprechenden der GMK-Fachgruppe Inklusive Medienbildung. Damit komme ich auf das GMK Positionspapier „Medienbildung inklusiv gestalten" (siehe S. 207 in diesem Band) zu sprechen, bei dem Sie auch beratend zur Seite standen. Was war Ihnen dabei ein Anliegen?

Mir war wichtig, dass im Papier steht, dass durch Medien Teilhabe ermöglicht wird. Daher müssen Medien barrierefrei zugänglich sein. Es ist zudem äußerst wichtig, dass Menschen mit Behinderung auch selber professionell Medien machen und das wurde dann auch ergänzt. Behinderte Kinder müssen auch Menschen in den Medien sehen, die eine Behinderung haben, die also genauso sind wie sie selbst, ob als Schauspieler*innen oder Nachrichtensprecher*innen. Solche Vorbilder sind unentbehrlich, dann erkennen Kinder vor den Bildschirmen: „Das könnte ich später auch mal machen, das kann ich auch schaffen, den Weg in die Medien, auch mit einer Behinderung." Kinder brauchen diverse Vorbilder, nicht nur nichtbehinderte weiße Menschen, das war mir ein großes Anliegen. Ich finde aber auch, dass die neuen, jungen Medien wie *funk, ze.tt* oder *bento* des Öfteren Themen haben, die auch für und mit Menschen mit Behinderung gemacht werden und diese dort öfter zu Wort kommen.

Wo sehen Sie Bedarfe in der inklusiven medienpädagogischen Arbeit. Was sollten wir noch mehr in den Blick nehmen?

Inklusive Projekte, wie z.B. Filmprojekte, sind sehr wichtig. Da entstehen so großartige Filme. Es ist aber auch erforderlich, dass Kinder in einem Filmprojekt etwas über die Wichtigkeit und die Notwendigkeit von Untertiteln lernen, das sollte immer dazu gehören. Es muss erwähnt werden, was Barrierefreiheit bedeutet, dass es Leute gibt, die nicht hören oder sehen können. So werden die Schüler*innen sensibel dafür, dass es Leute gibt, die taub sind, oder dass manche Leute beim Filmsehen gerne einen Untertitel mitlesen, da sie z.B. weniger gut Deutsch sprechen. Wenn die Filmcrew von Beginn an aus behinderten und nichtbehinderten Schüler*innen besteht, dann ploppen diese Themen ganz automatisch auf. Dann können die Teams gemeinsam am Set arbeiten und z.B. für einen Dreh auch mal externe Leute mit Behinderung einladen oder Menschen mit Rassismus-Erfahrung, die vor einer Klasse davon berichten. Solche Leute, die Expert*innen in eigener Sache sind und davon erzählen können, brauchen wir viel mehr im Schulalltag. Übrigens, auf Leidmedien.de gibt es Tipps und FAQs, auch für Interview-Situationen mit behinderten Menschen.

Wir (Blickwechsel e.V.) machen ja auch oft Filmprojekte an Förderschulen. Ich selbst finde es nicht immer leicht zu entscheiden, wie ich mit Kindern und Jugendlichen umgehe, die eine geistige Behinderung plus eine Sinnesbehinderung haben. Diese Beeinträchtigungen bringen mit sich, dass sie gar nicht unbedingt verstehen, was am Set passiert oder passieren soll. Wie entscheide ich dann, welche Aufgaben oder Rollen sie übernehmen können? Meistens ist es so, dass die Mitschüler*innen da eine große Hilfe sind und für die jeweiligen Mitschüler*innen Entscheidungen treffen. Aber unsicher macht das schon, ob wir da nicht ab und zu über die Köpfe der Jugendlichen hinweg entscheiden, was gut für sie ist oder ihnen gefallen könnte. Das ist ja eine hohe Verantwortung, die Medienpädagog*innen hier haben. Haben Sie dazu einen Tipp?

Na, es hört sich aber so an, als würden die Klassenkamerad*innen sich gegenseitig gut kennen, auch was ihre Beeinträchtigungen mit sich bringen. Und die Lehrer*innen oder die Betreuer*innen als Bezugspersonen würden ja auch eingreifen oder sie können beraten. Aber das Kommunizieren Miteinander und das Achten der Bedürfnisse sollten an erster Stelle stehen.

Filmbilder, die erzeugt werden, folgen den ästhetischen Vorgaben der Schüler*innen. Sie drehen Szenen immer wieder, bis sie ihnen gefallen. Dabei können sie Illusionen erzeugen, Einzelheiten beschönigen, weglassen, hinzufügen Aber es gibt Situationen, denen sie sich nicht beugen können. Bei einem der letzten Filmprojekte haben wir bei einem Mädchen, deren Speichelfluss nicht kontrollierbar ist, die Aufnahmen so erzeugt, dass dies im Film nicht zu sehen ist. Aber wie weit sollte man da gehen? Vergeben wir da nicht die Chance, Bilder von Behinderungen als solche auch wahrnehmbar zu machen?

Genau. Ich glaube auch, je mehr wir von diesen Bildern haben, desto weniger seltsam wird es. Aber wenn die Kinder sich von ihrer guten Seite zeigen wollen, kann das ja ein Maßstab sein. Wir würden uns ja auch die Haare kämmen, wenn wir zu einem Fotoshooting gehen würden. Bei Schüler*innen, die sich mitteilen, ist das einfacher zu klären, bei Schüler*innen, die das nicht können, sollte ein guter Mittelweg gefunden werden, gemeinsam mit den Leuten, die diese Person auch besser kennen. In unserer inklusiven Bilddatenbank gesellschaftsbilder.de geben wir ein paar gute Tipps und Grundsätze für Fotos, die vielfältig sind und nicht immer die Klischees bedienen.

Also den Kindern und Jugendlichen einfach die Möglichkeit zu geben, guck mal, ist das Bild so okay und wenn jemand das nicht selber entscheiden kann, gemeinsam zu schauen, ob das bleiben kann oder neu gedreht werden muss. **Die Schüler*innen sagen das ja ganz locker und selbstverständlich, da müssen die Medienpädagog*innen einfach hinhören. Respektvoll miteinander umgehen, da ist es.**

Ja, genau. Wichtig ist die Frage: Wie möchte ich selber dargestellt werden? Bei verschiedenen Gruppen gibt es auch immer so den Tipp, das behinderte Kind nicht gerade am Ende des Flurs alleine stehen zu lassen, wenn eine Filmsequenz gedreht wird, sondern sie in Aktion zu zeigen. Dafür braucht man natürlich einen guten Klassenverbund. Und wichtig ist es auch, die Berührungsängste zu verlieren, wenn zum Beispiel ein Gruppenfoto erstellt wird, mit Kindern im Rollstuhl, dass man auch wirklich den Mut hat, nah dran zu gehen und nicht einen Sicherheitsabstand zu halten, weil Berührungsängste da sind. Die sollten wir ablegen, dann gehen wir schon einen großen Schritt in die richtige Richtung.

Das Interview führte Sabine Eder.

Anmerkungen

1 https://ze.tt/frauen-oder-menschen-mit-behinderung-wie-divers-ist-game-of-thrones-wirklich/ [Stand: 26.08.2019]
2 https://www.gmk-net.de/gmk-tagungen/forum-kommunikationskultur/forum-kommunikationskultur-2018/ [Stand: 26.08.2019]

Lizenz

Der Artikel steht unter der Creative Commons Lizenz **CC BY-SA 4.0.** Die Namen der Urheberinnen sollen bei einer Weiterverwendung genannt werden. Wird das Material mit anderen Materialien zu etwas Neuem verbunden oder verschmolzen, sodass das ursprüngliche Material nicht mehr als solches erkennbar ist und die unterschiedlichen Materialien nicht mehr voneinander zu trennen sind, muss die bearbeitete Fassung bzw. das neue Werk unter derselben Lizenz wie das Original stehen. Details zur Lizenz: https://creativecommons.org/licenses/by-sa/4.0/legalcode

3. Empirische Zugänge

Ingrid Paus-Hasebrink
Teilhabe unter erschwerten Bedingungen – Mediensozialisation sozial benachteiligter Heranwachsender
Zur Langzeitstudie von 2005 bis 2017

Fragestellung der Langzeitstudie und theoretische Basis

Aufwachsen heute heißt Aufwachsen mit Medien, Sozialisation ist damit auch mediatisierte Sozialisation. Medien sind Teil unserer Alltagspraxis, sie konstituieren den Alltag mit und bringen neue Praktiken hervor – den Alltag zu leben bedeutet damit auch, mithilfe von Medien zu leben. Heranwachsende müssen lernen, mit einer doppelten, sich eng miteinander verflechtenden Dynamik umzugehen: Diese bezieht sich zum einen auf die sich im Rahmen medial-technischer Wandlungsprozesse, wie etwa Digitalisierung und Konvergenz, dynamisch verändernden Mediendienste und Medienangebote und zum anderen auf die sich ebenfalls dynamisch vollziehende Entwicklung im Rahmen der Sozialisation. Die Sozialisation vollzieht sich dabei stets im Kontext der Lebensführung, der Alltagspraktiken von Individuen, an ihren je spezifischen sozialen Orten. In diesem Zusammenhang gewinnt auch der Begriff des „digital divide" bzw. des „second level digital divide" (Hargittai 2002) an Relevanz; er legt nahe, dass auch die Ressourcen zur gesellschaftlichen Partizipation über Medien ungleich verteilt sind – ebenso wie, und damit aufs Engste verflochten, die sozialen und kulturellen Ressourcen bei unterschiedlichen sozialen Gruppen.

Was heißt aber Aufwachsen in sozial benachteiligten Lebenslagen für Kinder, für ihre Sozialisation und damit auch ihre Partizipationschancen an der Gesellschaft und welche Rolle spielen Medien in diesem Zusammenhang? Dieser Frage geht eine Langzeitstudie bei sozial benachteiligten Heranwachsenden über zwölf Jahre (2005 bis 2017) in Österreich nach (vgl. Paus-Hasebrink 2017a; Paus-Hasebrink/Kulterer/Sinner 2019). Wie aus der Studie „Equity in Education" (vgl. OECD 2018: 78ff.) hervorgeht, ist gerade in Österreich und Deutschland im internationalen Vergleich die Bildungsmobilität sehr gering. Mehr als die Hälfte der Erwachsenen erreichen keinen höheren Bildungsstatus als ihre Eltern, nur einem von drei Erwachsenen gelingt es, sich im Vergleich zu seinen Eltern zu verbessern. Auf diese Weise wird „die objektive Struktur sozial ungleicher Handlungsbedingungen transformiert in die subjektive Struktur divergierender Lebensentwürfe" (Weiß 2000: 49). Dabei handelt es sich um einen komplexen, von der formalen Bildung, dem Geschlecht und damit verbundener Körperlichkeit des/der je Einzelnen mitbestimmten psycho-sozialen Prozess der Identitätsbildung und Identitätsbehauptung.

Die Ausbildung und stete Bearbeitung des Selbstbildes findet statt im Prozess der lebenslangen Identitätsentwicklung eines Menschen; diese ist nicht mit dem Ende der Kindheit oder Jugend abgeschlossen, sondern steht im Zusammenhang mit einer Vielzahl von unterschiedlichen situativen Gegebenheiten, denen ein Mensch im Laufe seines Lebens ausgesetzt ist. Das Konzept der „developmental tasks" von Havighurst (1972) weist auf diesen Zusammenhang hin: Ein Mensch muss im Laufe seines Lebens seine Handlungskompetenz immer wieder neu unter Beweis stellen, indem er spezifische biographisch geprägte Entwicklungs- oder Lebensaufgaben bewältigt.

Das Konzept der Entwicklungs- bzw. Lebensaufgaben (vgl. Paus-Hasebrink 2018a) verbindet Individuum und Umwelt, setzt kulturelle Anforderungen mit individueller Leistungsfähigkeit in Beziehung und betont die Handlungsfähigkeit von Individuen.

Um Sozialisationsprozesse in ihrer Komplexität untersuchen zu können, wurden im Rahmen der hier vorgestellten Studie drei analytische Konzepte entwickelt: die *Handlungsoptionen*, *Handlungsentwürfe* und *Handlungskompetenzen* (vgl. Paus-Hasebrink 2018a).

- *Handlungsoptionen* bezeichnen das für das Individuum, seine Geschwister und seine Eltern in der Familie faktisch existierende Arrangement der objektiven Merkmale der sozialen Lebenslage – sie bedeuten eine Anordnung von Ermöglichungen und Beschränkungen.
- *Handlungsentwürfe* kennzeichnen die Ziele und Pläne, die sich bei einem Kind und seinen Bezugspersonen in seiner Familie beobachten lassen. Handlungsentwürfe sind das, was einzelne Menschen aus dem Zusammenspiel der gegebenen Bedingungen und ihres jeweiligen „Eigensinns" als ihren Lebensplan entwickeln.
- *Handlungskompetenzen* bezeichnen, wie sich die dem Einzelnen zugänglichen materiellen, kulturellen und sozialen Ressourcen seines Milieus zur Umsetzung seiner Lebensentwürfe in den kognitiven und motivationalen Voraussetzungen seines Handelns und damit in seinen Handlungspraktiken niedergeschlagen haben. Die Handlungskompetenzen eines Kindes oder seiner Eltern hängen eng zusammen mit ihren

Handlungsentwürfen und diese mit den Handlungsoptionen im sozialen Milieu, also der sozialen Lage.

Zur Untersuchung kommunikativer Praktiken in der Familie

Während des Forschungsprozesses hat sich ganz deutlich gezeigt: Sozialisationsforschung und damit auch die Frage nach der Rolle von Medien in der Sozialisation, d. h. wie sich mediale und non-mediale kommunikative Praktiken entwickeln, muss auch Familienforschung sein. Nach Ien Ang lassen sich kommunikative Praktiken nur beschreiben als „a contextual framework of a heterogeneous and variable field of domestic practices" (Ang 2006: 165). Bei diesen Praktiken – den Praktiken der Lebensführung – handelt es sich um einen sich dynamisch und affektiv (vgl. Laible/Thomson/Froimson 2015: 35) vollziehenden, unter allen Beteiligten stets neu auszuhandelnden und neu zu konstituierenden alltäglichen Prozess der Gestaltung von Familienbeziehungen. Die Familie oder Kernbeziehungsgruppe stellt die Basis für die (Medien-)Sozialisation eines Kindes dar.

Wie die Familienmitglieder ihre jeweiligen Lebens- und Entwicklungsaufgaben bewältigen (können), prägt die spezifische Lebensführung der Familie und schlägt sich nieder in ihrem jeweiligen *doing family* (vgl. Morgan 2011; Jurczyk/Lange/Thiessen 2014), das heißt in welcher Art und Weise die Familienmitglieder konkret zusammenleben, wie ihre Handlungspraktiken aussehen, wie sie sich jeweils zueinander in Beziehung setzen, ob mit Respekt und Verständnis füreinander oder eher geprägt von gegenseitigen Verletzungen oder auch Missachtung. Die Art des Zusammenlebens prägt wiederum das Familienklima. Ihm kommt eine „Schlüsselfunktion" für das Aufwachsen von Kindern zu (Walper/Riedel 2011: 15).

In der Langzeitstudie wurden die folgenden Ebenen bei insgesamt 20 (ab der zweiten Erhebungswelle noch 18) sozial benachteiligten Familien (vgl. dazu ausführlicher Paus-Hasebrink/Bichler 2008: 132-141) vor dem beschriebenen theoretischen Hintergrund im Zusammenhang betrachtet:

- ■ Auf der Makro-Ebene finden sich die sozial-strukturell relevanten Faktoren wie Einkommen und Bildung der Eltern; sie bestimmen das soziale Milieu von Familien, das heißt ihre von der sozialen Lage geprägten Lebensbedingungen, in entscheidender Weise mit. Aber auch wirtschaftliche, soziale, kulturelle und mediale Kontexte eines Landes sind relevant.
- ■ Auf der Meso-Ebene, der Ebene der Familie mit ihren spezifischen Beziehungsstrukturen zwischen Eltern und Kind(ern) sowie Geschwis-

tern, aber auch Angehörigen der entfernteren Familie, stellt sich die Frage nach den sozialen Ressourcen der Familie in Abhängigkeit zu ihrer makro-strukturellen Verankerung. Nicht zu vergessen ist, dass als Teil des sozialen Netzwerks auch die Freunde der Eltern sowie ihre Nachbar*innen und mit zunehmendem Alter der Kinder insbesondere deren eigene Freund*innen und Peers große Bedeutung gewinnen.

■ Auf der Mikro-Ebene, also der Ebene des jeweiligen im Zentrum der Untersuchung stehenden Kindes, sind die Aspekte Alter und Geschlecht eines Kindes und seine damit verbundenen spezifischen Entwicklungsaufgaben relevant, ebenso wie sein davon mitbestimmter Medienumgang. Dieses Konglomerat stellt einen zentralen Teilaspekt des Gesamtforschungsfeldes dar.

Zur Methodik der Studie

Zur Erhebung und Auswertung wurden unterschiedliche Methoden herangezogen: Fragebögen zum Einkommen, zum Bildungsgrad, zur Wohnsituation etc. sowie Beobachtungsbögen zur Lebensführung und zum *doing family* der Familie. Sie dienten der Charakterisierung der Befragten in der Erhebungssituation, aber auch der Beschreibung der Wohnung und der Medienausstattung sowie des Zusammenlebens der Familien. Das Kernstück der Studie bildeten qualitative Leitfadeninterviews mit Eltern und ihren zu Beginn der Studie ca. fünfjährigen Jungen und Mädchen. Um später auch die Relevanz von neuen technischen Medienentwicklungen für die jungen Leute erfassen zu können, wurden ab der fünften Welle einige Methoden ergänzt. Mithilfe der Methode des „Lauten Denkens" beschrieben die Heranwachsenden, welche Rolle ihre Lieblingsanwendungen im Internet, vor allem ihre Lieblings-Social-Networking-Sites für sie spielen. Das Zeichnen der Netzwerkkarten von Jungen und Mädchen diente dazu, dass sich die jungen Menschen selbst in den Mittelpunkt stellten und Personen ebenso wie Medienangebote nach ihrer Relevanz für ihren Alltag zuordneten. Mit Blick auf den Trend zur zunehmend privaten Mediennutzung im eigenen Zimmer wurden die Jugendlichen gebeten, Fotografien von der Lieblingsecke ihres Zimmers anzufertigen und ebenfalls ihren liebsten Platz für die Mediennutzung zu dokumentieren.

Das umfangreiche Datenmaterial aus insgesamt sechs Erhebungswellen, die jeweils in einem bestimmten Lebensabschnitt eines Kindes stattfanden und einer telefonischen Nachbefragung, wurde in unterschiedlichen, aufeinander aufbauenden Schritten ausgewertet: Den ersten Schritt der Datenanalyse bildete die Transkription und sorgfältige Anonymisierung der Einzelinterviews. Um die Authentizität der Gespräche so weit wie möglich zu erhalten, wurde die dialektbezogene Färbung der Sprache mit transkribiert. In Anlehnung an das thematische Codieren nach Flick (2013) wurde anschließend mit MAXQDA codiert, zu Beginn an einem Interview induktiv aus dem Interviewmaterial heraus und anschließend wurde aus den theoretischen Vorannahmen deduktiv ein Kategoriensystem (Codewortbaum) entwickelt. Die Codierung erfolgte themen- und sinnspezifisch. Für die weiteren Untersuchungswellen wurden dieselben Codewortbäume herangezogen und jeweils vorsichtig aktualisiert. Es erwies sich als notwendig, soziale, psychologische und lebensweltliche Entwicklungen, wie etwa die Entwicklung der Sexualität oder den Übergang von Schule zu Ausbildung und Beruf, zu berücksichtigen und Aktualisierungen im Codewortbaum vorzunehmen.

Um sich dem subjektiven Sinn der Mediennutzung der Heranwachsenden im Kontext ihrer (familiären) Lebensbedingungen anzunähern, wurde das Datenmaterial der Leitfadeninterviews in einem zweistufigen Verfahren ausgewertet. Im ersten Schritt der fokussierten Analyse erfolgte die Ausdifferenzierung besonders relevanter Themenaspekte sowie deren fallübergreifende Untersuchung und Verknüpfungen entlang der Kategorien der Codewortbäume. Die fokussierte Analyse aller Kinder- und Elterninterviews ermöglichte einen ersten Überblick über die Familien des Panels. Mithilfe der über die Jahre begleitenden Literaturanalysen zu einschlägigen Arbeiten war es so möglich, eigene Ergebnisse vorsichtig in einen größeren Kontext einzuordnen.

Die kontextuelle Analyse diente zur Erstellung vertiefender Einzelfallanalysen eines Kindes und seines Medienhandelns vor seinem lebensweltlichen Hintergrund mit Blick auf seine Bezugspersonen. Dazu wurden nach Abschluss der zweiten Erhebungswelle neun, später zehn, im Sinne der Forschungsfrage besonders aussagekräftige Familien als Fallbeispiele ausgewählt und kontextuell analysiert. Seit dem Abschluss der vierten Erhebungswelle wurden aufgrund der mit der Zeit entstandenen Materialfülle für alle weiteren Familien übergreifende Steckbriefe über alle Erhebungswellen erstellt. Für die kontextuelle Analyse wurden alle schriftlichen Aufzeichnungen der Interviewer*innen sowie die Antworten des/der Erziehungsberechtigten in einem Fragebogen zur Lebens- und Wohnsituation der Familie herangezogen und zu Familienprofilen verdichtet und über die Jahre stets von zumindest zwei Projektbeteiligten fortgeschrieben.

Ausgewählte Ergebnisse

Kindergarten und Grundschulzeit

Bereits in den ersten beiden Erhebungswellen, als sich die Kinder noch im Vorschul- oder Grundschulalter befanden, hatte insbesondere das Fernsehen eine große Bedeutung – für die Kinder als verlässlicher Begleiter, für die Eltern oftmals als Babysitter. 2005, während der ersten Erhebungswelle, als die Kinder zwischen fünf und sechs Jahre alt waren, spielten Computer und Internet noch keine wichtige Rolle. Dies würde heute sicher anders aussehen, besonders im Hinblick auf die Nutzung von Tablets und Smartphones. Mit dem Schulbeginn der Kinder, zur zweiten Erhebungswelle, fand eine massive Aufrüstung der Haushalte mit Computern statt. Fast alle Familien hatten nun PCs und Internet und einige der Kinder bereits eigene Computer. Es war ein Anliegen der Eltern, ihre Kinder für die Schule bestmöglich mit Mediengeräten auszustatten, um ihnen Anschluss und Perspektive zu bieten. Für die meisten Jungen des Panels war der Computer bereits 2007 ihr „Lieblingsgerät", genutzt wurde es besonders für Online-Computerspiele.

Auffällig ist der Umstand, dass die Kinder in der Mediennutzung kaum Anleitung von den Eltern bekamen. Diese wiesen die Verantwortung dafür des Öfteren erst den Kindergärten und dann den Schulen zu. Aufgrund der Überforderung der Eltern mit ihrem eigenen Lebensalltag, aber auch mit den (technischen) Anforderungen der Mediennutzung, überließen diese ihre Kinder sich selbst. Manchmal reagierten sie auch sehr restriktiv und verboten die Nutzung einzelner Geräte oder Angebote gänzlich.

Ende der Kindheit und frühe Adoleszenz

In den nächsten Erhebungswellen nahm die Computer- und Internetnutzung deutlich zu, wenn auch weiterhin das Fernsehen sehr relevant blieb. Unter den Spielen dominierten besonders kostenlose Browserspiele und Social Games, aber auch Multiplayer-Online-Rollenspiele. Spiele, die eigentlich erst für 16- bis 18-Jährige freigegeben sind, waren besonders bei den Jungen beliebt.

In der dritten Erhebungswelle (2010), die Kinder waren nun etwa zehn Jahre alt, gab es auffälligerweise im Panel noch kaum Interesse an Social Networking Sites. In der vierten Welle stieg dann die Relevanz von Facebook, Chatprogrammen und YouTube für die Kinder, knapp die Hälfte des Panels nutzte nun auch solche Anwendungen. Neben den Spielen gewann die Kommunikation mit Freund*innen deutlich an Bedeutung. Einigen war die Nutzung von Facebook noch verboten, andere Kinder verzichteten freiwillig darauf. Vereinzelt wurden Bilder hochgeladen. Datenschutz und die

Regelung der Privatsphäre waren zwar in manchen Familien ein Thema, insgesamt mangelte es aber eher an der notwendigen Medienkompetenz bei den Eltern. Es fehlte oftmals ein Bewusstsein für Gefahren und Probleme, um dann mit den Kindern über diese sprechen zu können – notwendige Voraussetzungen, um Kindern einen möglichst kompetenten, selbstbestimmten und sicheren Umgang mit den Chancen, aber auch den Risiken der Internetnutzung zu ermöglichen.

Neben dem Fernsehen, das in den Familien durchgängig bedeutsam war, zeigte sich in der frühen Adoleszenz auch die noch weiter wachsende Relevanz der Computer- und Internetnutzung; hier dominierten deutlich Unterhaltungsformate. Zuweilen wurde das Internet für schulbezogene Zwecke genutzt, die aktive Informationssuche blieb aber selten.

Die Phase der Jugend

In der Lebensphase Jugend, die in den Erhebungswellen fünf und sechs, 2014 und 2016 sowie in einer telefonischen Nachbefragung Ende 2016 und zu Beginn 2017 untersucht wurde, favorisierten die jungen Leute nun YouTube-Stars, die als Stellvertreter*innen für erwünschten Erfolg und finanzielle Unabhängigkeit standen. Vor allem YouTube wurde intensiv und zur Unterhaltung genutzt; die YouTube-Stars hatten es den Jugendlichen des Panels angetan. Sie galten als gelungene Beispiele für Erfolg und finanzielle Unabhängigkeit; nach Interesse wurden unterschiedliche Angebote favorisiert. Mädchen interessierten sich dabei vor allem für die Themen Styling und Beauty, Jungen vornehmlich für Computerspiele oder Technik.

Der Mediengebrauch der Jugendlichen war deutlich geprägt von der rasanten Verbreitung des mobilen Internets, etwa Tablets und vor allem des Smartphones. Sie besaßen zwar nicht immer die aktuellsten Modelle, sowohl die Eltern des Panels als auch zum Teil die Jugendlichen wendeten für ihre Verhältnisse jedoch große Geldsummen auf, um sich Teilhabe zu ermöglichen und der Wahrnehmung, nicht mit anderen mithalten zu können, zu entkommen. Neben Smartphones wurde besonders in PCs und Spielekonsolen investiert.

Der Umgang mit Online-Computerspielen war besonders bei Jungen aus stark belasteten Familienverhältnissen Ausdruck lebensweltlich bedingter Probleme und Erfahrungen (vgl. Paus-Hasebrink/Oberlinner 2017: 241ff.). Die Spiele erfüllten für sie verschiedene Funktionen (vgl. ebd.: 249ff.): Ausfüllen von als leer wahrgenommener Zeit; Flucht aus Perspektivenlosigkeit und Trostlosigkeit; Abgrenzung und Wettkampf; Erleben von Selbstwirksamkeit; Erleben von Gemeinschaft sowie Frustrationsabbau/Aggressionsverarbeitung. Zwei Jungen hatten allerdings im Zuge ihrer intensiven Nutzung von Online-Computerspielen technische Kompetenzen erworben, die ihnen später eine berufliche Perspektive im IT-Bereich eröffneten.

Eine zunehmend größere Relevanz genoss bei allen Jugendlichen des Panels, wie bei anderen Gleichaltrigen auch (vgl. mpfs 2016), die Online-Kommunikation mit Peers. Diese erwies sich jedoch insbesondere bei einigen sozial benachteiligten Jugendlichen als Strategie zur Bewältigung ihrer familiären Alltagsprobleme und Erfahrungen und zuweilen auch als Kompensation mangelnder nicht-virtueller Kontakte. Im Zuge dessen gewann die Social Media-Nutzung, insbesondere von WhatsApp und Facebook, aber auch Skype, an Bedeutung. Instagram und Snapchat wurden dagegen noch selten genutzt

Vier Familientypen

Im Mittelpunkt der Studie stand die Frage, wie Sozialisationsprozesse vor dem Hintergrund der jeweiligen lebensweltlichen Herausforderungen erfasst und im Kontext erklärt werden können. Mithilfe der drei forschungsleitenden Konzepte, also der *Handlungsoptionen*, *Handlungsentwürfe* und *Handlungskompetenzen* sowohl der Heranwachsenden als auch ihrer Eltern, ließen sich je spezifische Ausprägungen des Zusammenwirkens der Merkmale der sozio-ökonomischen Situation, der sozio-emotionalen Bedingungen bzw. der Beziehungsstrukturen und der Strategien der Familien, ihren Familienalltag zu bewältigen, erkennen. So kristallisierten sich aussagekräftige Differenzen und Gemeinsamkeiten zwischen den Familien des Panels heraus. Auf dieser Basis konnte eine Familientypologie gebildet werden. Ziel der Typenbildung war es, den komplexen und dynamischen Prozessen in der Lebensführung der Familienmitglieder so gut wie möglich gerecht zu werden und diese nachvollziehbar abzubilden. Dazu wurden die Familien der Panelstudie dem Typ zugeordnet, dessen Merkmalskombination sie in ihrer jeweiligen Lebensführung in der jeweils aktuellsten Erhebungswelle am besten charakterisierte. Zur Begründung wurde zur näheren Erläuterung ein Blick auf vorherige Lebensphasen geworfen. Hierzu dienten die oben vorgestellten Analysekonzepte. So bestimmen sich etwa die *Handlungsoptionen* einerseits aus den subjektiv feststellbaren Faktoren der sozialen Lage, zum anderen aber auch daraus, wie diese subjektiv wahrgenommen werden, was wiederum von den *Handlungsentwürfen* und den *Handlungskompetenzen* des Individuums abhängt. Mithilfe der vorhin vorgestellten Dimensionen, die zur Operationalisierung der Handlungskonzepte dienten, konnten zum Ende der Studie vier Familientypen als Sozialisationskontex-

te im Panel identifiziert werden (vgl. Paus-Hasebrink/Kulterer/Oberlinner 2017: 129ff. sowie Paus-Hasebrink/Kulterer/Sinner 2019: 171-229):
Bei den Familien von Typ 1 handelt es sich um *rundherum überforderte Familien (massive sozio-ökonomische Probleme als multiple Deprivation)*. Die Familien litten unter stark belasteten, ausweglos wirkenden sozio-ökonomischen Bedingungen, ihre sozio-emotionalen Beziehungsstrukturen waren ebenfalls sehr stark belastet. In ihrer Alltagsbewältigung zeigten sich diese Familien überfordert. Sie benötigen nicht nur medienpädagogische Betreuung – wie sich viele Eltern etwa von Schulen wünschen –, sondern eine intensive sozialpädagogische Unterstützung, um den Heranwachsenden ein möglichst gelingendes Aufwachsen und eine bessere gesellschaftliche Teilhabe zu ermöglichen.

Die Familien von Typ 2, die ihre sozio-ökonomische Situation seit Beginn der Erhebung zum Teil deutlich verbessern konnten, blieben in ihren sozio-emotionalen Beziehungsstrukturen aber weiterhin belastet und zeigten sich bei ihrer Alltagsbewältigung auch weiterhin überfordert. Sie bedürfen, ähnlich wie die Familien von Typ 1, der Begleitung durch ein gut aufeinander abgestimmtes Netzwerk von Stakeholdern.

Bei Typ 3, in dem sich die Familien in zwar unverändert belasteten sozio-ökonomischen Strukturen vorfanden, gelang es den Familien über die Erhebungswellen hinweg, ihre sozio-emotionalen Bedingungen zu verbessern, sodass sie zum Schluss der Studie weniger belastet waren. In ihren Bewältigungsstrategien zeigten sie sich relativ selbstbestimmt; sie hatten es zum Ende der Studie alles in allem geschafft, ihren Alltag relativ kompetent und eigenständig zu gestalten. Allerdings hätte den Eltern und Kindern eine konzentrierte medienpädagogische Unterstützung, beispielsweise in Form von Elternbildungsangeboten und entsprechender Beratung, etwa in Schulen, helfen können, um die Kinder entsprechend zu fördern. In einigen Fällen wäre zudem jedoch, wie auch bei einigen Familien von Typ 1 und 2, eine umfassende sozialpädagogische Unterstützung durch Einrichtungen der Familienhilfe nötig gewesen, um sie bei der Bewältigung u.a. traumatischer Erlebnisse, wie etwa Gewalterfahrungen durch einen Partner der Mutter, zu unterstützen.

Die Familien von Typ 4 lassen sich als die nicht mehr belasteten mit sozialem Aufstieg im Panel beschreiben. Sie hatten es aufgrund veränderter Lebensumstände, etwa einem neuen, finanziell besser gestellten Partner, oder auch als Kernfamilie geschafft, Probleme zu bearbeiten und mit Medienangeboten möglichst selbstbestimmt umzugehen. Lediglich in diesen Familien waren die Eltern in der Lage, „kindzentrierte Praktiken" der Medienerziehung anzuwenden. Insgesamt überwogen in den Familien des

Panels „Laissez-fair-Praktiken" und situationsspezifische Belohnungs- und Bestrafungspraktiken (siehe dazu Paus-Hasebrink 2018b).

Fazit

Am Beispiel einer Langzeitstudie zur Rolle von Medien in der Sozialisation sozial benachteiligter Heranwachsender (2005 bis 2017) wurde gezeigt, wie ein Zugang auf theoretischer und methodischer Ebene angelegt werden kann, um der Komplexität der Thematik gerecht zu werden. Dazu bedarf es eines Zugangs zu (Medien-)Sozialisationsforschung als praxeologisch ausgerichtete (siehe dazu Bourdieu 1979), integrative Forschung mit besonderem Blick auf die Familie. Im Mittelpunkt eines solchen Zugangs steht die Frage, wie Individuen und Gruppen, im vorliegenden Fall Heranwachsende, vor dem Hintergrund ihres sozialen Milieus – auch mithilfe von digitalen Medienangeboten – im Laufe ihrer Sozialisation ihrem Alltag Sinn geben. Um die individuellen Veränderungen von Kindern im Kontext ihrer Sozialisation und die in ihren Familien, aber auch die dynamische Entwicklung von Medien und Mediendiensten, nachzeichnen zu können, wurde die Studie als Langzeit-Panelerhebung mit sich gegenseitig ergänzenden unterschiedlichen Erhebungs- und Auswertungsmethoden angelegt.

Aus den Ergebnissen der Studie geht deutlich hervor, dass Medien und die übermäßige oder gar bedenkliche Mediennutzung nicht als Verursacher von Problemen zu sehen sind; Mediennutzung erweist sich vielmehr als Symptom problematischer und kritischer Lebensbedingungen; Heranwachsende setzen Medien zielgerichtet ein, um ihren Alltag zu bewältigen. Hinzu kommt, dass soziale Benachteiligung nicht gleich soziale Benachteiligung ist. So können sozial benachteiligte Familien, wie die Familientypen deutlich machen, nicht über einen Leisten geschlagen werden. Förderkonzepte (für die gesamte Familie) sollten daher zum einen unbedingt milieubezogen (siehe Paus-Hasebrink 2017b) ausgerichtet sein und auf die jeweiligen lebensweltlichen Bedingungen der Individuen Rücksicht nehmen; sie müssen zum anderen aber differenziert und möglichst individuell abgestimmt ausgestaltet werden und an den speziellen Interessen und Fähigkeiten eines Kindes anknüpfen (vgl. auch Kutscher 2014). So wäre, wie etwa das Beispiel der beiden Jungen zeigt, die sich über ihre Computerspielleidenschaft berufliche Perspektiven schaffen konnten, ihr Erfolg, eine Lehrstelle zu bekommen, bei entsprechender Förderung – nicht wie bei ihnen – einem glücklichen Zufall überlassen gewesen. Kindergärten und Schulen spielen dabei eine wichtige Rolle. Dort können Kinder, wie dies auch zahlreiche sozial benachteiligte Eltern wünschen, medienpädagogische und darüber hinaus auch soziale Verhaltensweisen lernen. Außerdem ist die Aufmerksamkeit des Erziehungs- und Lehrpersonals auch in Bezug auf die sozialen Belange eines Kindes sehr wichtig. Wenn erkennbar familiäre Probleme in der Erziehung der Kinder auftauchen, können sie eine wichtige Schnittstelle zu weiterführenden Einrichtungen darstellen, u.a. der Kinder- und Jugendhilfe. Dies wird auch bei dem wichtigen Übergang von der Schule hin zu einer Ausbildung deutlich. Sozial benachteiligte Familien brauchen insgesamt eine vielfältige Unterstützung und Förderung. So war ein auffälliger, wenn auch nicht in unmittelbarem Zusammenhang mit der Mediennutzung der Heranwachsenden stehender Befund, dass kein Kind aus einer sozio-ökonomisch belasteten Familie zu einem (Sport-)Verein gehörte. In Bezug auf die sportlichen Aktivitäten und ihre Vereinsmitgliedschaft war ein Zusammenhang zu den sozio-ökonomischen Ressourcen der Familien, in denen die Kinder aufwuchsen, nicht übersehbar (vgl. Paus-Hasebrink/Oberlinner 2017: 266f.).

Besonders sozio-ökonomisch und sozio-emotional belastete Familien brauchen zudem sozialpädagogische Hilfe und ein konsequentes und nachhaltiges Handeln in einem Verbundnetz unterschiedlicher Stakeholder. Im Kontext der Langzeitstudie erwiesen sich betreute Wohneinrichtungen als Hilfe für Kinder, deren Eltern nicht in der Lage waren, ihre Kinder zu betreuen. Notwendig ist, dass gezielte Familienhilfe und Elternbildung Hand in Hand gehen. Medienpädagogische Konzepte sollten daher in sozialpädagogische Förderkonzepte integriert werden, um die Partizipationschancen sozial benachteiligter Heranwachsender an der Gesellschaft zu fördern.

Literatur

Ang, Ien (2006): Radikaler Kontextualismus und Ethnografie in der Rezeptionsforschung. In: Hepp, Andreas/Winter, Rainer (Hrsg.): Kultur – Medien –Macht. Cultural Studies und Medienanalyse. 3. überarbeitete und erweiterte Auflage. Wiesbaden: VS Verlag für Sozialwissenschaften, 61-80.

Bourdieu, Pierre (1979): Entwurf einer Theorie der Praxis – auf der ethnologischen Grundlage der kabylischen Gesellschaft. Frankfurt/Main: Suhrkamp.

Flick, Uwe (2013): Qualitative Sozialforschung. Ein Handbuch. Reinbek bei Hamburg: Rowohlt.

Havighurst, Robert J. (1972). Developmental tasks and education. 3rd Edition. New York, NY: McKay.

Hargittai, Eszter (2002): Second-Level Digital Divide: Differences in People's Online Skills. In: First Monday. Peer-Reviewed Journal on the Internet, Heft 4. Abrufbar unter: http://firstmonday.org/article/view/942/864 [Stand: 28.04.2019].

Jurczyk, Karin/Lange, Andreas/Thiessen, Barbara (2014): Doing Family. Warum Familienleben heute nicht mehr selbstverständlich ist. Weinheim/Basel: Beltz Juventa.

Kutscher, Nadia (2014): Soziale Ungleichheit. In: Tillmann, Angela/Fleischer, Sandra Hugger, Kai-Uwe (Hrsg) Handbuch Kinder und Medien. Heidelberg: Springer, 101-112.

Laible, Deborah/Thompson, Ross A./Froimson, Jill (2015): Early Socialization. The influence of close relationships. In: Grusec, Joan E./Hastings, Paul D. (Hrsg.): Handbook of socialization. Theory and research. New York, NY/London: The Guilford Press, 35-59.

Morgan, David (2011): Rethinking family practices. Basingstoke: Palgrave Macmillan.

mpfs – Medienpädagogischer Forschungsverbund Südwest (2016): JIM-Studie 2016 – Jugend, Information, (Multi-)Media. Basisuntersuchung zum Medienumgang 12- bis 19-Jähriger. Stuttgart.

OECD (2018): Equity in Education: Breaking Down Barriers to Social Mobility, PISA. Paris: OECD Publishing. Abrufbar unter: https://read.oecd-ilibrary.org/education/equity-in-education_9789264073234-en#page80 [Stand: 28.03.2019].

Paus-Hasebrink, Ingrid (Hrsg.) (2017a): Langzeitstudie zur Rolle von Medien in der Sozialisation sozial benachteiligter Heranwachsender. Lebensphase Jugend. Reihe Lebensweltbezogene Medienforschung: Angebote – Rezeption – Sozialisation. Band 5. Baden-Baden: Nomos.

Paus-Hasebrink, Ingrid (2017b): Plädoyer für eine praxeologisch-milieuspezifische Perspektive der Medienpädagogik. In: Trültzsch-Wijnen, Christine (Hrsg.): Medienpädagogik. Eine Standortbestimmung. Medienpädagogik/Media Education. Band 1. Baden-Baden: Nomos, 25-37.

Paus-Hasebrink, Ingrid (2018a): The Role of Media within Children's Socialization. A Praxeological Approach. In: Communications. The European Journal of Communication Research. Abrufbar unter: https://www.degruyter.com/downloadpdf/j/comm.ahead-of-print/commun-2018-2016/commun-2018-2016.pdf [Stand: 28.03.2019].

Paus-Hasebrink, Ingrid (2018b): Mediation Practices in Socially Disadvantaged Families. In: Mascheroni, Giovanna/Ponte, Cristina/Jorge, Ana (Hrsg.): Digital Parenting. The Challenges for Families in the Digital Age. Göteborg: Nordicom, 51-60.

Paus-Hasebrink, Ingrid/Bichler, Michelle (2008): Mediensozialisationsforschung. Theoretische Fundierung und Fallbeispiel sozial benachteiligte Kinder. Wien: Österreichischer Studienverlag (unter Mitarbeit von Christine Wijnen).

Paus-Hasebrink, Ingrid/Kulterer, Jasmin/Oberlinner, Andreas (2017): Familientypen als Sozialisationskontexte. In: Paus-Hasebrink, Ingrid (Hrsg.): Langzeitstudie zur Rolle von Medien in der Sozialisation sozial benachteiligter Heranwachsender. Lebensphase Jugend. Reihe Lebensweltbezogene Medienforschung: Angebote – Rezeption – Sozialisation. Band 5. Baden-Baden: Nomos, 129-240.

Paus-Hasebrink, Ingrid/Oberlinner, Andreas (2017): Sozialisation in unterschiedlichen Sozialisationskontexten. In: Paus-Hasebrink, Ingrid (Hrsg.): Langzeitstudie zur Rolle von Medien in der Sozialisation sozial benachteiligter Heranwachsender. Lebensphase Jugend. Reihe Lebensweltbezogene Medienforschung: Angebote – Rezeption – Sozialisation. Band 5. Baden-Baden: Nomos, 241-269.

Paus-Hasebrink, Ingrid/Kulterer, Jasmin/Sinner, Philip (2019): Social Inequality, Childhood and the Media. A Longitudinal Study of the Mediatization of Socialisation. Series Transforming Communications – Studies in Cross-Media Research. Band 4. London: Palgrave Macmillan. Abrufbar unter: https://link.springer.com/book/10.1007%2F978-3-030-02653-0 [Stand: 10.07.2019].

Walper, Sabine/Riedel, Birgit (2011): Was Armut ausmacht. In: DJI Impulse 92/93, 1, 13-15.

Weiß, Ralph (2000): „Praktischer Sinn", soziale Identität und Fern-Sehen. Ein Konzept für die Analyse der Einbettung kulturellen Handelns in die Alltagswelt. In: Medien und Kommunikationswissenschaft 48, 1, 42-62.

Lizenz

Der Artikel steht unter der Creative Commons Lizenz **CC BY-SA 4.0**. Der Name der Urheberin soll bei einer Weiterverwendung genannt werden. Wird das Material mit anderen Materialien zu etwas Neuem verbunden oder verschmolzen, sodass das ursprüngliche Material nicht mehr als solches erkennbar ist und die unterschiedlichen Materialien nicht mehr voneinander zu trennen sind, muss die bearbeitete Fassung bzw. das neue Werk unter derselben Lizenz wie das Original stehen. Details zur Lizenz: https://creativecommons.org/licenses/by-sa/4.0/legalcode

Olivier Steiner/Monika Luginbühl/Rahel Heeg/
Magdalene Schmid/Frank Egle
Medienkompetenz in stationären Einrichtungen der Jugendhilfe der Schweiz

Digitale Medien sind zunehmend im Alltag präsent und stellen auch in stationären Einrichtungen der Jugendhilfe eine Herausforderung für die Fachpersonen dar.[1] Im Projekt MEKiS wurden sowohl Grundlagenforschung zum medienerzieherischen Handeln und zur Medienkompetenz von Fachpersonen in stationären Einrichtungen der Jugendhilfe durchgeführt als auch Instrumente der Medienkompetenzförderung für die Praxis entwickelt. Folgender Beitrag stellt ausgewählte Ergebnisse und ein Praxisbeispiel vor. Die Ergebnisse der Studie zeigen, dass eine konzeptuell fundierte medienpädagogische Arbeit in Einrichtungen der stationären Jugendhilfe zentral ist, um Heranwachsende im Alltag in ihrem Umgang mit digitalen Medien zu unterstützen und damit auch ihre Teilhabe an der Gesellschaft zu fördern.

Ausgangslage

Die Entwicklung der Informations- und Kommunikationstechnologien hat in den letzten Jahren die Alltagsgestaltung in modernen Gesellschaften nachhaltig verändert. Die als Mediatisierung bezeichnete medientechnologische Durchdringung der Alltagswelt verändert die Kommunikation in zeitlicher, sozialer und räumlicher Hinsicht in allen Lebensbereichen (vgl. Krotz 2001; Livingstone 2009). Auch in stationären Einrichtungen der Kinder- und Jugendhilfe ist die Mediatisierung des pädagogischen Alltags eine große Herausforderung für sozial-, sonder- und heilpädagogische Fachpersonen (im Folgenden: Fachpersonen). So geht es nicht nur darum, sinnvolle Regeln für die Mediennutzung der Kinder und Jugendlichen zu entwickeln, sondern durch medienpädagogische Aktivitäten Heranwachsende zu befähigen, digitale Medien gestaltend und für die Teilhabe in der Einrichtung und im weiteren Umfeld zu nutzen. Um fachlich fundiert medienpädagogisch handeln zu können, benötigen Fachpersonen nach Welling (2008) eine hohe Medienkompetenz.

Bisher existierten nur wenige, insbesondere qualitative Studien zu digitalen Medien in stationären Einrichtungen der Kinder- und Jugendhilfe. Danach scheinen Fachpersonen gegenüber digitalen Medien in ihren Einrichtungen oftmals verunsichert zu sein und viele weisen Defizite in ihrer Medienkompetenz und der medienerzieherischen Begleitung auf (vgl. Behnisch/Gerner 2014; Brunner 2014). Brunner (2014: 40) stellt aufgrund der Forschungslage fest, dass „die Auseinandersetzung mit dem Thema ‚Umgang mit Medien' in der Jugendhilfe allgemein und im Bereich der stationären Jugendhilfe zwar stattfindet, allerdings noch viel Klärungs- und Unterstützungsbedarf" besteht.

Die Studie „MEKiS – Medienkompetenz in stationären Einrichtungen der Jugendhilfe" hat erstmalig umfassend bei Fachpersonen in der Schweiz Formen der Medienkompetenzförderung bei Kindern und Jugendlichen und das medienerzieherische Handeln von Fachpersonen erhoben (vgl. Steiner et al. 2017).[2] Auf den Ergebnissen der Studie aufbauend wurden in enger Verzahnung mit der Praxis in einem weiteren Schritt Konzepte und Instrumente zur Medienkompetenzförderung für die Praxis entwickelt.

Grundlagenstudie – Vorgehen und ausgewählte Ergebnisse

Vorgehen

Für die Bestandsaufnahme wurde von September bis November 2016 eine quantitative Onlinebefragung von Fachpersonen in stationären Einrichtungen der Jugendhilfe in der Schweiz durchgeführt. Befragt wurden diese unter anderem zu medialen Infrastrukturen, Medienkompetenzen und medienerzieherischem Handeln sowie medienpädagogischen Aktivitäten.

742 Einrichtungen wurden per E-Mail zur Teilnahme an der Befragung eingeladen. Insgesamt 125 Einrichtungen beteiligten sich an der Befragung, was einem Rücklauf von 16,8 Prozent entspricht.[3]

Die Ergebnisse der quantitativen Befragung wurden in sechs Workshops mit Fachpersonen aus Einrichtungen der stationären Jugendhilfe validiert und vertieft. Berücksichtigt wurden unterschiedliche Institutionstypen (Einrichtungen für normalbegabte Kinder und Jugendliche, für Kinder und Jugendliche mit kognitiven oder körperlichen Beeinträchtigungen) sowie unterschiedliche Funktionsstufen (Leitungspersonen, Mitarbeiter*innen). In den Workshops wurden Themen erörtert wie beispielsweise Zusammenhänge zwischen Medienkompetenzen und individueller Haltung der Fachpersonen sowie zwischen institutionellen Rahmenbedingungen und konkretem medienerzieherischem Handeln der Fachpersonen. Ein besonderer Schwerpunkt der Workshops war, Ideen für mögliche Lösungsansätze bzw. Zugänge für eine gelingende Praxis zu entwickeln.

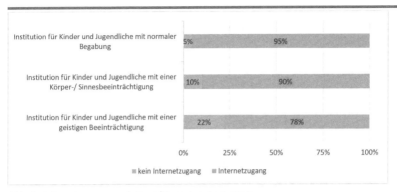

Abb. 1: Internetzugang nach Einrichtungstyp, in Prozent

Ausgewählte Ergebnisse aus der Studie

Zugang zum Internet und Infrastrukturen der Einrichtungen
Bezüglich des Zugangs zum Internet zeigt sich, dass ungefähr 10 Prozent der Einrichtungen den Kindern und Jugendlichen keinen kostenlosen Breitband-Zugang zum Internet zur Verfügung stellen. Im Vergleich zu den Zahlen der für die Schweiz repräsentativen JAMES-Studie (vgl. Suter et al. 2018), nach welcher 3 Prozent der befragten Familienhaushalte über keinen Internetzugang verfügen, haben in der stationären Jugendhilfe deutlich mehr Kinder und Jugendliche keinen kostenlosen Internetzugang. Auf die Anzahl der betreuten Kinder und Jugendlichen hochgerechnet, verfügen ca. 18 Prozent der Kinder und Jugendlichen, welche in den teilnehmenden Einrichtungen leben, über keinen kostenlosen Internetzugang. Weiter zeigen sich deutliche Unterschiede nach Einrichtungstyp (siehe Abb. 1). Während 5 Prozent der Einrichtungen für Kinder und Jugendliche mit einer normalen Begabung keinen kostenlosen Internetzugang zur Verfügung stellen, sind dies bei Einrichtungen für Kinder und Jugendliche mit einer Körper- und/oder Sinnesbeeinträchtigung 10 Prozent, bei solchen für Kinder und Jugendliche mit einer geistigen Beeinträchtigung 22 Prozent.

Somit sind Kinder und Jugendliche mit körperlichen und geistigen Beeinträchtigungen besonders stark von digitalem Ausschluss betroffen. In den Workshops wurde von mehreren Fachpersonen angeführt, dass für die Einrichtungen das Bereitstellen eines Internetzugangs problematisch sein könne, da die Klient*innen darüber beispielsweise illegalen Aktivitäten nachgehen könnten. Deutlich wird, dass viele Einrichtungen die Verantwortung nicht tragen wollen (oder können), welche sich durch das Bereitstellen eines Internetzugangs ergibt. Für die Nutzung des Internets müssen die Kinder und Jugendlichen in solchen Fällen auf die mobilen Internetzugänge ihrer Smartphones zurückgreifen. Dadurch sind jedoch Kinder und Jugendliche bevorzugt, die über Flatrates verfügen und dadurch Machtpositionen erlangen (indem sie entscheiden können, ob sie anderen einen Hotspot zugänglich machen oder nicht).

Bezüglich der Ausstattung der Einrichtungen mit digitalen Medien zeigt sich, dass Kinder und Jugendliche in stationären Einrichtungen deutlich seltener Zugang zu Spielkonsolen (48% vs. 78%) und Tablets (19% vs. 83%) als Schweizer Jugendliche in Familienhaushalten haben. Weiter stellen zwar fast 90 Prozent der Einrichtungen Office-Anwendungen und 62 Prozent Lernsoftware für die Nutzung durch Kinder und Jugendliche zur Verfügung, aber nur in 36 Prozent der Einrichtungen können die Klient*innen Kreativ-Software nutzen (bspw. Bild-, Video- oder Software zur Musikbearbeitung).

Medienpädagogische Konzepte und Einrichtungskultur
56 Prozent der Einrichtungen gaben an, über ein medienpädagogisches Konzept zu verfügen. Die Form und Ausführlichkeit der Konzepte variieren erheblich. Viele Einrichtungen verschriftlichen ausschließlich die geltenden Hausregeln bezüglich digitaler Medien. Nur in etwa 20 Prozent der Einrichtungen, die über ein medienpädagogisches Konzept verfügen, waren Kinder und Jugendliche an der Erstellung beteiligt.

Die statistischen Auswertungen zeigen, dass Einrichtungen mit einem medienpädagogischen Konzept signifikant häufiger Aktivitäten wie z.B. Filmprojekte mit Kindern und Jugendlichen durchführen, dass in diesen Einrichtungen die Team- und Einrichtungskultur gegenüber digitalen Medien deutlich positiver bewertet wird sowie eine häufigere Zusammenarbeit mit Eltern bezogen auf digitale Themen stattfindet, seien dies informelle Gespräche oder formelle medienpädagogische Vereinbarungen. Zudem sind Einrichtungen mit einem medienpädagogischen Konzept signifikant häufiger mit Stellen wie beispielsweise der Polizei und externen Schulen vernetzt.

Schlussfolgerungen aus der empirischen Erhebung
Die Ergebnisse der Studie verdeutlichen, dass viele Kinder und Jugendliche in Einrichtungen der stationären Jugendhilfe der Schweiz über einen eingeschränkten Zugang zu digitalen Technologien verfügen.

Das Anbieten eines kostenlosen Internetzugangs für die Kinder und Jugendlichen sollte in der stationären Jugendhilfe prinzipiell als digitales Grundrecht betrachtet werden, wenn nicht schwerwiegende Gründe dagegen sprechen. Gleichzeitig sind allerdings begleitende Maßnahmen zu treffen und Unterstützung anzubieten, um eine altersgemäße und sinnvolle Nutzung zu gewährleisten. Die Ergebnisse verdeutlichen weiter, dass Einrichtungen, die über ein medienpädagogisches Konzept verfügen, deutlich aktiver mit der Thematik umgehen und häufiger eine allgemein getragene Team- und Einrichtungskultur gegenüber digitalen Medien besteht. Bei der Erarbeitung eines medienpädagogischen Konzepts kann ein partizipatives Vorgehen zu einer breiteren Akzeptanz der darin festgehaltenen Haltungen und Bestimmungen führen sowie das Konzept besser in der lebensweltlichen Realität der Kinder und Jugendlichen verankert werden.

Konzepte und Instrumente zur Medienkompetenzförderung in stationären Einrichtungen

Über die Studie hinaus wurden aufbauend auf den Ergebnissen der Befragung sowie der Workshops praxisnahe Instrumente für Fachpersonen entwickelt. Die erarbeiteten Instrumente eröffnen Zugänge und Handlungsansätze für eine medienbezogene soziale Arbeit in (teil-)stationären Einrichtungen der Kinder- und Jugendhilfe in Bezug auf einzelne Interventionsfelder (bspw. die Elternarbeit) sowie Zielgruppen (Alter, Handlungsfelder) und sollen damit Entwicklungen im Praxisalltag anstoßen sowie konzeptuelle Umsetzungsprozesse unterstützen.

Die Instrumente und Konzepte sind über www.mekis.ch frei zugänglich. Im Folgenden werden ausgewählte Beispiele aus den Modulen zu den medienpädagogischen Aktivitäten ausgeführt.

Projekte aktiver Medienarbeit und Making

Aktive Medienarbeit will Lernräume bieten, „in denen Heranwachsende selbstbestimmt und aktiv mit Medien umgehen und dabei Medienkompetenz entwickeln und entfalten können" (Schell 2008: 587). Das Lernen erfolgt nach diesem Verständnis in der Auseinandersetzung mit anderen Personen und mit Gegenständen der Lebensrealität – durch soziales Handeln wird Wissen angeeignet und werden Einstellungen, Verhaltens- und Handlungsweisen geformt. Diesen Forderungen werden am ehesten die Lernprinzipien „handelndes Lernen", „exemplarisches Lernen" und „Gruppenarbeit" gerecht (Schell 2010: 12).

> „Medien selber zu gestalten hilft dabei zu durchschauen, wie Medien von anderen gestaltet wurden. Diese kritische Komponente ist ein zentraler Baustein von Medienkompetenz; sie gehört in der Demokratie zum Grundhaushalt eines reflektierten Zeitgenossen." (Schnaak/Böhmig 2012: 21)

Die Methode der aktiven Medienarbeit setzt bei diesen Grundsätzen an. Kinder und Jugendliche erstellen dabei eigene Medienprodukte, setzen sich dabei sowohl mit für sie relevanten Themen als auch mit digitalen Medien auseinander und artikulieren darin ihre Sichtweise. Auf www.mekis.ch finden sich 20 Ideen für kurze, mit einfachen Mitteln umsetzbare Sequenzen aktiver Medienarbeit.

Praxisbeispiel
Die im Folgenden beschriebene Lernsequenz wurde mehrfach mit Jugendlichen mit einer Lernbehinderung durchgeführt und dauert einen Nachmittag. Ziel der Aufgabe ist es, die Manipulationspotentiale von Bildern zu erkennen.

Schritt 1
Anhand einer Sammlung von mehr oder weniger offensichtlich manipulierten Bildern wird gemeinsam erörtert, wie diese Bilder entstanden sind. Auffallend dabei ist, dass viele Jugendliche mit einer Lernbehinderung davon ausgehen, dass das Bild ein direktes Abbild der „realen Welt" ist: Menschen am Strand wurden nach ihrer Einschätzung auch am Strand fotografiert. Dass es sich bei diesem Bild aber um eine Fotocollage handeln könnte, wurde von den meisten nicht angesprochen.

Schritt 2
Mit den Jugendlichen werden zunächst physisch mit Bildern, Papier und Schere Fotocollagen erstellt. Die Jugendlichen schneiden ein Bild von sich aus und kleben es auf einen beliebigen Hintergrund. Mit dem Handy wird die Collage fotografiert. Danach wird die Übung digital umgesetzt: Mit der App *light X* werden digitale Collagen erstellt und diese mit der Postkarten-App zu einem Produkt verarbeitet. Die Postkarte wird zum Schluss verschickt. Dieser Arbeitsschritt erfordert eine enge Begleitung; die meisten Jugendlichen benötigen Unterstützung bei der Umsetzung. Die Tatsache, dass eine Postkarte verschickt werden darf, wirkt sich erfahrungsgemäß günstig auf die Motivation aus.

Schritt 3
Die entstandenen Bilder werden gemeinsam bspw. via Beamer angeschaut und besprochen. Die eingangs gestellte Frage, wie diese entstanden sind, ist nun für die Anwesenden klar. Die Frage nach der Bedeutung, im Sinne eines Transfers in den Alltag, ist für die Jugendlichen oftmals etwas schwieriger. Einzelne können benennen, dass man im Alltag aufpassen muss, weil

alle diese Tricks anwenden können. Andere können die Erfahrungen mit dem Erstellen der Fotocollagen (noch) nicht verallgemeinern.

Schritt 4
Reflexion mit dem pädagogischen Team: Die Sequenz wird gemeinsam rekonstruiert. Das pädagogische Team definiert Schlüsselsituationen im Alltag und greift das Thema immer wieder auf, indem es die Jugendlichen auf mögliche Bildmanipulationen aufmerksam macht.

Die beschriebene Lernsequenz ist nur als ein kleiner Baustein im Prozess der Förderung von Medienkompetenzen in der Praxis zu verstehen. Der entscheidende pädagogische Schlüssel ist die konkrete, kleinschrittige Herangehensweise. Wesentlich ist, dass der Prozess hauptsächlich durch die positive Beziehung zwischen Jugendlichen und Fachpersonen vor Ort geprägt ist. Externe Fachpersonen können an einem Nachmittag Impulse setzen, die Kontinuität der medienpädagogischen Arbeit muss mit Blick auf die Nachhaltigkeit allerdings im Alltag gelebt, umgesetzt und weiterentwickelt werden. Entsprechend sind die Fachpersonen angehalten, sich medienpädagogisches Wissen und Kompetenzen anzueignen, um passgenaue Förderangebote zu entwickeln.

Rechtliche Grundlagen zu digitalen Medien

In der MEKiS-Studie äußerten Fachpersonen Unsicherheiten und Fragen bezüglich der rechtlichen Situation der Nutzung digitaler Medien in den Einrichtungen. Aus diesem Grund wurden rechtliche Informationsblätter zu verschiedenen Themenbereichen im Zusammenhang mit digitalen Medien und stationären Einrichtungen der Jugendhilfe erarbeitet. Die rechtlichen Informationen beziehen sich auf die Rechtslage in der Schweiz. Zusätzlich zu den „Hard Facts" wurden Schlussfolgerungen und Empfehlungen für stationäre Einrichtungen der Kinder- und Jugendhilfe anhand von Grundsätzen, Prüffragen und Beispielen gegeben. Es bestehen Informationsblätter zu folgenden Themen:

- Obhuts- und Aufsichtspflichten und -rechte: Welche Verantwortung trägt die Einrichtung, welche trägt der gesetzliche Vertreter (in der Regel die Eltern) im Zusammenhang mit Handlungen von Kindern und Jugendlichen im digitalen Raum?
- Kontrolle, Persönlichkeitsrechte und Datenschutz: Welche Persönlichkeitsrechte und Datenschutzfragen hat eine Einrichtung zu beachten, wenn sie die Nutzung des Internets von Kindern und Jugendlichen kontrollieren und steuern will?

- Das Recht am eigenen Bild: Unter welchen Voraussetzungen dürfen in Einrichtungen Bilder erstellt und verwendet werden?
- Pornografie, Sexting und Gewaltdarstellungen: Was sind die rechtlichen Folgen, wenn Kinder und Jugendliche digitale Inhalte mit sexuellem Charakter oder Gewaltdarstellungen herstellen, konsumieren oder weiterschicken?
- Soziale Konflikte: Was sind die rechtlichen Folgen im Zusammenhang mit Mobbing, Ausgrenzung und Konflikten zwischen Kindern und Jugendlichen?
- Datenschutzfragen und das Abtreten von Nutzungsrechten: Was müssen Kinder und Jugendliche über das Abtreten von Nutzungsrechten und Datenschutz im Internet wissen?
- Das Jugendstrafrecht: Dieses Merkblatt liefert in allgemeiner Form Grundwissen zum Jugendstrafrecht (ohne konkreten Bezug zu digitalen Medien).

Als übergreifende Feststellung kann festgehalten werden, dass bei rechtlichen Fragen bezogen auf digitale Medien oftmals eine Güterabwägung notwendig ist. So besteht beispielsweise ein Spannungsfeld zwischen den Persönlichkeitsrechten der Kinder und Jugendlichen und dem Erziehungsauftrag der Einrichtung. Regeln zur Nutzung digitaler Medien ermöglichen den Einrichtungen, ihren Erziehungsauftrag umzusetzen, diese Regeln greifen aber auch (in geringerem oder größerem Ausmaß) in die Persönlichkeitsrechte der Kinder und Jugendlichen ein. Oftmals besteht somit keine eindeutige, rechtlich korrekte Vorgehensweise – je nach Umständen, bspw. auch den rechtlichen Einbindungen der Einrichtung, kann die Güterabwägung unterschiedlich ausfallen. Jede Einrichtung ist somit herausgefordert, diese Güterabwägung bezogen auf ihre konkreten Kontexte zu vollziehen. Wichtig ist hierbei eine fundierte Auseinandersetzung nicht nur mit den eigenen Obhutspflichten, sondern auch mit den Persönlichkeitsrechten der Kinder und Jugendlichen, um eine gemeinsame, breit abgestützte Haltung entwickeln zu können, welche die Rechte der Kinder und Jugendlichen angemessen berücksichtigt.

Auch bezogen auf rechtliche Fragen sind die Auseinandersetzung und das ergebnisoffene Gespräch mit den Kindern und Jugendlichen absolut zentral. Die digitale Welt ist Teil der Lebenswelt von Kindern und Jugendlichen und viele Handlungen können auch im Verborgenen ausgeübt werden. Ein bewusster Umgang mit rechtlichen Fragen und Herausforderungen kann vonseiten der Einrichtungen nicht einfach über Verbote und Einschränkungen erfolgen, sondern es sind Gelegenheiten für Fachpersonen und Kinder und Jugendliche zu schaffen, ergebnisoffen ins Gespräch zu kommen.

Leitfaden medienpädagogische Konzepterstellung
Die MEKiS-Studie zeigte, dass die Erarbeitung eines medienpädagogischen Konzepts für Institutionen zielführend und gleichzeitig herausfordernd ist (vgl. Kapitel „Ausgewählte Ergebnisse aus der Studie"). Ein medienpädagogisches Konzept signalisiert nach innen und außen, dass Medien als hoch relevant für Kinder und Jugendliche und für die Gesellschaft insgesamt betrachtet werden. Es verdeutlicht, welche Haltung eine Einrichtung dazu vertritt, wie das Thema „digitale Medien" in der Einrichtung strukturell verankert ist und welche Angebote vorhanden sind, um – mit dem Ziel der Chancengleichheit – Medienkompetenzen von Kindern und Jugendlichen zu fördern. Zusätzlich bietet ein medienpädagogisches Konzept als verbindliche Grundlage den Mitarbeitenden Handlungssicherheit. Im „Leitfaden zum Erarbeiten eines medienpädagogischen Konzepts in stationären Einrichtungen der Jugendhilfe" werden folgende sechs Schritte (mit Leitfragen, Beispielen und methodischen Impulsen) vorgestellt, an denen sich Institutionen bei der Entwicklung eines medienpädagogischen Konzepts orientieren können.

Schritt 1: Vorbereitung und Planung
Es wird festgelegt, wer beteiligt ist, um den Prozess der Konzepterstellung zu planen und zu strukturieren. Dabei gilt: „Konzeptionsarbeit ist Teamarbeit. Darum sollte sie möglichst öffentlich und unter großer Beteiligung erfolgen." (von Spiegel 2013: 492) Nicht nur Mitarbeitende, sondern auch Kinder und Jugendliche sowie Eltern können dabei – punktuell oder kontinuierlich – einbezogen werden.

Schritt 2: Bestandsaufnahme und Bedarfsanalyse
Die Ausgangslage wird analysiert, z.B. die bestehenden medienpädagogischen Angebote, Ziele und Ressourcen im Bereich Medienpädagogik. Außerdem formulieren unterschiedliche Personengruppen ihre Anliegen bezüglich medienpädagogischer Angebote und Themen der Einrichtung.

Schritt 3: Medienpädagogische Leitidee
Die Leitidee gibt die Richtung des medienpädagogischen Konzepts vor und ist damit zentral für das Konzept. Das Team erarbeitet – unter Berücksichtigung der Ergebnisse von Schritt 2 – eine Leitidee, die in wenigen Sätzen verschriftlicht wird und welche die Grundlage für die medienpädagogische Arbeit der Einrichtung ist.

Schritt 4: Medienpädagogische Handlungs- und Themenbereiche
In diesem Schritt halten die Institutionen fest, was sie zum Thema Medienpädagogik durchführen und gewährleisten möchten, um ihrer medienpädagogischen Leitidee zu entsprechen.

*Schritt 5: Planung von medienpädagogischen Angeboten,
Umsetzungen und Zuständigkeiten*
Die in Schritt 4 vereinbarten Handlungs- und Themenbereiche werden in diesem Schritt inhaltlich konkretisiert und konkrete Angebote sowie Handlungsschritte geplant.

Schritt 6: Evaluationsplanung
Die Evaluationsplanung dient dem Ziel, die Aktualität des Konzepts zu sichern. In ihr wird festgehalten, wie, wann und von wem überprüft wird, ob es für das medienpädagogische Konzept Aktualisierungsbedarf aus Sicht unterschiedlicher Zielgruppen gibt.

Grundsätzlich sind zwei wichtige Voraussetzungen notwendig, um mit dem Erarbeitungsprozess für das medienpädagogische Konzept einer Einrichtung zu starten: Es sind genügend zeitliche sowie personelle Ressourcen erforderlich und es ist notwendig, dass die Einrichtungsleitung ein medienpädagogisches Konzept befürwortet. Damit die Inhalte eines Konzepts tatsächlich im Alltag der Einrichtung gelebt und umgesetzt werden, sollte jedoch nicht nur die Einrichtungsleitung davon überzeugt sein, sondern möglichst alle Zielgruppen. Daher empfiehlt es sich, unterschiedliche Personengruppen bei der Erarbeitung des medienpädagogischen Konzepts zu beteiligen und das Konzept regelmäßig zu aktualisieren.

Schlussfolgerungen

Digitale Medien sind heute untrennbarer Bestandteil der Alltagsgestaltung von Kindern und Jugendlichen. Auch in Einrichtungen der stationären Jugendhilfe stellt sich die Herausforderung, wie medienerzieherisch und medienpädagogisch auf die Herausforderungen des digitalen Wandels zu antworten ist. Die Ergebnisse der Studie „MEKiS – Medienkompetenz in Einrichtungen der stationären Jugendhilfe" verdeutlichen, dass in vielen Einrichtungen Entwicklungsbedarf bezüglich der Etablierung einer medienpädagogischen Einrichtungskultur besteht. Dazu sind personelle und finanzielle Ressourcen bereitzustellen. Der Grundstein der Entwicklung eines medienpädagogischen Konzepts stellt die Haltungsdiskussion unter

Einbezug möglichst aller Zielgruppen dar. Die Teilhabe von Kindern und Jugendlichen in der Einrichtung und an der Gesellschaft sollte schließlich nicht nur durch die Nutzung digitaler Medien ermöglicht werden (bspw. durch online-basierte Partizipation), sondern ebenso durch den Aufbau entsprechender Infrastrukturen (u.a. breitbandiges, kostenloses Internet, Tablets, Spielkonsolen, Kreativ-Software) und durch die Beteiligung der Klient*innen an der Ausarbeitung eines medienpädagogischen Konzepts. Eine (auch digital vermittelte) Teilhabe in der Einrichtung bietet ein Lernfeld für Partizipation und ist ein wichtiger Schritt in Richtung einer aktiven Partizipation der Heranwachsenden an Gemeinschaft und Gesellschaft.

Anmerkungen

1. Teile dieses Textes wurden bereits in folgender Publikation verwendet: Steiner, Olivier/Luginbühl, Monika (2019 im Erscheinen): MEKiS – Medienkompetenz in stationären Einrichtungen der Jugendhilfe. Bern: Schweizer Zentrum für Heil- und Sonderpädagogik SZH/CSPS.
2. Medientechnologien zur unterstützenden Kommunikation in heilpädagogischen Einrichtungen wurden nicht einbezogen.
3. Von denjenigen Einrichtungen, die sich einem Einrichtungstyp zugeordnet haben, sind 69 Prozent auf Kinder und Jugendliche mit normaler Begabung ausgerichtet, 14 Prozent auf Kinder und Jugendliche mit einer geistigen Beeinträchtigung und 8 Prozent auf Kinder und Jugendliche mit einer Körper- respektive Sinnesbeeinträchtigung. 9 Prozent der Einrichtungen haben sich keinem Typ zugeordnet.

Literatur

Behnisch, Michael/Gerner, Carina (2014): Jugendliche Handynutzung in der Heimerziehung und ihre Bedeutung für pädagogisches Handeln. In: Unsere Jugend, 66, 2-7.

Brunner, Anne (2014): Der Umgang mit neuen Medien in der stationären Jugendhilfe. Mainz: Johannes Gutenberg-Universität.

Moser, Heinz (2010): Die Medienkompetenz und die ‚neue' erziehungswissenschaftliche Kompetenzdiskussion. In: Herzig, Bardo/Meister, Dorothee M./Moser, Heinz/Niesyto, Horst: Jahrbuch Medienpädagogik 8. Medienkompetenz und Web 2.0. Wiesbaden: VS-Verlag, 59-79.

Krotz, Friedrich (2001): Die Mediatisierung kommunikativen Handelns: der Wandel von Alltag und sozialen Beziehungen, Kultur und Gesellschaft durch die Medien. Wiesbaden: Westdeutscher Verlag.

Livingstone, Sonja (2009): On the Mediation of Everything: ICA Presidential Address 2008. In: Journal of Communication, 59 (1), 1-18.

Luginbühl, Monika/Bürge, Lukas (2015): Förderung von Medienkompetenzen in Institutionen für Kinder und Jugendliche mit besonderen Bedürfnissen – Leitfaden zu Standortbestimmung. Bern: Jugend und Medien, Nationales Programm zur Förderung von Medienkompetenzen, Bundesamt für Sozialversicherungen.

Schell, Fred (2008): Aktive Medienarbeit im Zeitalter des partizipativen Netzes. In: merz – medien + erziehung, 52 (2), 9-12.

Schell, Fred (2010): Aktive Medienarbeit. In Hüther, Jürgen/Schorb, Bernd (Hrsg.): Grundbegriffe Medienpädagogik. München: kopaed, 9-16.

Schnaak, Thomas/Böhmig, Susanne (2012): Inklusive Medienpädagogik – was ist das? In: Landesarbeitsgemeinschaft Lokale Medienarbeit NRW (Hrsg.): Materialien für die Inklusive Medienpädagogik. Duisburg: Landesarbeitsgemeinschaft Lokale Medienarbeit NRW, 17-21.

Steiner, Olivier/Heeg, Rahel/Schmid, Magdalene/Luginbühl, Monika (2017): MEKiS – Medienkompetenz in stationären Einrichtungen der Jugendhilfe. Basel/Olten: Hochschule für Soziale Arbeit FHNW.

Suter, Lilian/Waller, Georg/Bernath, Jael/Külling, Céline/Willemse, Isabel/Süss, Daniel (2018): JAMES – Jugend, Aktivitäten, Medien – Erhebung Schweiz. Zürich: ZHAW Zürcher Hochschule für Angewandte Wissenschaften, Departement Angewandte Psychologie.

von Spiegel, Hiltrud (2013): Konzeptionen entwickeln in der Offenen Kinder- und Jugendarbeit. In: Deinet, Ulrich/Sturzenhecker, Benedikt (Hrsg.): Handbuch Offene Kinder- und Jugendarbeit. Wiesbaden, 491-501.

Welling, Sabine (2008): Computerpraxis Jugendlicher und medienpädagogisches Handeln. München: kopaed.

Lizenz

Der Artikel, sofern nicht gesondert angegeben, steht unter der Creative Commons Lizenz **CC BY-SA 4.0.** Die Namen der Urheber*innen sollen bei einer Weiterverwendung genannt werden. Wird das Material mit anderen Materialien zu etwas Neuem verbunden oder verschmolzen, sodass das ursprüngliche Material nicht mehr als solches erkennbar ist und die unterschiedlichen Materialien nicht mehr voneinander zu trennen sind, muss die bearbeitete Fassung bzw. das neue Werk unter derselben Lizenz wie das Original stehen. Details zur Lizenz: https://creativecommons.org/licenses/by-sa/4.0/legalcode

Sonja Ganguin/Ronja Schlemme
Mediennutzung blinder Menschen und Implikationen für die inklusive Medienbildung

„Inklusion verstehe ich als Einbeziehung der unterschiedlichsten Menschen, egal welche Behinderung, egal welche Einschränkung, von vorneherein, also nicht nachträglich, sondern von Anfang an." (Udo, 62 Jahre)

Dieses Verständnis von Inklusion umfasst in unserer mediatisierten Lebenswelt auch Möglichkeiten zur medialen Teilhabe. Udo ist seit seiner Kindheit blind. Sein Medienhandeln und die Möglichkeiten zur Medienbildung unterscheidet sich auf den ersten Blick nicht vom Medienhandeln nichtblinder Menschen in seinem Alter: Er hat Zugang zu diversen Medien, hört morgens beim Aufstehen Radio, beim Frühstück diskutiert er den Film vom Vorabend mit seiner Frau. Er hat sich auch gerade einen neuen Computer gekauft, der darauf wartet, eingerichtet zu werden. Mediales Handeln gehört für ihn zum Alltagshandeln. Allerdings entwickelt Udo auch spezifische Strategien im Umgang mit Medien, die nicht-blinden Menschen nicht unbedingt geläufig sind. Teils mangelt es an einem Verständnis für die Mediennutzung blinder Menschen (vgl. Huber 2004: 9). So stehen Menschen mit Behinderung auch nur selten im Fokus der Medienrezeptionsforschung. Laut Bosse und Hasebrink (vgl. 2016: 11) fehlen vor allem Untersuchungen, welche die Perspektiven der Mediennutzer*innen mit Beeinträchtigungen in den Blick nehmen.

Im folgenden Beitrag wird daher anhand einer explorativen Studie mit sechs (er)blinde(te)n Menschen einerseits gezeigt, in welcher Weise blinde Menschen Medien nutzen und welche Herausforderungen sie im Medienhandeln bewältigen. Anknüpfend daran werden Implikationen für die Konzeption einer inklusiven Medienbildung abgeleitet.

Inklusion und Medien

„Inklusion" betitelt Zeitschriftenartikel, gewinnt Preise, wird gefordert und gefördert: Sie ist „[e]ine Chance für die Vielfalt" (Süddeutsche Zeitung 2018: 1) und gelingt, „[…] wenn Unterschiedlichkeit zum Ziel führt" (Aktion Mensch). Inklusion ist ein Paradigma (vgl. Dammer 2011; Rauh 2016; Schwalb/Theunissen 2012) und ein Menschenrecht (vgl. Degener 2016). In der öffentlichen Debatte ist Inklusion ein medienwirksames Schlagwort (vgl. Cramer/Harant 2014: 639; Katzenbach 2015: 22) und wird meist auf bildungspolitische Aspekte bezogen (vgl. Braunert-Rümenapf 2017: 1).

In der Literatur wird häufig auf das Desiderat einer eindeutigen Definition von Inklusion verwiesen. Katzenbach (vgl. 2015: 22) warnt sogar vor einer Verwahrlosung des Begriffs durch eine beliebige Verwendung, während Cramer und Harant (2014) die Entwicklung zu einem Containerbegriff bemängeln. Laut Bosse (vgl. 2017: 22) hat sich in der Medienpädagogik bis heute noch kein eindeutiges Begriffsverständnis verankert.

Unter Einbezug und in der Auseinandersetzung unterschiedlicher Perspektiven und Disziplinen (vgl. z.B. Mogge-Grotjahn 2012; Schluchter 2012, 2016; Wansing 2015; Bosse 2017; Braunert-Rümenapf 2017) ergibt sich auf einer individuellen Ebene von Inklusion die *Befähigung des Subjekts zur kommunikativen Teilhabe*. Auf gesellschaftlicher Ebene erfordert Inklusion die Änderung von sozialer Struktur und Praxis, um Zugänge zu allen gesellschaftlichen Systemen zu schaffen und Teilhabe zu ermöglichen. Inklusion besitzt demnach einen Prozesscharakter und ist gleichzeitig die Zielvorstellung nach einem menschenrechtlichen Prinzip, das Differenz und Anerkennung verhandelt.

In vielen alltäglichen Teilhabebereichen stehen Menschen mit Beeinträchtigungen oder Behinderungen vor Zugangsbarrieren. Neben Alltagsnotwendigkeiten wie einkaufen, kochen und Haushaltsführung sind ihnen kulturelle Lebensbereiche wie Freizeit, Erholung oder Sport ohne assistive Technologien nicht selbstverständlich zugänglich. Letztere befähigen Menschen mit Behinderung zu mehr Selbstständigkeit und eigenständiger Kontrolle über ihr Leben, schaffen Teilhabemöglichkeiten, unterstützen Partizipation und ermöglichen oder erleichtern die Interaktion mit Mitmenschen. Assistive Technologien werden entwickelt „[…] to improve the functional capabilities of people with disabilities" (Boucher 2018: 4). Nach Najemmik und Zorn (vgl. 2016: 1091) dienen sie der Kompensation von Einschränkungen und erhöhen die Möglichkeiten der Partizipation und Interaktion. Sie reichen von der Lesebrille über den Blindenstock bis hin zum Screen-Reader. Auch Mainstreamtechnologie wie *Google Maps* – zur

Unterstützung bei der Navigation – ist hier anzuführen. Umgekehrt werden ursprünglich für Menschen mit Behinderung entwickelte Technologien auch von nicht-behinderten Nutzer*innen angewendet (z.b. die Sprachsteuerung bei Smartphones) (vgl. Boucher 2018: 4). Assistive Technologien umfassen eine haptische Unterstützung, Mobilitätshilfen, Zugangshilfen zu Information und zu Kommunikation (z.b. zum Fernseher, Computer, Internet) sowie Unterstützungshilfen im Alltag (z.b. beim Kochen und Einkaufen durch technische Haushaltshilfen) (vgl. Nierling et al. 2018: 7f.).

Neben den etablierten und prominenten technischen Hilfsmitteln wurden in den letzten Jahren gerade für mobile Medien zahlreiche Anwendungen zur Unterstützung im Alltag blinder Menschen entwickelt. Hierzu zählen *ColorSay* – eine App zur Farberkennung – und *Blindsquare* – eine App zur Navigation. Letztere verbindet sich mit herkömmlichen Navigations-Apps wie *Google Maps* und ergänzt berechnete Routen durch Beschreibungen der Umgebung. Mit der App *Barcoo* kann der Strichcode auf Produkten beim Einkaufen gescannt werden, um Produktinformationen zu erhalten, *TapTapSee* liefert Beschreibungen von Gegenständen, die man fotografiert hat, und *GRETA* unterstützt Kinobesuche durch Audiodeskriptionen. Darüber hinaus wurden auch interaktive Apps wie *Be My Eyes* entwickelt. Die App *Be My Eyes* ermöglicht es blinden Menschen, „Live-Hilfe" von sehenden Freiwilligen zu erhalten: Per Videochat werden blinde und sehende Menschen vernetzt, um gemeinsam Hürden im Alltag zu meistern. Die meisten Apps sind kostenlos und funktionieren auf den Betriebssystemen iOS und Android. Es gibt allerdings auch kostenpflichtige Apps wie den *KNFB-Reader*, mit dem Texte, wie zum Beispiel Speisekarten, eingescannt und vorgelesen werden können. Viele dieser Apps unterstützen blinde und sehbehinderte Menschen im Alltag. Allerdings gibt es bisher kaum empirische Daten über ihre Nutzung und Bewertung.

Stand der Forschung: Mediennutzung von Menschen mit Behinderung

Obwohl die Chancen, die Medien zur Teilhabe von Menschen mit Behinderung anbieten, immer häufiger thematisiert werden (vgl. Schluchter 2012, 2016; Zorn 2015), ist in Bezug auf die Mediennutzung von Menschen mit Behinderung sowohl in Deutschland als auch international eine Forschungslücke vorhanden. Nur wenige Studien untersuchen die Art und Weise, wie Menschen mit Behinderung Medien (im Alltag) nutzen. Existierende Studien sind vor allem explorativer und qualitativer Art oder konzentrieren sich auf einzelne Medien. Basisuntersuchungen zum Medienumgang von

Kindern und Jugendlichen (z.B. KIM- und JIM-Studien) und repräsentative Mediennutzungsstudien (z.B. ARD/ZDF-Langzeitstudie Massenkommunikation) erfassen das Merkmal Behinderung bisher nicht (vgl. Bosse 2017: 23).

Folglich ist bisher wenig über die Mediennutzung von Menschen mit Behinderung bekannt. Allerdings wurde in einer frühen Studie der Aktion Mensch (vgl. Berger et al. 2010) die Internetnutzung von Menschen mit Behinderungen in den Forschungsmittelpunkt gestellt. Eine erste breit angelegte Untersuchung, die diese Zielgruppe fokussiert, ist die Studie „Mediennutzung von Menschen mit Behinderungen" (vgl. Bosse/Hasebrink 2016). Hier wird die Mediennutzung von Menschen mit Hör-, Seh-, und Mobilitätseinschränkungen sowie von Menschen mit Lernschwierigkeiten mittels qualitativer und quantitativer Methoden untersucht.

Eine der frühesten Annäherungen, speziell an die Zielgruppe blinder Menschen, stellt die Arbeit von Huber (2004) dar. Die Autorin untersucht die Nutzung klassischer Medien (Zeitungen, Bücher, Radio und Fernsehen) durch blinde Menschen. Sie kommt zu dem Ergebnis, dass Medien im Alltag blinder Menschen fest integriert sind, ihnen aber insgesamt nicht das gleiche Angebotsspektrum zur Verfügung steht wie nicht-blinden Menschen. Vor allem Tageszeitungen sind blinden Menschen nicht zugänglich. Weiter stellt sie fest, dass Blindheit – verglichen mit anderen strukturellen Aspekten wie der berufliche Hintergrund und die formale Bildung – kein dominierender Einflussfaktor in Bezug auf die Medienbewertung ist. Franke (2016) untersuchte 12 Jahre später mittels Interviews ebenfalls die Mediennutzung blinder Menschen. Der Schwerpunkt lag dabei allerdings auf mobilen Medien im Alltag blinder Menschen. Als ein Ergebnis konstatiert er eine geringe Angebotsdichte an barrierefreien Angeboten. Barrieren ergeben sich durch Flashs, Captchas, unstrukturierte Webseiten, Informationsüberflutung und stark visualisierte Beiträge. Franke beschreibt diese Barrieren als Resultat einer Ausrichtung des deutschen Mediensystems auf nicht-behinderte Nutzer*innen. Gleichzeitig ermittelt Franke Potentiale von mobilen Medien für die Bewältigung des Alltags und die gesellschaftliche Teilhabe (vgl. Franke 2016: 79f.). In diesem Kontext sind zudem die Ergebnisse von Bosse und Hasebrink (vgl. 2016: 35) interessant, die auch die verwendeten Hilfsmittel im Kontext der Mediennutzung blinder Menschen untersucht haben. Danach sind die am häufigsten verwendeten Hilfsmittel in der Gruppe der Sehbeeinträchtigten der Blindenstock und die Brailleschrift. Etwas weniger als die Hälfte der Befragten nutzt die Spracherkennungssoftware mobiler Endgeräte und ungefähr ein Drittel nutzt zur Unterstützung Brailzeile, Screenreader, Sprachausgabe und Daisy-Player.

Name	w/m	Alter	Ausbildung	Beruf	Angaben zur Erblindung
Beata	w	42	Kaufmännische Ausbildung	Mitarbeiterin im Tonstudio	geburtsblind
Anne	w	38	Studium Dolmetschen	Freie Übersetzerin und Korrekturleserin Blindenschriftproduktion	geburtsblind
Emre	m	48	Kaufmann für Telekommunikation	Berater Online-Unterstützungs- und Informations-Service	geburtsblind
Fabian	m	65	Studium Historiker, wissenschaftlicher Dokumentar	Rentner (vorher Journalist)	angeborene Seheinschränkung, im Studium vollständig erblindet
Udo	m	62	Studium Jura, wissenschaftlicher Dokumentar	Berater Online-Unterstützungs- und Informations-Service	angeborene Seheinschränkung, als Kind vollständig erblindet
Carla	w	52	Ausbildung zur Facharbeiterin für Schreibtechnik	Korrekturleserin in der Blindenschriftproduktion	geburtsblind, vor kurzem zusätzlicher Verlust der Kontrasterkennung (hell/dunkel)

Tab 1: Übersichtstabelle der Interviewten

Deutlich höher fällt die Nutzung dieser Hilfsmittel für die Internetnutzung nach der Studie von Berger et al. (2010) aus, die im Vergleich gezielt die Internetnutzung untersuchten. Hiernach nutzen 91 Prozent der befragten Blinden einen Screenreader, 85 Prozent eine Braillezeile und 70 Prozent Sprachausgabe (vgl. Berger et al. 2010: 16). Ein weiteres Hilfsmittel für blinde oder sehbehinderte Menschen ist die Audiodeskription. Sie dient zur Unterstützung bei der Rezeption audiovisueller Medien.

Ein vorläufiges Fazit des Stands der Forschung ist, dass blinde Menschen analoge und digitale Medien vielfältig nutzen und teilweise auch zur Bewältigung verschiedener Herausforderungen im Alltag einsetzen. Allerdings ist der Zugang zu medialen Angeboten teilweise abhängig von technischen Hilfsmitteln und wird durch verschiedene Barrieren erschwert.

Forschungsdesign

Der bisherige Forschungsstand zeigt, dass die mediale Teilhabe von blinden Menschen einerseits mit Herausforderungen verbunden ist. Andererseits bieten Medien auch ihnen Potentiale zur Bewältigung und selbstständigen Gestaltung des Alltags. Zur Erweiterung des Forschungsstands wird im Folgenden eine eigene Studie vorgestellt, die durch qualitative Verfahren die Perspektive der Betroffenen in den Mittelpunkt der Forschung stellt. Es wurden insgesamt sechs Teilnehmer*innen im Alter von 38 bis 65 Jahren aus Mitteldeutschland für die qualitative Studie befragt. Die Untersuchungsgruppe setzt sich aus drei weiblichen und drei männlichen Teilnehmer*innen zusammen, wobei die weiblichen Befragten im Durchschnitt jünger sind (38 bis 52) als die männlichen (42 bis 65). Alle Befragten, bis auf Fabian, der seit einem Jahr Rentner ist, sind erwerbstätig. Beata, Carla, Emre und Anne sind seit ihrer Geburt blind. Bei Fabian und Udo bestand zunächst eine angeborene Sehbehinderung, der Verlust des Sehrestes erfolgte bei Udo in der Kindheit, Fabian erblindete als junger Erwachsener zu Beginn des Studiums. Tabelle 1 dient der Übersicht über die Untersuchungsgruppe.

Den Mittelpunkt der Forschung bilden problemzentrierte Interviews, die mit den Teilnehmer*innen geführt wurden. Die Methode des problemzentrierten Interviews zielt auf die möglichst unvoreingenommene Erfassung individueller Handlungsweisen, Erfahrungen und Wahrnehmungen der Forschungssubjekte ab. Der Erkenntnisgewinn erfolgt in der Erhebung und Auswertung sowohl durch deduktive als auch durch induktive Prozesse. Theoretisches Vorwissen dient dabei als Referenzrahmen zur Konzeption des Leitfadens und zur Vorinterpretation. Durch den Leitfaden wird eine *Problemzentrierung* erreicht. Zur Auswertung dient die Methode der qualitativen Inhaltsanalyse nach Mayring (2015), kombiniert mit den Ansätzen der Grounded Theory nach Glaser und Strauss (2005). Die Auswertung erfolgte mithilfe der Software MAXQDA.

Ergebnisse

Im Folgenden werden die Ergebnisse bezüglich der Mediennutzung der Befragten zusammengefasst, auf wahrgenommene Unterschiede zur Mediennutzung sehender Menschen eingegangen sowie auf Herausforderungen der Mediennutzung blinder Menschen bzw. Menschen mit Sehbehinderung und deren Umgang mit Barrieren.

Mediennutzung und Zugänglichkeit von Medien

Medien gehören zum selbstverständlichen Alltag der Befragten. Von den Interviewten werden Fernseher, Radio, Computer und Smartphone in der Freizeit regelmäßig genutzt. Das Smartphone ist für die Befragten das wichtigste Medium im Alltag; alle Interviewten, bis auf Anne, verwenden ein iPhone. Fernsehen findet vor allem bewusst und fokussiert im sozialen Rahmen (z.B. als gemeinsame Aktivität mit der Partnerin/dem Partner) statt. In der Regel werden Spielfilme (Udo, Beata, Fabian), Dokumentationen (Emre) und Nachrichtensendungen (Udo) rezipiert. Nur Carla nutzt den Fernseher als Nebenbei-Medium zu Hause, erledigt Alltagsangelegenheiten und schaut dabei manchmal Kinderserien. Alle Befragten hören regelmäßig Radio, dies sowohl unterhaltungs- als auch informationsorientiert.

Als einzige der Befragten nutzt Carla *Alexa* und *Google Home;* diese liefern ihr einerseits Bedienungshilfen, um zum Beispiel Radiosender abrufen zu können; andererseits dienen sie zur Unterhaltung. Dabei scheint neben Medieninhalten vor allem die Auseinandersetzung mit der Technik an sich (die „Spielerei") interessant. Udo dagegen reagiert skeptisch auf diese Technologie und befürchtet, dadurch „ausspioniert" zu werden. Zur medienvermittelten Kommunikation nutzen die Befragten E-Mails, *WhatsApp* oder Telefon. Carla kommuniziert mit ihren Freunden und Freundinnen häufig über *TeamSpeak*. Als einzige der Befragten hat sie zur Kontaktsuche Online-Dating-Portale ausprobiert.

Im Bereich der Information nutzen die Interviewten vor allem das Internet. Sie rezipieren Online-Zeitschriften, recherchieren und verwenden Nachschlagewerke wie *Wikipedia* oder *DUDEN*. Darüber hinaus werden Foren oder Mailinglisten zum Austausch oder zur Informationsbeschaffung verwendet. In der Fernseh- und Radionutzung sind ebenfalls Informationsaspekte relevant.

Bücher haben für alle Befragten einen hohen Stellenwert, wenngleich sich dies nicht zwangsläufig in der Nutzungshäufigkeit spiegelt. Da das Lesen in Brailleschrift sehr zeitintensiv ist, verbringen die Studienteilnehmer*innen teilweise weniger Zeit mit Lesen, als sie subjektiv für richtig halten oder möchten. Das Lesen in Brailleschrift dient zum Teil auch der Übung. Alle Befragten rezipieren Hörbücher (Udo auch mit der Partnerin) zu Hause und unterwegs. Diese werden inzwischen meistens über das Smartphone und nicht mehr über den Daisy-Player abgespielt.

Die Befragten gehen insgesamt eher selten ins Kino, führen dies aber nicht in erster Linie auf die Blindheit zurück. Teilweise entspricht das aktuelle Angebot nicht den Genrepräferenzen und wird als zu *actionlastig* empfunden; bei anderen Befragten ist der seltene Kinobesuch bedingt durch Zeitallokationen oder ein generell geringes Interesse an Filmen. Alle Teilnehmer*innen kennen die *GRETA*-App, die Audiodeskriptionen und Untertitel im Kino auf dem eigenen Smartphone zugänglich machen, allerdings hat sie bisher noch niemand von ihnen ausprobiert.

Die Betrachtung der Mediennutzung der Befragten bestätigt, dass sich Medien in ihrem alltagskulturellen Handeln fest etabliert haben. Für alle Studienteilnehmer*innen gibt es mehr als ein Medium, dem sie in ihrem Alltag besondere Bedeutung zuschreiben. Diese Wertschätzung von Medien begründen sie teilweise auch darin, dass Medien die gesellschaftliche Teilhabe ermöglichen und Autonomiepotentiale eröffnen. Beim Interview mit Fabian zeigt sich, dass Medien zu Beginn der Erblindung zum Einsatz kamen, um den Studienalltag zu bewältigen (Tonbandgerät zur Aufzeichnung von Vorlesungen). Fabian führt im Interview an, dass durch die Entwicklung der Computertechnologie heute mehr Fachliteratur in Brailleschrift zugänglich ist. Weiter sieht er es als Vorteil an, dass die Kommunikation mit Behörden über barrierefreie PDFs erfolgen kann, sodass blinde Menschen hierzu nicht mehr auf die Hilfe sehender Menschen angewiesen sind. Das Internet bietet zum einen einfache Zugänge zu Wissen und Information, zum anderen erleichtert es die Haushaltsführung durch die Möglichkeit, Einkäufe online zu erledigen, so die Befragten. Aber auch die Audiodeskriptionen im Kino, im Theater und im Fernsehen ermöglichen den Interviewten kulturelle Teilhabe.

Insgesamt sind die Nutzungspräferenzen und -routinen der Befragten vor allem durch eine ausgeprägte Smartphone-Nutzung gekennzeichnet. Einige Studienteilnehmer*innen ziehen in ihrer Freizeit das Smartphone durch seine konvergenten und ubiquitären Eigenschaften immer häufiger dem Computer vor. Beim Smartphone zeigen sich auch die stärksten Bindungen. Sie kommen zum Einsatz, um die Mobilität zu erhöhen und die Navigation zu erleichtern. Sprachassistent*innen können das Verfassen von Nachrichten vereinfachen. Auf die Frage, auf welche Apps die Interviewten am wenigsten verzichten können, gaben die Befragten folgende Apps an: In Bezug auf die physische Mobilität werden vor allem *BlindSquare*, der

Abfahrmonitor und der *Deutsche-Bahn-Navigator* genutzt. *BlindSquare* **ist eine** GPS-App, die speziell für blinde Menschen und Menschen mit Sehbehinderung entwickelt wurde. Es werden einerseits Informationen über die Umgebung angesagt, während eine Person unterwegs ist, darüber hinaus kann auch über eine Suchfunktion ein spezifischer Ort gewählt werden. Die App gibt dann Auskunft über diesen Ort und bietet die Möglichkeit der Navigation. Der *Abfahrtmonitor* gibt Auskunft über die Abfahrtszeiten öffentlicher Verkehrsmittel an Haltestellen in Deutschland. Die App verfügt darüber hinaus über eine Suchfunktion und kann ausgehend vom Standort der Nutzer*innen die nächste Haltestelle bestimmen und die abfahrenden Bahnen oder Busse ansagen. Der *DB-Navigator* wird von den Befragten häufig verwendet, um gezielt längere Reisen zu planen.

Im Bereich der kommunikativen Mobilität mit dem Smartphone wird von allen Interviewten – bis auf Carla – *WhatsApp* zur Kommunikation genutzt. Dabei wird die Funktion der Spracheingabe und -ausgabe verwendet oder auch die Möglichkeit der Sprachnachricht genutzt. Auch Videos und Fotos werden über *WhatsApp* ausgetauscht. Dies ist ein spannender Aspekt, der sich dann auch in dem Nutzen von Foto-Apps bei den Befragten wiederfindet. Denn einige Studienteilnehmer*innen nutzen ihre Smartphones auch gerne zum Fotografieren. Dabei dienen die Fotografien vor allem dazu, sich über Erlebnisse auszutauschen. So gibt Anne ihr Smartphone im Urlaub zum Beispiel an eine sehende Person und lässt ein Foto von einer besonders schönen Landschaft machen, um sehenden Freunden zeigen zu können, wie ihr Urlaubsort aussah. Auch Fabian macht manchmal Fotos im Urlaub. Dazu sucht er sich meist Unterstützung, um nicht zu verwackeln und den richtigen Bildausschnitt zu treffen. In anderen Fällen nutzt er auch die Gesichtserkennung des *iPhones*. Im Umgang mit der Gesichtserkennung des *iPhones* fühlt er sich sicher und führt dieses auch während des Interviews vor. Diese Bilder nutzt er dann auch als Statusbilder in sozialen Netzwerken. Es findet hier folglich eine Perspektiverweiterung für nichtblinde Menschen statt. Fotos werden auch für Statusbilder auf sozialen Netzwerken genutzt. Beata hat beispielsweise ein Foto von ihrer Hündin eingestellt. Bei der Auswahl des Fotos haben ihr sehende Freund*innen geholfen. Weiterhin werden auch Fotos und Videos von Familienmitgliedern und von Enkelkindern untereinander ausgetauscht. Die Verwandte und Freunde, die Fotos schicken, sind dafür sensibilisiert, ausführliche Beschreibungen der Fotos oder Videos mitzusenden.

Weitere Apps, die von den Interviewten gerne genutzt werden, sind Radio-Apps wie etwa *MDR-Audio* und *TuneIn*, eine App, die das Streaming von Radiosendern ermöglicht. Beide sind sehr beliebt und wurden von allen Befragten als präferierte Apps genannt, die auch unterwegs genutzt werden, etwa um regionale Nachrichten zu verfolgen.

Schließlich spielt auch der alltägliche Einkauf mit dem Smartphone im Lebensalltag der Befragten eine entscheidende Rolle. So werden etwa die *Amazon*-App oder die *Rewe*-App regelmäßig genutzt, um alltägliche Einkäufe zu erledigen. Besonders Beata empfindet diese Möglichkeit als Erleichterung, da sie so selbstständig einkaufen kann.

Im Bereich der Unterhaltung führen die Befragten häufig *YouTube* an, wobei das Musik hören hier im Vordergrund steht. So hat sich beispielsweise Anne eine eigene Playlist erstellt; sie nutzt YouTube etwas intensiver als die anderen Teilnehmer*innen. Aber auch Emre nutzt die Plattform in erster Linie zum Musik hören. Während die meisten Befragten eine neutrale bis positive Haltung gegenüber der Plattform zeigen, kommt Fabian zu einer abwertenden Einschätzung der Medieninhalte. Er ist auch der Meinung, dass YouTube durch seine stark visuellen Inhalte kein Medium für blinde Menschen ist.

Weiter ist interessant, dass *Facebook* für den Aufbau oder die Pflege von freundschaftlichen Beziehungen für alle Befragten bedeutungslos ist. Obwohl Emre *Facebook* gelegentlich nutzt, bezeichnet er sein Medienhandeln auf der Plattform nicht als Kommunikation. Insgesamt lässt sich bei allen Befragten eine eher ablehnende Haltung gegenüber *Facebook* beobachten. Die Gründe der ablehnenden Haltung divergieren zwischen der empfundenen Bildlastigkeit, der Trivialität der Kommunikationsinhalte, der verhältnismäßig komplizierten Bedienung und dem Kommunikationsverhalten der *Facebook*-Community. Einige der Befragten betonen im Interview sehr deutlich die Nichtnutzung und weisen darauf hin, dass die Plattform nicht ihren Kommunikationsbedürfnissen entspricht. Dieses gilt ebenfalls für Computerspiele. Während dies für die meisten Befragten keine Einschränkung darstellt, da sie das Spielen nicht vermissen, kritisieren Emre und Carla das Fehlen von Computerspielen für blinde Nutzer*innen.

Obwohl bei den Interviewten viele Gemeinsamkeiten in der Mediennutzung zu finden sind, lassen sich auch Besonderheiten aufzeigen. Um die Besonderheiten in den Fällen zu veranschaulichen, wurden den Interviewten unterschiedliche Labels zugeschrieben, die ihre besondere Art der Mediennutzung hervorheben (vgl. Tabelle 2).

Es wurde insgesamt in den Interviews deutlich, dass unterschiedliche Bedürfnisse die jeweilige Nutzung sowie Aneignungspraktiken beeinflussen können. So haben Medien beispielsweise für Carla auch eine Eskapismusfunktion. Bei ihr lassen sich beim Musikhören auch Tendenzen zum *mood management* (vgl. Zillmann 1988) beobachten.

Name	Label	Besonderheit Mediennutzung
Carla	die Eskapistin	nutzt Medien, um der Realität für kurze Zeit zu entkommen und „[...] sich in seine Welt einspinnen" (Z. 561). Sie dienen ihr dazu, abzuschalten und auf andere Gedanken zu kommen.
Fabian	der Neugierige	zeigt sich besonders neugierig gegenüber Möglichkeiten des Ausdrucks durch Medien, benötigt aber Unterstützung, um diese für sich zu erschließen.
Udo	der Einfallsreiche	betont im Interview ein hohes Informationsbedürfnis. Er hat eine besonders situationsspezifische Mediennutzung und integriert auch ungewöhnliche Medien wie Wikifone in seinen Medienalltag.
Beata	die Resolute	hat Medienrituale in ihren Alltag etabliert. Sie wendet keine Mittel (Zeit und Geld) auf, wenn Medien ihren Bedürfnissen nicht entsprechen.
Emre	der Selbstbewusste	zeigt die wenigsten Bedenken oder Schwierigkeiten bei der Medienaneignung und verfolgt nach eigener Einschätzung eine pragmatische Medienselektion.
Anne	die Bodenständige	Medien müssen Nutzen bieten, um in ihr Medienrepertoire aufgenommen zu werden (Z. 463).

Tab. 2: Nutzungstypen

Insgesamt zeigen die Ergebnisse damit auf, dass das Medienhandeln blinder Menschen nicht pauschalisiert werden kann, trotz der teils technischen Einschränkungen kein typischer Mediennutzungsstil zu erkennen ist.

Wahrgenommene Unterschiede im Medienhandeln blinder und nicht-blinder Menschen

Fabian betrachtet sich als blinder Mensch in einer Welt der Sehenden. Diesbezüglich scheint es für ihn nicht verwunderlich, dass die Medienlandschaft durch visuelle Inhalte geprägt ist. Einige Medienangebote wie *Facebook* und *YouTube* und Medienpraktiken wie das Fotografieren sind für ihn Teile dieser, auf sehende Menschen ausgelegten Angebotsstruktur. Auch Carla geht davon aus, dass sehende Menschen Medien anders nutzen und der Bedeutungsgehalt von Plattformen wie *Facebook* sich für sie deswegen nicht erschließt.

Darüber hinaus sind bestimmte Softwareprobleme, mit denen blinde Menschen konfrontiert sind, für sehende Menschen teilweise nicht nachvollziehbar, da sie nicht auf Screenreader angewiesen sind und Programme grundsätzlich anders nutzen. Bildschirminhalte verändern sich in der Übertragung mit Screenreadern, es gibt beispielsweise kein „oben" und „unten" (Beata, Z.180-189). Das erschwert die Kommunikation mit Sehenden. Des Weiteren sind Probleme mit Software für sehende Menschen in einigen Fällen schneller und unkomplizierter zu lösen: „[…] und der Sehende macht ‚Klick, Klick' und das war's. Das ist einfach unfair" (Beata, Z.676-678).

Relevante Unterschiede zeigen sich auch beim Fernsehen. Hier ist die Audiodeskription für blinde Nutzer*innen ein wichtiges Hilfsmittel. Udo beschreibt, dass seine Partnerin beim gemeinsamen Fernsehen durch die Audiodeskription irritiert ist. Damit für beide ein genussvolles Fernsehen im sozialen Rahmen möglich ist, muss erneut eine Sonderlösung gefunden werden – in diesem Beispiel trennt Udo den Audiokanal und benutzt Kopfhörer.

Weiterhin beschreibt Anne ein Problem, das in der Ausrichtung der Gesellschaft auf sehende Menschen resultiert: die Bewerbung von Veranstaltungen durch Plakate. Vor allem über lokale Veranstaltungen können sich sehende Menschen spontan und ohne gezielte Suche informieren, indem sie zum Beispiel auf dem Weg zur Arbeit an einem Plakat vorbeilaufen. Für blinde Menschen ist dieser Informationsweg nicht möglich.

Herausforderungen der Mediennutzung und der Umgang mit Barrieren

Die Befragten beobachten eine stetige Weiterentwicklung zu barrierefreien oder unterstützenden Angeboten. Vor allem die Einbindung blinder Menschen in die Programmentwicklung wird lobend erwähnt. Nach Einschätzung der Befragten werden ebenfalls immer mehr Bemühungen unternommen, Webseiten barrierefrei zu gestalten. Dennoch weisen die Befragten gerade bei der Nutzung des Internets weiterhin auf vielfältige Barrieren hin. Diese bestehen zum Beispiel in den Möglichkeiten der Navigation auf Webseiten. So sind oftmals Buttons für die Sprachausgabe nicht ausreichend beschriftet, erschließt sich ihre Bedeutung nur visuell. Die Voreinstellung „Klick Hier" wird beibehalten und es bleibt unklar, wohin der Link führen kann. Die Befragten führen diese Barrieren einerseits auf eine fehlende Kenntnis für barrierefreie Gestaltungswege zurück. Viele sehende Menschen seien sich der Barrieren gar nicht bewusst. So können die meisten Interviewpartner*innen von Situationen berichten, in denen sie einem sehenden Menschen eine Barriere beschreiben und dieser dadurch erstmals darüber in Kenntnis gesetzt wird.

Eine Vermutung der Befragten ist, dass Barrieren auf Internetseiten entstehen, weil es kein Bewusstsein für eine gemeinsame Nutzung durch blinde und sehende Menschen gibt. Dieses fehlende Bewusstsein birgt vor allem bei Plattformen mit einem hohen Anteil visueller Inhalte Exklusionsrisiken. Als einziger der Befragten nutzt Emre *Facebook* aktiv und auch dort ist er mit einem mangelnden Bewusstsein der Facebook-Gemeinschaft konfrontiert. Nur wenige User*innen benutzen die Alternativtextfunktion, mit der sie Bilder zusätzlich beschriften können. Außerdem erfährt Udo Einschränkungen bei der Bedienung von Apps und Computerprogrammen. Diesbezüglich beschreibt er ähnliche Probleme wie Emre und bemängelt die häufig unzulängliche Beschriftung von Verlinkungen.

Insgesamt kann bei allen Befragten im Umgang mit Barrieren ein lösungsorientiertes Vorgehen beobachtet werden. Aus den Interviews lassen sich sechs unterschiedliche Strategien im Umgang mit Barrieren rekonstruieren:

- *Ausweichen* – Um der komplizierten Bedienung des Radios zu entgehen, benutzt Carla *Google Home* oder *Alexa*. Zum Einkaufen benutzt Beata Online-Dienste und Lieferservices. Hier werden mediale Angebote relevant, um Barrieren im Alltag abzubauen.
- *Kreativ* – Udo trennt den Audiokanal, um mit seiner Frau gemeinsam das Fernseherlebnis genießen zu können. Hierfür sind technische Bedienungskompetenzen erforderlich.
- *Tüfteln* – Anne benutzt eine Chorsänger-App, um sich auf musikalische Projekte und Proben vorzubereiten. Da die App nicht barrierefrei ist, kann sie diese nur durch Ausprobieren nutzen. Bei dieser Strategie muss sie besonders viel Zeit und Geduld aufwenden.
- *Aufklären* – Emre, Udo und Anne tauschen sich im Bekanntenkreis viel aus und nutzen Möglichkeiten, Medienproduzent*innen mitzuteilen, wenn etwas für sie ungeeignet ist.
- *Hilfe suchen* – Obwohl alle Befragten sehr viel Wert auf Eigenständigkeit legen und versuchen, Probleme zunächst selbstständig zu lösen, suchen sie sich im Zweifel Hilfe bei sehenden Menschen im Umfeld und nutzen auch Schulungsangebote.
- *Verzicht* – Wenn es zum Beispiel darum geht, online Flüge zu buchen oder bestimmte Apps zu nutzen, sind das für Anne zu große Barrieren, die dazu führen, dass sie die Angebote nicht nutzt.

Am Ende der Interviews wurden alle Teilnehmer*innen nach ihren Wünschen bzgl. medialer Entwicklungen gefragt. Im Vordergrund stand dabei der Wunsch nach einer flächendeckenden Weiterentwicklung barrierefreier Angebote. Ein Bespiel ist die Verfügbarkeit von Filmen mit AD, die vor allem auf privaten Sendern sehr selten sind. Das Ziel sollte nach Meinung der Befragten sein, dass *alle* medialen Angebote für *alle* Menschen uneingeschränkt und ohne auf die Unterstützung von nicht-behinderten Menschen angewiesen sein zu müssen, nutzbar sind.

Schlussfolgerungen für die Medienpädagogik

Nach von Gross und Röllecke (vgl. 2017: 13) ist die (Medien-)Pädagogik bisher noch weit davon entfernt, die Potentiale der medialen Vielfalt wahrzunehmen und zugleich Methoden auf besondere Bedarfe abzustimmen. Allerdings wird Inklusion immer häufiger in der Medienpädagogik thematisiert. Das zeigen Fachtagungen (z.B. Studio im Netz 2015: „16. Gautinger Internettreffen"; Bundeszentrale für politische Bildung 2015: „Inklusiv politisch bilden"), Publikationen (z.B. Sammelband „Medienpädagogik der Vielfalt – Integration und Inklusion" der GMK), Studien (z.B. „Mediennutzung von Menschen mit Behinderungen" der TU Dortmund/Universität Hamburg) sowie Modellprojekte (z.B. Dieter Baacke Preis: www.dieter-baacke-preis.de) und Vernetzungsarbeiten im Zusammenhang mit inklusiver Medienarbeit (Nimm! Netzwerk Inklusion mit Medien der Landesarbeitsgemeinschaft Lokale Medienarbeit NRW). Insgesamt lässt sich eine Hinwendung zu inklusiven Strukturen mit dem Ziel, Medienbildung für alle zu ermöglichen, beobachten.

Eine generalisierende Aussage über die Mediennutzung blinder Menschen ist an dieser Stelle nicht möglich. Dennoch fällt in unserer explorativen Studie auf, dass, wenngleich das Interesse an Medien gegeben ist, Medien von den Befragten selten zum Selbstausdruck und zur Artikulation genutzt werden. Auffällig ist auch, dass von den Interviewten bisher niemand an einem medienpädagogischen Projekt teilgenommen hat oder selbst produktiv war, z.B. einen Blog oder einen YouTube-Beitrag gestaltet hat. Die Teilnehmer*innen haben Medien als Instrumente der Artikulation von Bedürfnissen noch nicht (für sich) entdeckt. Einige der Befragten kennen zwar den Radiosender Ohrfunk – eine Radiosendung, die von blinden Menschen gestaltet wird –, sie haben aber keine konkrete Vorstellung von medienpädagogischen Projekten. Allerdings findet Beata die Idee, hinter der Kamera zu stehen und die technische Seite der Produktion kennenzulernen, reizvoll. Auch Fabian äußert Interesse, seine eigenen Texte auf einem Internetblog zu veröffentlichen, und Carla kann sich prinzipiell gut vorstellen, mal an einem Projekt teilzunehmen. Hier kann die inklusive Medienarbeit Zugänge eröffnen und durch aktive Medienarbeit einen Wandel im Medienhandeln hin zum aktiven Gestalten anstoßen (vgl. Lutz 2006: 14). Wichtig ist hierbei, dass die inklusive Medienarbeit besonders auf die Interessen der Zielgruppe abgestimmt sein muss und blinde bzw. sehbehinderte Menschen am besten schon bei der Projektplanung einbezogen werden.

Ebenso notwendig ist es, die Perspektive blinder Menschen bezüglich der Darstellung von Blindheit in den Medien aufzugreifen. Die derzeitige Berichterstattung stellt Menschen mit Behinderung stets vor die Kamera. Mit der Einbindung von Menschen mit Behinderung in die Produktion kann möglicherweise die eindimensionale und stereotype Darstellung in den Medien aufgebrochen werden. Durch Methoden der aktiven Medienarbeit können dann auch Menschen mit Behinderung selbst Produzent*innen von Medieninhalten werden. Auffällig ist, dass sich die derzeitige Projektarbeit bisher noch auf Heranwachsende konzentriert; allerdings gilt es auch die Zielgruppe der Erwachsenen in den Blick zu nehmen.

Durch die Interviews wird an verschiedenen Stellen deutlich, dass sich die Möglichkeiten einer gleichberechtigten Teilhabe von blinden Menschen zwar stetig verbessern, aber noch nicht selbstverständlich sind. Fabian betont, dass blinde Menschen ihre Bedürfnisse der sehenden Welt noch mitteilen müssen. Auch hier bieten sich Projekte aktiver Medienarbeit an, damit auch blinde Menschen Medien im Sinne eines Empowerments für die Artikulation ihrer Bedürfnisse nutzen können.

Ein wichtiges Anliegen der Interviewten ist weiterhin, dass in möglichen medienpädagogischen Projekten Begegnungsmomente geschaffen werden. So sehen sie die Stärke inklusiver Angebote im Austausch und der gegenseitigen Sensibilisierung. Fabian und Udo konstatieren, dass Begegnung und Austausch das Verständnis füreinander erweitern – das Inklusionsbewusstsein stärken. Udo beschreibt z.B., dass die Segregation in der Schule später am gemeinsamen Arbeitsplatz zu Unsicherheiten gegenüber blinden Menschen führt.

Eine Aufgabe der inklusiven Medienpädagogik ist demnach die Aufklärung und Sensibilisierung für die barrierefreie Gestaltung von Medienangeboten. Zunächst ist es notwendig, ein Bewusstsein dafür zu schaffen, dass Menschen mit unterschiedlichen Behinderungen an der gleichen Medienwelt teilhaben, um auf der nächsten Ebene das Wissen um barrierefreie Lösungen zu vermitteln und Angebote zur aktiven Medienarbeit zu schaffen.

Literatur

Aktion Mensch (2018): Was ist Inklusion? Abrufbar unter: https://www.aktionmensch.de/dafuer-stehen-wir/was-ist-inklusion.html [Stand 18.06.2018].

Aktion Mensch: Einfach für Alle. Screenreader nutzen – Anleitung für NVDA. Abrufbar unter: https://www.einfach-fuer-alle.de/artikel/screenreader-NVDA/ [Stand 19.06.2018].

Baacke, Dieter (1999): Medienkompetenz als zentrales Operationsfeld von Projekten. In: Dieter Baacke (Hrsg.): Handbuch Medien: Medienkompetenz – Modelle und Projekte. Bonn: bpb, 31-35.

Berger, Andrea/Caspers, Tomas/Croll, Jutta/Hofmann, Jörg/Kubicek, Herbert/Peter, Ulrike/Ruth-Jannek, Diana/Trump, Thilo (2010): Web 2.0/barrierefrei. Eine Studie zur Nutzung von Web 2.0 Anwendungen durch Menschen mit Behinderung. Bonn: Aktion Mensch e.V.

Bosse, Ingo (2017): Digitale Teilhabe im Kontext von Beeinträchtigung und Migration. In: von Gross, Friederike/Röllecke, Renate (Hrsg.): Dieter Baacke Preis Handbuch 12. Medienpädagogik der Vielfalt – Integration und Inklusion. Medienpädagogische Konzepte und Perspektiven. München: kopaed, 19-30.

Bosse, Ingo/Hasebrink, Uwe (2016): Mediennutzung von Menschen mit Behinderungen. Forschungsbericht November 2016. Bonn: Aktion Mensch e.V.

Boucher, Philip (2018): Assistive technologies for people with disabilities. In-depth analysis. Brussels: European Parliament.

Braunert-Rümenapf, Christine (2017): Der Inklusionsbegriff in der UN- Behindertenrechtskonvention und Bedingungen seiner Umsetzung. Vortrag auf dem Fachtag der Jugendberufshilfe: Die Rolle der Jugendberufshilfe im Berliner Bildungssystem – Die Jugendberufshilfe bietet inklusive Lösungsansätze an! Berlin. Abrufbar unter: https://www.berlin.de/lb/behi/service/veroeffentlichungen/lesenswertes/vortrag-inklusion-fachtag-jugendberufshilfe.pdf [Stand 12.02.2019].

Cramer, Colin/Harant, Martin (2014): Inklusion – Interdisziplinäre Kritik und Perspektiven von Begriff und Gegenstand. In: Zeitschrift für Erziehungswissenschaft, Vol. 17, H. 4, 639-660.

Dammer, Karl-Heinz (2011): All inclusive? Oder: Dabei sein ist alles? Ein Versuch, die Konjunktur des Inklusionsbegriffs in der Pädagogik zu verstehen. In: Pädagogische Korrespondenz, Zeitschrift für kritische Zeitdiagnostik in Pädagogik und Gesellschaft, H. 43, 5-30.

Degener, Theresia/Eberl, Klaus/Graumann, Sigrid/Maas, Olaf/Schäfer, Gerhard (Hrsg.) (2016): Menschenrecht Inklusion: 10 Jahre UN-Behindertenrechtskonvention – Bestandsaufnahme und Perspektiven zur Umsetzung in Sozialen Diensten und diakonischen Handlungsfeldern. Vandenhoeck & Ruprecht.

Franke, Martin (2016): Medien und Inklusion – Die Herausforderungen und Potentiale von blinden Menschen im Umgang mit mobilen Medien im Alltag. In: blindsehbehindert, Jg. 136, H. 3, 180-187.

Glaser, Barney/Strauss, Anselm (2005): Grounded Theory. Strategien qualitativer Forschung (2. Aufl.). Bern: Huber.

Hoffmann, Dagmar/Heidenreich, Susanne (2016): Zur Bedeutung und Funktion von Empowerment im Kontext inklusiver Medienpraxis. In: merz – medien + erziehung, Jg. 60, H.3, 6-8.

Huber, Nathalie (2004): Ohne Bilder im Bilde. Eine qualitative Studie zur Mediennutzung und Medienbewertung von blinden Menschen in Deutschland. München: LIT.

Katzenbach, Dieter (2015): Zu den Theoriefundamenten der Inklusion – Eine Einladung zu Diskurs aus der Perspektive der kritischen Theorie. In: Schnell, Irmtraud (Hrsg.): Herausforderung Inklusion. Theoriebildung und Praxis. Bad Heilbrunn: Klinkhardt, 19-33.

Lutz, Klaus (2006): Aktive Medienarbeit barrierefrei. In: Michaelis, Elke/Lieb, Oliver (Hrsg.): Ausdrucksstark – Modelle zur aktiven Medienarbeit mit Heranwachsenden mit Behinderung. München: kopaed, 13-21.

Mayring, Philipp (2015): Qualitative Inhaltsanalyse. Grundlagen und Techniken (12., überarb. Aufl.). Weinheim: Beltz.

Mogge-Grotjahn, Hildegard (2012): Soziale Inklusion – nur ein Modewort? In: merz | medien + erziehung, Jg. 56, H. 1, 12-15.

mpfs – Medienpädagogischer Forschungsverbund Südwest: KIM- und JIM-Studie. Abrufbar unter: https://www.mpfs.de/studien/?tab=tab-18-1 [Stand 21.08.2019].

Najemnik, Nicole/Zorn, Isabel(2016): Digitale Teilhabe statt Doing Disability: Assistive Technologien für inklusive Medienbildung im Kindergarten. In: Mayr, Heinrich/Pinzger, Martin (Hrsg.): Informatik 2016. Bonn: Gesellschaft für Informatik e.V., 1087-1096.

Nierling, Linda/Maia, Maria/Hennen, Leonard/Wolbring, Gregor/Bratan, Tanja/Kukk, Piret/Cas, Johann/Capari, Leo/Krieger-Lamia, Jaro/Mordini, Emilio (2018): Assistive technologies for people with disabilities – Part III: Perspectives on assistive technologies. Brussels: European Parliament.

Rauh, Bernhard (2016): Melancholische Anmerkungen zu archaischen Zügen des sonderpädagogischen Inklusionsdiskurses. In: Göppel, Rolf/Rauh, Bernhard (Hrsg.): Inklusion. Idealistische Forderung, individuelle Förderung, institutionelle Herausforderung. Stuttgart: Kohlhammer, 207-218.

Schluchter, Jan-René (2012): Medienbildung als Perspektive für Inklusion. In: merz – medien + erziehung, Jg. 56, H. 1, 16-21.

Schluchter, Jan-René (2016): Medien, Medienbildung, Empowerment. In: merz – medien + erziehung, Jg. 60, H. 3, 24-30.

Schwalb, Helmut/Theunissen, Georg (Hrsg.) (2012): Inklusion, Partizipation und Empowerment in der Behindertenarbeit. Best-Practice-Beispiele: Wohnen – Leben – Arbeit – Freizeit. Stuttgart: Kohlhammer.

SIN – Studio im Netz (2015): 16. Gautinger Internettreffen am 17. und 18. März 2015. Ein Netz für alle. Potentiale einer inklusiven Medienbildung. Abrufbar unter: https://www.studioimnetz.de/projekte/gautinger-internettreffen/rueckblick-2015/ [Stand 15.06.2018].

Süddeutsche Zeitung (2018): Eine Chance für die Vielfalt. Abrufbar unter: https://www.sueddeutsche.de/muenchen/dachau/inklusion-eine-chance-fuer-die-vielfalt-1.3968294 [Stand 19.06.2018].

von Gross, Friederike/Röllecke, Renate (2017): Medienpädagogik der Vielfalt. Integration und Inklusion. In: von Gross, Friederike/Röllecke, Renate (Hrsg.): Dieter Baacke Preis Handbuch 12. Medienpädagogik der Vielfalt – Integration und Inklusion. Medienpädagogische Konzepte und Perspektiven. München: kopaed, 11-15.

Wansing, Gudrun (2015): Was bedeutet Inklusion? Annäherungen an einen vielschichtigen Begriff. In: Degener, Theresia/Diel, Elke(Hrsg.): Handbuch Behindertenrechtskonvention. Teilhabe als Menschenrecht. Inklusion als gesellschaftliche Aufgabe (Schriftenreihe der Bundeszentrale für politische Bildung, Bd. 1507). Bonn: Bundeszentrale für politische Bildung, 43-54.

Zillmann, Dolf (1988): Mood Management through communication choices. In: American Behavioral Scientist, Vol. 31, Iss. 3, 327-340.

Zorn, Isabell (2015): Mission to Mars? Inklusive Medienbildung. Gautinger Internettreffen, Gauting. Abrufbar unter: https://prezi.com/lbkstoduijz-/mission-to-mars [Stand 25.05.2018].

Lizenz

Der Artikel steht unter der Creative Commons Lizenz **CC BY-SA 4.0**. Die Namen der Urheberinnen sollen bei einer Weiterverwendung genannt werden. Wird das Material mit anderen Materialien zu etwas Neuem verbunden oder verschmolzen, sodass das ursprüngliche Material nicht mehr als solches erkennbar ist und die unterschiedlichen Materialien nicht mehr voneinander zu trennen sind, muss die bearbeitete Fassung bzw. das neue Werk unter derselben Lizenz wie das Original stehen. Details zur Lizenz: https://creativecommons.org/licenses/by-sa/4.0/legalcode

Adrian Roeske/Katharina Heitmann
Nutzerwünsche an eine alternative Nachrichtenplattform
Co-Creation als Methode partizipativer Sozialforschung

Co-Creation stammt als Methode ursprünglich aus der Produkt- und Softwareentwicklung. In diesem Ansatz lassen sich aber auch Aspekte sozialwissenschaftlicher Forschungsmethoden wiederfinden. Im Rahmen des vom BMBF geförderten Forschungsprojekts *Tinder die Stadt*, welches mithilfe einer Plattform und dazugehöriger App eine bessere Kommunikation in der Stadtöffentlichkeit ermöglichen will, haben wir die Methode in experimenteller Form testen und in einem partizipativen Entwicklungsprozess erproben können. Der Beitrag stellt die im Prozess gewonnenen methodischen Erkenntnisse zusammen.

„Tinder die Stadt": Mit Co-Creation die Partizipation am Stadtgeschehen erhöhen

In dem vom Bundesministerium für Bildung und Forschung geförderten Verbundprojekt *Tinder die Stadt* wird derzeit eruiert, ob und wie sich die Methode Co-Creation für die angewandte Forschung eignet. Gemeinsam mit verschiedenen Akteur*innen der Stadtgemeinschaft entwickeln wir eine App, die einen Beitrag dazu leisten soll, die aktuell zu beobachtende Krise der lokalen Öffentlichkeit zu überwinden. Das Projekt verbindet empirische kommunikations- und medienwissenschaftliche Forschung mit innovativer, co-kreativer Softwareentwicklung. Ziel dieses Aufsatzes ist es, aufzuzeigen, warum und wie Co-Creation als Methode in der partizipativen Sozialforschung sinnvolle Anwendung finden kann.

Das Projekt geht von einer Krise der lokalen Öffentlichkeit in der Stadt und im angrenzenden Umland aus, die im Kern eine mangelnde Einbindung vor allem junger Menschen in die lokale Öffentlichkeit bzw. eine abnehmende Verbindung zum Gemeinwesen „Stadt" ist. Eine Ursache wie auch Folge hierfür sind eine zunehmende Segregation und Gentrifizierung der Stadt und angrenzender Gebiete (vgl. Smith/Williams 2010).

Die Stadt wird im Alltag vieler Bewohner*innen kaum noch als gemeinsamer, geteilter Kommunikationsraum sowie als (politische) Gemeinschaft wahrgenommen. Zwar werden digitale Medien vielfach für die Vernetzung auch im lokalen Raum eingesetzt (vgl. Hepp/Berg/Roitsch 2014), die Mediennutzung findet aber hochgradig individualisiert statt (vgl. Adoni et al. 2017; Hasebrink/Schmidt 2013). Obwohl die regionale Öffentlichkeit nach wie vor stark auf traditionelle Medien wie Lokalzeitungen oder Lokalradio setzt, schaffen es lokal ansässige Medienunternehmen kaum noch, junge Menschen zu erreichen. Abnehmende Leserzahlen (nicht nur unter den jüngeren Menschen) und Informationsdefizite sind die Folge (vgl. Harte et al. 2019; Tang/Lai 2018; Ytre-Arne/Moes 2018). Junge Menschen mit ihren sich nachhaltig verändernden Medienrepertoires und kommunikativen Vernetzungen werden nicht angemessen in den städtischen Kommunikationsraum einbezogen. Im Projekt *Tinder die Stadt* wurde explizit die sogenannte Millennial-Generation untersucht, also die Bevölkerungskohorte, der ab den 1980er-Jahren bis in die frühen 2000er-Jahre Geborenen. Jener Generation wird dabei nachgesagt, dass sie a priori digitalen Medien zugewandt sind.

Diese Krise ist in sich nicht zuletzt deshalb hochgradig ambivalent, weil gleichzeitig eine zunehmende Urbanisierung auch des ländlichen Raumes und ein Erstarken lokal ansässiger sozialer Bewegungen auszumachen sind. Ein möglicher Ansatz zur Lösung für diese Krise stellt eine neue, unabhängige Nachrichten-Plattform samt dazugehöriger App dar, die den gemeinsamen Kommunikationsraum wiederbeleben soll.

Von der ersten Konzeption der Idee bis hin zum Prototypen und der geplanten Realisierung einer marktfähigen App arbeitet unser Forschungsteam mit einer Vielzahl von Akteursgruppen zusammen, um einen möglichst breiten Querschnitt der Gesellschaft abzubilden. Ein Fokus liegt auf der Expertise junger Menschen. Weitere wichtige Akteur*innen sind professionelle Nachrichtenanbieter aus der Umgebung, politische Parteien sowie städtische Einrichtungen. Zudem haben wir lokal ansässige Kollektive, wie Verbände, Vereine, soziale Bewegungen oder (Nachbarschafts-)Initiativen und auch religiöse Gemeinden untersucht. Letztere Gruppe ist typischerweise auf eine Kommunikation mit der lokalen Gemeinschaft angewiesen, um z.B. auf Veranstaltungen aufmerksam zu machen oder neue Mitglieder und Unterstützer*innen zu finden.

All diese Akteursgruppen wurden zunächst unter Einsatz von Gruppendiskussionen und Einzelinterviews untersucht. Die formulierte These einer hochgradig ambivalenten Krise lokaler Öffentlichkeit hat sich hierbei in den erhobenen Daten bestätigt. Es wurde deutlich, dass über alle Gruppen hinweg trotz (oder gerade wegen) der Krise lokaler Öffentlichkeit ein vitales Interesse an lokalen Themen, insbesondere mit Bezug zur eigenen Lebenswelt besteht. Zudem ist ein deutlicher Wunsch nach einer thematisch breit angelegten und diskursiv orientierten lokalen Öffentlichkeit auszumachen. Es zeigt sich demnach ein *Paradox der Stadtöffentlichkeit*, bei dem das hohe Interesse an der Stadtöffentlichkeit und die Wertschätzung für diese einer gleichzeitig nachlassenden Anbindung an und Bindekraft durch diese gegenüberstehen. Diesen Widerspruch können bestehende Plattformen wie Facebook (Local) und Twitter aus Sicht der verschiedenen Akteursgruppen nicht lösen. Der Bedarf nach einer unabhängigen Informationsplattform, die verschiedene Inhalte vereint, gleichzeitig einen „Rundumblick" über das Stadtgeschehen bietet und sich trotzdem auf die jeweils eigenen spezifischen Interessen skalieren lässt, hat sich in der Erhebung bei den Nutzenden sowie Kollektiven stark widergespiegelt. Auch lokale Medienunternehmen und politische Gruppen problematisieren, dass zu unterschiedlichen, spezifischen Einzelthemen zu wenig informiert und grundsätzlich über Belange des jeweiligen städtischen Gemeinwesens zu wenig öffentlich debattiert werde (vgl. Hepp/Loosen/Breiter 2019).

Co-Creation: Weiterentwicklung von partizipativer Softwareentwicklung

Um auf Basis unserer empirischen Forschungsergebnisse eine solche Plattform zu entwickeln, haben wir uns des Co-Creation-Ansatzes bedient. Das Konzept stammt ursprünglich aus der Softwareentwicklung und bezieht sich auf den Einbezug von Nutzer*innen in sämtliche Phasen der Entwicklung und Verwertung eines Produktes (vgl. Voorberg/Bekkers/Tummers 2015). Dabei wird die Methode im Umfeld von „Innovationsvorhaben" eingesetzt und als Prozess verstanden. Unter anderem gilt Markenbindung hierbei als ein unternehmerisches Ziel (vgl. Vorbach/Müller/Nadvornik 2018). Dementsprechend gibt es Beispiele aus der Wirtschaft – wie z.B. *Lego Ideas* – eine digitale Plattform der Lego Group, auf der Personen Ideen für neue Lego-Produkte einreichen können, die anschließend einen mehrstufigen Prozess durchlaufen und am Ende in die Produktpalette des Unternehmens aufgenommen werden können. Die Nutzer*innen werden nicht nur von Beginn an eingebunden, sondern stehen im Mittelpunkt des Prozesses und werden am Ende unter anderem in finanzieller Form mit einer Beteiligung am Umsatz belohnt.[1]

Im Kern geht es bei unserem gewählten Ansatz darum, die Diversität von Ideen zu steigern, zu einer verbesserten Artikulation und gleichzeitig zu einem verbesserten Verständnis der Nutzenden zu kommen. Die beteiligten Akteur*innen lassen sich aus medienpädagogischer Sicht als sogenannte „Prosumenten" bezeichnen – also das in der handlungsorientierten Medienpädagogik bezeichnete Mitgestalten von Inhalten und dazugehörigen Produkten durch den Nutzenden (vgl. Grimm/Rhein 2007: 152f.). Ähnlich des Ansatzes von Co-Creation in der Softwareentwicklung sind Prosumenten nicht nur Nutzer*innen oder Konsument*innen bestimmter Medieninhalte, sondern partizipieren gleichzeitig an deren Weiterentwicklung. Während Co-Creation durch die Organisatoren dieses partizipativen Entwicklungsprozesses strukturiert wird, lassen sich doch Parallelen zum Prosumenten sehen. Dabei ist der Einsatz zu unterschiedlichen Zeitpunkten der Entwicklung denkbar. Das hat wiederum Folgen für die Freiheit in der Entwicklung, indem sowohl die Regularien als auch die zur Verfügung gestellten Tools immer enger bzw. präziser werden: Je später die Methode herangezogen wird, desto strukturierter ist in der Regel der Interaktionsprozess zwischen Nutzer*innen und Unternehmen (vgl. Ihl/Piller 2010).

Im Projekt *Tinder die Stadt* ist insbesondere der Diskussionsstand aus der partizipativen Softwareentwicklung aufgegriffen worden. Ähnlich der beschriebenen Vorgehensweise stehen die Nutzer*innen bei der Softwareentwicklung im Fokus, um deren Bedürfnisse sowie externes Wissen in die Entwicklung von Produkten und auch Diensten einzubeziehen. Ziel ist es auch hier, eine höhere Produktqualität zu erreichen und im besten Falle wirtschaftliche Erfolge zu erzielen (vgl. Piller/Ihl/Vossen 2010). In öffentlichen Einrichtungen geht es unter anderem um die Bereitstellung passender Angebote und die Verbesserung von Partizipation (vgl. Aichholzer/Strauß 2015; Nambisan/Nambisan 2013). Beispielhaft ist hierfür das Projekt *Mobile Age*, bei welchem in co-kreativer Form ein digitaler Stadtteilwegweiser für ältere Menschen entstanden ist. Das methodische Vorgehen wurde dort zum einen als Beteiligungsprozess und zum anderen als Beitrag zur Serviceentwicklung verstanden (vgl. Jarke/Gerhard 2017). Letztlich kann der Ansatz als Fortführung und Weiterentwicklung der partizipativen Softwareentwicklung verstanden werden (vgl. Sørensen/Henten: 72f.), bei welcher Bedürfnisse noch stärker eingebunden werden.

Partizipative Forschung: Verbindungslinien zu Co-Creation(-Prozessen)

In der empirischen Sozialforschung wird das aktive Einbeziehen von Personen unter dem Stichwort „partizipative Forschung" diskutiert, die als Oberbegriff für Forschungsansätze gilt, in der soziale Wirklichkeit partnerschaft-

Abb. 1: Stufen der Partizipation (Wright/Block/von Unger 2010)

lich erforscht und beeinflusst wird. Gesellschaftliche Akteur*innen werden als „Co-Forschende" verstanden, um gesellschaftliche Teilhabe zu fördern (vgl. von Unger 2014: 1). Partizipative Forschung ist hierbei als Methodologie zu verstehen, die für den Einbezug von Co-Forschenden argumentiert (vgl. Bergold 2007). Daran knüpft der Wandel des Rollenverhältnisses zwischen Wissenschaftler*innen und Beforschten im Horizont der Aktionsforschung an: Personen sollen demnach als eigenständige Akteur*innen im Forschungsprozess wahrgenommen und ein gemeinsames Handeln gestaltet werden (vgl. Munsch 2014: 1184). Gegenwärtig bietet die Aktionsforschung einen Denkansatz, um gesellschaftliche Akteure als Co-Forschende zu begreifen (vgl. ebd.: 1185f.). Alltagspraktisch zeigt sich das vor allem auf in politischen Zusammenhängen, wo zivilgesellschaftliche Partizipation und Beteiligung zuletzt an Gewicht gewonnen haben (vgl. von Unger 2014). Das Verhältnis von Gesellschaft und Wissenschaft befindet sich demnach im Wandel und neue Formen der Wissensproduktion sind möglich (vgl. ebd.).

Partizipation gilt als verwandter Begriff von Teilhabe, Mitbestimmung und Demokratisierung und erlebt bereits seit den 70er-Jahren eine Inflation in der Politikwissenschaft, die zunehmend auch auf die Sozialwissenschaften sowie die öffentliche Diskussion übergeht. Partizipation soll durch die Anregung zu aktiver Beteiligung unter anderem dazu beitragen, Gemeinwohl zu steigern (vgl. Scheu/Autrata 2013: 11 und 22). Zur Eingrenzung von Partizipation wird hier ein neunstufiges Modell herangezogen, das die Grenze für Partizipation dort zieht, wo Personen oder Einrichtungen mitentscheiden können oder mindestens dazu befähigt werden (vgl. von Unger

2012; Wright/Block/von Unger 2010). Auf der untersten Ebene liegen mit der Anweisung und der Instrumentalisierung Bereiche der „Nicht-Partizipation", welche aufsteigend über die „Vorstufen der Partizipation" und die tatsächliche Partizipation beschrieben werden. Mitbestimmung drückt sich als partiell vorhandene Entscheidungskompetenz aus. Auf der höchsten Stufe steht die Selbstorganisation, die zum einen über Partizipation hinausgeht und zum anderen von Maßnahmen oder Projekten ausgeht, die von der Zielgruppe selbst organisiert und durchgeführt werden.

Der Anspruch eines Co-Creation-Vorhabens kann es demnach sein, sich den Ansprüchen der partizipativen Forschung in unterschiedlichen Phasen auf den obersten Stufen anzunähern. Der jeweilige Grad an Kontrolle über Forschungsprozesse ist letztlich ein Kriterium dafür, inwieweit Forschung partizipativ ist (vgl. Bergold/Thomas 2012). Sowohl partizipative Forschung als auch Co-Creation sind voraussetzungsvoll, da zahlreiche Rahmenbedingungen erfüllt sein müssen, um eine Entscheidungsmacht von Co-Kreierenden zu ermöglichen.

Empirisches Vorgehen: Umsetzung von Co-Creation im Projekt

Für die Entwicklung unseres Prototypens wurden ab dem Sommer 2018 bis ins Frühjahr 2019 acht Co-Creation-Workshops durchgeführt. So sind die Akteur*innen der lokalen Öffentlichkeit bereits vor der ersten Konzeption der App in den Entwicklungsprozess einbezogen worden. Akquiriert wurden die Teilnehmenden zum Teil über Schulen und Freizeitheime, aber auch über Flyer, Mails und Social Media-Aufrufe. Wir hatten es insgesamt mit einer starken Heterogenität hinsichtlich Alter (15 bis 39 Jahre), formaler Bildung sowie Sozialmilieu zu tun, weshalb wir bei den Gruppenaufteilungen auf eine homogenere Gruppenstruktur geachtet haben. Das Setting der Workshops hat teils stark variiert, was vor allem forschungspraktische Gründe hatte. Bei der Arbeit mit Schüler*innen haben wir zum einen im eher formalen Bildungskontext Schule gearbeitet und zum anderen in außerschulischen Einrichtungen. Die Workshops mit den älteren Teilnehmenden konnten wir in den Laboren der beteiligten Forschungseinrichtungen durchführen. In allen Workshops haben wir auf eine kommunikationsfördernde Sitzordnung an Gruppentischen geachtet – ähnlich dem Setting einer Gruppendiskussion (vgl. Lamnek 2005).

Eine ideale inhaltliche Struktur der Workshops hat sich im Projektverlauf nicht herauskristallisiert, da die Inhalte immer wieder auf den Ergebnissen der vorangegangenen Workshops aufbauen mussten bzw. auf die

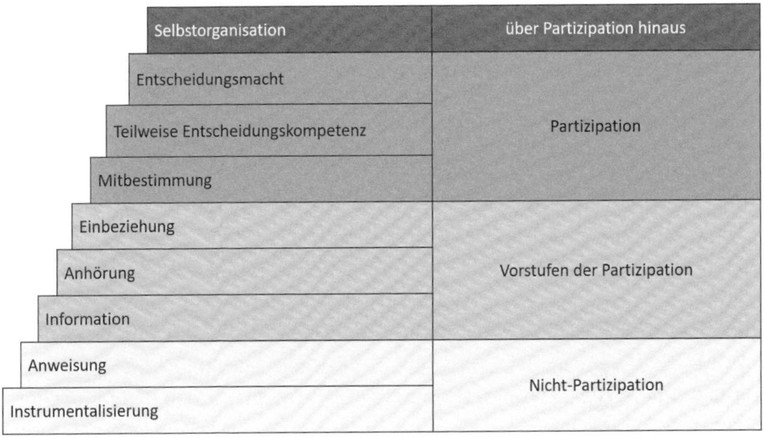

Selbstorganisation	über Partizipation hinaus
Entscheidungsmacht	Partizipation
Teilweise Entscheidungskompetenz	
Mitbestimmung	
Einbeziehung	Vorstufen der Partizipation
Anhörung	
Information	
Anweisung	Nicht-Partizipation
Instrumentalisierung	

Abb. 2: Co-kreatives Vorgehen und Ergebnisse aus den Co-Creation-Workshops (eigene Darstellung)

jeweilige Gruppe eingegangen werden musste. Der inhaltliche Ablauf der Workshops ist somit hochgradig kontextabhängig. Jeder Workshop wurde mit einem Methodenmix aus Input-, Interview- und Kreativphasen sowie kollaborativen Elementen ausgestaltet. So haben wir beispielsweise mit der Think Aloud-Methode aus dem Design Thinking sowie mit sogenannten A/B-Tests gearbeitet: Während ersteres verkürzt ein aktives Artikulieren der Eindrücke bei der Erprobung einer Anwendung beschreibt (vgl. van Someren/Barnard/Sandberg 1994), handelt es sich beim A/B-Test um einen Vergleichstest zwischen zwei Varianten des gleichen Systems (vgl. Schöberl 2004). In allen Fällen wurde an bestimmten Problemen und Fragestellungen im Hinblick auf die App gearbeitet. Hierbei sind verschiedene Anschauungsmaterialien eingesetzt und bereits erarbeitete Design-Elemente auf Papier mit Schere, Stiften und ergänzenden Materialien bearbeitet worden. Die Ergebnisse der Workshops wurden in ein sogenanntes Mockup der App – ein einfaches digitales Modell – übersetzt, auf dessen Basis im nächsten Workshop vertiefend weitergearbeitet werden konnte.

Methodische Erkenntnisse: Handlungsempfehlungen für zukünftige Projekte

Hinsichtlich der Durchführung der einzelnen Workshops hat sich ein von uns vorstrukturierter Ablauf- und fester Zeitplan bewährt. Auch wenn der Ablauf zum Teil flexibel angepasst worden ist, gab er den Sessions einen festen Rahmen, der sich positiv auf die Mitwirkungsbereitschaft der Teilnehmenden ausgewirkt hat, die außerdem höher lag, wenn die Personen bereits vorab an einer Gruppendiskussion im Rahmen des Projektes teilgenommen hatten. Bezüglich der Gruppengröße sollte die Vorbedingung der gegenseitigen Bekanntheit der Teilnehmenden berücksichtigt werden. So haben wir in Workshops, bei denen sich die Teilnehmenden gar nicht oder nur flüchtig kannten, gute Erfahrungen mit einer eher kleineren Gruppengröße von ca. fünf Personen gemacht. Bei Sessions mit Schulklassen war die Gruppengröße dementsprechend größer und lag bei bis zu zehn Personen, was aber durch den für die Schüler*innen gewohnten Kontext nicht problematisch war. Bei der Arbeit mit Schüler*innen ist hervorzuheben, dass das Setting der Durchführung für die Qualität der Workshops von hoher Bedeutung ist. So haben sich formale Bildungskontexte, wie die Schule und der Klassenverband, gegenüber nicht-formalen Bildungskontexten, wie Freizeitheimen, als deutlich gewinnbringender erwiesen, da die Schüler*innen hier weit mehr Engagement und Motivation zur Mitarbeit zeigten. Hierbei muss berücksichtigt werden, dass das Prinzip der Freiwilligkeit im Kontext Schule, in der die Bearbeitung von Aufgaben die Norm darstellt, in Teilen aufgehoben wird.

Zur Rollenverteilung der Co-Kreierenden lässt sich aus dem Projektverlauf heraus festhalten, dass sich die Rollen von Entwickler*in und Nutzer*in entgrenzt haben – ein Effekt, der durchaus gewünscht war: Als Entwickler*in oder Forscher*in braucht es ein Bewusstsein darüber, dass es zwischen beiden Gruppen verstärkt zu einer Teamarbeit kommt. Während der Co-Creation-Workshops können sich die Forschenden am ehesten als moderierender primus inter pares verstehen, während sie im gesamten Projektverlauf eine kuratierende Funktion einnehmen. Ein solches Verständnis findet sich auch in der partizipativen Forschung wieder (vgl. Bergold/Thomas 2012; Scariot/Heemann/Padovani 2012). Insgesamt hat sich gezeigt, dass der Erfolg der gemeinsamen Arbeit von der Ansprache der Teilnehmenden als Bürger*innen anstatt als Kund*innen von Vorteil ist.

Was ist nun der Mehrwert der Co-Creation-Methode im Hinblick auf das Projekt *Tinder die Stadt*? Die verschiedenen Akteur*innen der lokalen Gemeinschaft stellen für die Entwicklung des Lösungsmodells eine Bereicherung dar, da ihre Kompetenz, ihre Expertise, ihre Bereitschaft zu lernen und zu experimentieren für den Entwicklungsprozess von größter Bedeutung sind (vgl. Prahalad/Ramaswamy 2000). Wenn die jeweilige Expertise der verschiedenen Akteur*innen in die Entwicklung des Lösungsmodells einfließt, kann dies wiederum einen Mehrwert für das Produkt darstellen. Gleichzeitig wird so das Vertrauen zu den verschiedenen Bezugs- und Nutzergruppen aufgebaut und die Identifikation mit der Idee, dem Konzept und nicht zuletzt dem Produkt von Beginn an gefördert. Letzten Endes konnten wir durch den Co-Creation-Ansatz optimal auf die Bedürfnisse der Nutzer*innen eingehen und ein Lösungsmodell entwickeln – in unserem Fall eine einfache, intuitive Benutzbarkeit der App, die die Interoperabilität zu bestehenden Anwendungen und insbesondere offenen Daten sicherstellt, um so eine Akzeptanz und Verbreitung der App auf dem (übersättigten) Markt von mobilen Apps bestmöglich umzusetzen.

Fazit: Co-Creation und das Partizipationsdilemma

Co-Creation bietet aus der Wirtschaft kommend als Prozess und Methode die Chance, partizipative Sozialforschung mit nutzerzentrierter Softwareentwicklung zu verbinden. Somit können zum einen Software-Lösungen co-kreativ entwickelt und zum anderen unterschiedliche Lösungsmodelle diskutiert werden. Die Erforschung von Zusammenhängen, an denen unterschiedliche Akteursgruppen beteiligt sind, wird somit in einem partizipativen Prozess möglich. Neben den bereits dargestellten Chancen und Qualitäten sind mit der Methode auch einige Herausforderungen verbunden.

In methodischer Hinsicht ist es zunächst unabdingbar, den Prozesscharakter der Methode zu akzeptieren bzw. diesen sogar zu forcieren. Es ist notwendig, die jeweiligen Ergebnisse sukzessive umzusetzen und in den folgenden Workshops weiterzuentwickeln. Hierbei gilt es anzuerkennen, dass es sich bei diesem unter Umständen längeren Hergang um einen Aushandlungsprozess zwischen unterschiedlichen Anforderungen an das Produkt handelt. Diese intensive Aushandlungsarbeit kann aber zu einem für alle Seiten zufriedenstellendem und nachhaltig gewinnbringendem Ergebnis führen. Eine konsequente Umsetzung von Co-Creation hat sich im Projektverlauf als notwendig herausgestellt, auch wenn nicht alle Workshops in ihrer Ergiebigkeit gleich hoch einzuschätzen sind. Manchmal ist der Mehrwert eines einzelnen Workshops eher gering und der Aufwand steht in einem ungünstigen Verhältnis zum Ergebnis.

Eine weitere Herausforderung der Methode ist das von uns beobachtete und so bezeichnete „Partizipationsdilemma", das wir an drei Punkten festmachen:

1. **Es gibt immer „unsichtbare" Beteiligte:** Es ist äußerst schwierig, ein Feld so abzudecken und Partizipation so zu gestalten, dass auch genau die „Richtigen" mit einbezogen werden (vgl. auch Bergold/Thomas 2012). Hierfür bedarf es entsprechend niedrigschwellige Ansätze, die z.B. aus der partizipativen Sozialforschung für Co-Creation-Projekte abgeleitet werden können. Eine gleichberechtigte Beteiligung zu errei-

chen, die am Ende das komplette Feld und alle Interessen im Sinne der Repräsentativität abdeckt, kann das übergeordnete Ziel sein. Das gilt für die Akquise, aber auch für die Aktivierung der Teilnehmenden in den Workshops selbst: Es gibt Teilnehmende, die zwar rekrutiert werden konnten, sich dann aber in der Diskussion zurückhalten, sodass deren Ideen, Perspektiven und Expertisen „unsichtbar" bleiben und ihr co-kreatives Potential nicht mit einfließt.

2. **Partizipation lässt sich nicht verordnen:** Was ist, wenn diejenigen, die betroffen sind, gar nicht teilnehmen wollen oder sich eigentlich Beteiligte nicht als Beteiligte sehen (wollen)? Im Rahmen des Projektes zeigte sich, dass es unter Umständen schwierig ist, zu erläutern, aus welchen Gründen eine Teilnahme am Projekt relevant sein könnte. Der Transfer von Forschungsergebnissen spielt hier eine zentrale Rolle, um vorausgegangene Erkenntnisse so einzusetzen, dass Beteiligte sich auch als solche sehen.

3. **Co-Creation ist voraussetzungsvoll:** Aufseiten der Forschenden sollten bestimmte Grundwerte, Einstellungen und soziale sowie kommunikative Kompetenzen vorhanden sein, um einen derart komplexen Prozess in Gang zu setzen. Gleichzeitig sollte anerkannt werden, dass Nutzer*innen Expert*innen ihrer eigenen Lebenswelt sind und Argumentationen mitbringen können, die entgegen bestimmter Annahmen der Forschenden laufen: Ein entsprechendes Methodenrepertoire ist notwendig, um verschieden gelagerte Nutzgruppen zu aktivieren bzw. einzubeziehen. Partizipation lässt sich hierbei an unterschiedlichen Stellen des Prozesses in unterschiedlicher Ausprägung umsetzen, was wiederum dazu führt, dass Beteiligung nur begrenzt planbar ist. Zuletzt besteht kontinuierlich die Gefahr des Scheiterns, was dazu führen kann, dass sich ein womöglich vorhandenes Misstrauen in Forschung weiter verfestigt (vgl. von Unger 2012).

Wenngleich partizipative Forschung häufig Bezug auf die Arbeit mit marginalisierten Gruppen nimmt, lassen sich viele der Punkte auf die Initiierung von Co-Creation-Prozessen übertragen. Partizipation kann ebenso wie Co-Creation als dynamischer Prozess mit verschiedenen Schattierungen verstanden werden (vgl. ebd.), da beide von einer Vielzahl von Rahmenbedingungen abhängig sind. Insofern ist zumindest bei Forschungsvorhaben zu hinterfragen, ob Co-Creation so initiiert werden kann, dass es dem Verständnis von Partizipation als Selbstorganisation gerecht werden kann. Gleichzeitig bleibt gerade vor dem Hintergrund von vorhandenen Ressourcen und dazugehörigen Projektlogiken offen, an welchen Stellen eines Forschungsprozesses Entscheidungen an Co-Kreierende abgegeben werden können. Im Projekt *Tinder die Stadt* hat sich bereits gezeigt, dass dies nicht immer möglich ist, was mitunter auch von externen Faktoren, z.B. in Form von finanziellen Ressourcen, abhängen kann.

Die hier vorgenommene erste Annäherung von Co-Creation und partizipativer Forschung kann eine Grundlage für Projekte mit Beteiligungscharakter darstellen. Hierfür können die Anwendung sowie der Vergleich einzelner Praxen, wie Ansätze aus der Aktionsforschung, dem Community-based-participatory-research (CBPR) sowie der Praxisforschung zielführend sein. Als zentrale Handlungsempfehlung wollen wir den Abgleich der Zielvorstellungen von Co-Creation-Prozessen mit dem angeführten Stufenmodell aus der partizipativen Forschung mitgeben, um zum einen Transparenz über Forschungsprozesse herzustellen und sich andererseits zu vergewissern, welcher Grad von aktiver Einbeziehung tatsächlich gegeben ist.

Anmerkung

1 Siehe hierzu: *Lego Ideas*. Abrufbar unter: https://ideas.lego.com/howitworks [Stand: 08.04.2019].

Literatur

Adoni, H./ Peruško, Z./Nossek, H./Schrøder, K. C. (2017): Introduction: News consumption as a democratic resource – News media repertoires across Europe. Participations, 14(2), 226-252.

Bergold, Jarg (2007): Participatory strategies in community psychology research – a short survey. In: Bokszczanin, A. (Hrsg.): Poland welcomes community psychology: Proceedings from the 6th European Conference on Community Psychology. Opole: Opole University Press, 57-66.

Bergold, Jarg/Thomas, Stefan (2012): Partizipative Forschungsmethoden: Ein methodischer Ansatz in Bewegung. In: Forum Qualitative Sozialforschung/Forum: Qualitative Social Research, 13(1), Art. 30. Abrufbar unter: http://nbn-resolving. de/urn:nbn:de:0114-fqs1201302 [Stand: 10.07.2019].

Grimm, Petra/Rhein, Stefanie (2007): Slapping, Bullying, Snuffing! Zur Problematik von gewalthaltigen und pornografischen Videoclips auf Mobiltelefonen von Jugendlichen. Berlin: Vistas.

Harte, David/Howells, Rachel/William, Andy (2019): HYPERLOCAL JOURNALISM. The decline of local newspapers and the rise of online community news. London: Routledge.

Hasebrink, U./Schmidt, J.-H. (2013): Informationsrepertoires und Medienvielfalt in der Großstadtöffentlichkeit. Eine Untersuchung der Berliner Bevölkerung. In: Pfetsch, B/Greyer, J./Trebbe, J. (Hrsg.): MediaPolis – Kommunikation zwischen Boulevard und Parlament: Strukturen, Entwicklungen und Probleme von politischer und zivilgesellschaftlicher Öffentlichkeit. 1. Auflage ed. Konstanz: UVK, 161-184.

Hepp, Andreas/Berg, Matthias/Roitsch, Cindy (2014): Mediatisierte Welten der Vergemeinschaftung. Kommunikative Vernetzung und das Gemeinschaftsleben junger Menschen. Wiesbaden: Springer VS.

Hepp, Andreas/Loosen, Wiebke/Breiter, Andreas (2019): Zwischenbericht des Projekts „Tinder die Stadt". Software-bezogene Szenarien zur Überwindung der Krise mediatisierter Öffentlichkeit in Stadt und Umland.

Ihl, Christoph/Piller, Frank T. (2010): Von Kundenorientierung zu Customer Co-Creation im Innovationsprozess. Abrufbar unter: https://www.researchgate.net/publication/251189885_Von_Kundenorientierung_zu_Customer_Co-Creation_im_Innovationsprozess [Stand: 08.04.2019].

Jarke, Juliane/Gerhard, Ulrike (2017): Co-creation eines digitalen Stadtteilwegweisers für und mit älteren Menschen. In: Eibel, Maximilian/Gaedke, Martin (Hrsg.): INFORMATIK 2017. Lecture Notes in Informatics (LNI). Bonn: Gesellschaft für Informatik, 671-675.

Lamnek, Siegfried (2005): Gruppendiskussion. Theorie und Praxis. UTB: Stuttgart.

Munsch, Chantal (2014): Praxisforschung in der Sozialen Arbeit. In: Thole, Werner (Hrsg.): Grundriss Soziale Arbeit. Wiesbaden: VS Verlag für Sozialwissenschaften, 1177-1189.

Piller, Frank T./Ihl, Christoph/Vossen, Alexander (2010): A Typology of Customer Co-Creation in the Innovation Process. Abrufbar unter: https://ssrn.com/abstract=1732127 [Stand: 08.04.2019].

Prahalad, C.K./Ramaswamy, Venkatram (2000): Co-opting Customer Competence. Harvard Business Review from the JanuaryFebruary 2000 Issue.

Scariot, Cristiele/Heemann, Adriano/Padovani, Stephania (2012): Understanding the collaborative-participatory design. Abrufbar unter: https://www.ncbi.nlm.nih.gov/pubmed/22317129 [Stand: 08.04.2019].

Scheu, Bringfriede/Autrata, Otger (2013): Partizipation und Soziale Arbeit. Einflussnahme auf das subjektiv Ganze. Wiesbaden: Springer VS.

Schöberl, Markus (2004): Tests im Direktmarketing: Konzepte und Methoden für die Praxis. Auswertung und Analyse. Qualitätsmanagement und Erfolgsorientierung. 1. Aufl. Frankfurt/M.: Redline Wirtschaft Verlag.

Smith, N./Williams, P. (2010). Gentrification of the City (Reprint ed.). London u.a.: Routledge.

Sørensen, Jannick Kirk/Henten, Andreas (2014): Co-Creation of Innovations in ICT-Based Service Encounters. In: Sun, Zhaohao/Yearwood, Sun (Hrsg.): Handbook of Research on Demand-Driven Web Services: Theory, Technologies and Applications, 63-83.

Tang, Tang/Lai, Chih-Hui (2018): Managing old and new in local newsrooms: an analysis of Generation C's multiplatform local news repertoires. In: Journal of Media Business Studies, 15(1), 42-56. Abrufbar unter: https://doi.org/10.1080/16522354.2018.1459141 [Stand: 08.04.2019].

van Someren, Maarten W./Barnard, Yvonne/Sandberg, Jacobijn (1994): The Think Aloud Method. A practical guide to modelling cognitive processes. Abrufbar unter: http://echo.iat.sfu.ca/library/vanSomeren_94_think_aloud_method.pdf [Stand: 08.04.2019].

von Unger, Hella (2014): Partizipative Forschung. Einführung in die Forschungspraxis. Wiesbaden: Springer VS.

von Unger, Hella (2012). Partizipative Gesundheitsforschung: Wer partizipiert woran? [79 Absätze]. In: Forum Qualitative Sozialforschung/Forum: Qualitative Social Research, 13(1), Art. 7. Abrufbar unter: http://nbn-resolving.de/urn:nbn:de:0114-fqs120176 [Stand: 08.04.2019].

Voorberg, W. H./Bekkers, V./Tummers, L. G. (2015): A Systematic Review of Co-Creation and Co-Production: Embarking on the social innovation journey. In: Public Management Review, 17:9, 1333-1357, DOI: 10.1080/14719037.2014.930505

Vorbach, Stefan/Müller, Christiana/Nadvornik, Lukas (2018): Der "Co-Creation Square". Ein konzeptioneller Rahmen zur Umsetzung von Co-Creation in der Praxis. In: Redlich, Tobias/Moritz, Manuel/Wulfsberg, Jens P. (Hrsg): Interdisziplinäre Perspektiven zur Zukunft der Wertschöpfung. Wiesbaden: Springer Gabler, 299-314.

Wright, M. T./von Unger, H./Block, M. (2010): Partizipation der Zielgruppe in der Gesundheitsförderung und Prävention. In: Wright, M. T. (Hrsg.): Partizipative Qualitätsentwicklung in der Gesundheitsförderung und Prävention. Bern: Hans Huber, 35-52.

Ytre-Arne, Brita/Moe, Hallvard (2018): Approximately informed, occasionally monitorial? Reconsidering normative citizen ideals. In: The International Journal of Press/Politics, 23 (2), 227-246. Abrufbar unter: https://doi.org/10.1177/1940161218771903 [Stand: 08.04.2019].

Lizenz

Der Artikel, sofern nicht gesondert angegeben, steht unter der Creative Commons Lizenz **CC BY-SA 4.0**. Die Namen der Urheber*innen sollen bei einer Weiterverwendung genannt werden. Wird das Material mit anderen Materialien zu etwas Neuem verbunden oder verschmolzen, sodass das ursprüngliche Material nicht mehr als solches erkennbar ist und die unterschiedlichen Materialien nicht mehr voneinander zu trennen sind, muss die bearbeitete Fassung bzw. das neue Werk unter derselben Lizenz wie das Original stehen. Details zur Lizenz: https://creativecommons.org/licenses/by-sa/4.0/legalcode

4. Perspektiven aus der Praxis

Wolfram Hilpert
Einfach für Alle! Politische Bildung und Inklusion
Zum Konzept inklusiver Materialien der politischen Bildung. Das Beispiel der multimedialen bpb-Reihe „einfach POLITIK:"

Welche fachdidaktischen und inklusionspädagogischen Erkenntnisse können helfen, mediale Angebote der politischen Bildung mit inklusivem Anspruch erfolgreich zu entwickeln und zu nutzen? Der folgende Beitrag nutzt die fachwissenschaftliche Diskussion der inklusiven politischen Bildung (vgl. Dönges et al. 2015; Meyer/Hilpert 2018) und greift auf Erfahrungen zurück, die bei der Konzeptentwicklung des multimedialen Angebotes „*einfach* POLITIK:" der Bundeszentrale für politische Bildung/bpb gemacht wurden.

„*einfach* POLITIK:" ist ein Angebot der bpb, das sich an Menschen wendet, die klassische Angebote der politischen Bildung und der medialen politischen Berichterstattung nicht ansprechen. Die Produktwelt besteht aus Heften, Plakaten, CDs und Webseiten mit Dossiers, Artikeln, einem Lexikon und Hörbüchern. Gemeinsam ist den Angeboten, dass sie in Einfacher Sprache Politisches beschreiben und erklären.

Was sind die zentralen Fragen für die Gestaltung von Bildungsmaterialien?

Klassische Materialien zur politischen Bildung können für Menschen, denen es aus unterschiedlichen Gründen schwer fällt, Texte zu lesen, unverständlich sein. Andererseits können Materialien, die sprachlich einfach geschrieben sind, nur wenige Informationen enthalten, die oftmals komplexe, politische Prozesse verstehbar machen und Teilhabe erleichtern. Die Informationen können aber auch, da sie möglicherweise zu stark vereinfachen, missverständlich oder falsch sein. Es stellt sich also die Frage: Wie können Bildungsmaterialien sowohl gut als auch verständlich gestaltet werden?

Allerdings können auch Materalen, die verständlich und inhaltlich korrekt sind, Menschen ausschließen. Gründe dafür können sein: Bildungsmedien kosten zu viel Geld oder ihr Erwerb ist logistisch zu aufwendig. Ihre Texte sind für einige Menschen zu klein geschrieben, für andere sind ihre

Seiten zu verschachtelt gestaltet. Die Bebilderung eines Textes kann von einigen als zu kindlich empfunden werden oder nicht dem persönlichen Geschmack entsprechen. Der Text einer Audio CD ist für manche Menschen schwer verständlich, wenn er zu schnell gesprochen wird. Bei einem Film wäre eine Audiotranskription für manche Menschen hilfreich.

Wie also können Lernmaterialien gestaltet werden, damit sie möglichst vielen bisher exkludierten Menschen Zugang zur politischen Bildung eröffnen? Wie sind Medien zu gestalten, die zumindest einen kleinen Beitrag dazu leisten, Selbstbestimmung und Informationsbeschaffung zu erleichtern?

Politische Bildung und Inklusion

Im Mai 2019 ist das Grundgesetz 70 Jahre alt geworden: Ein guter Grund zum Feiern. Das Grundgesetz hat sich als ein tragfähiges gesetzliches Fundament der staatlichen Institutionen erwiesen. Und vor allem: Der durch das Grundgesetz konstituierte Staat ist als Demokratie in der Bevölkerung verankert. Diese Verankerung ist die wesentliche Grundlage und Bedingung seines Funktionierens. Denn der demokratische Staat lebt von Voraussetzungen, die er als Staat allein nicht garantieren kann. Er ist darauf angewiesen, dass Bürger*innen aus eigener Überzeugung freiwillig im Sinne der Demokratie handeln.

Eine funktionierende Demokratie ist also keine Selbstverständlichkeit. Dies zeigen die letzten Jahre deutlich. Die Demokratie des Grundgesetzes ist nicht zu unterschätzenden Herausforderungen ausgesetzt: Rechtspopulismus, Fake News, Hass im Netz oder eine gleichgültige Haltung gegenüber den Errungenschaften der Demokratie sind nur einige Stichworte, die dies veranschaulichen. Demokratie muss daher immer wieder erkämpft, legitimiert und erklärt werden.

Politische Bildung initiiert und unterstützt dieses Lernen. Sie hat deshalb eine für unsere Demokratie unverzichtbare Aufgabe.

Politische Bildung ist vor allem dort gefordert, wo Demokratie schwer zu verstehen ist. Aufgabe der politischen Bildung ist es, politische Prozesse verständlich zu machen: durch Angebote, die gelesen, gehört, gesehen werden können, durch Gespräche und praktisches Tun. Das in politischen Bildungsprozessen Erlernte soll ermöglichen, sich in den demokratischen Diskurs oder in demokratisches Handeln einzumischen und auch Mut dazu machen.

> „Politische Bildung versteht sich nicht als Elitenprojekt. Sie ist nicht auf die Ausbildung zukünftiger politischer Leistungsträgerinnen und Leistungsträger

gerichtet, sondern hat das Ziel, die Ausbildung politischer Urteils- und Handlungskompetenzen aller Bürgerinnen und Bürger – und mehr als das: aller Menschen – zu unterstützen." (Besand/Jugel 2015b: 100)

Manche Menschen bekommen in der Alltagspraxis keine Chance, Interesse an politischen Vorgängen zu entwickeln oder sich selbst als politisch handelnde Menschen zu erleben. Andere haben keinen Weg gefunden oder keine Angebote bekommen, die zentralen demokratischen Prozesse zu verstehen. Dieses Nicht-Verstehen dessen, was in der Politik geschieht, ist eine Barriere, die zur Exklusion aus dem politischen Prozess führen kann. Da Demokratie darauf angewiesen ist, dass möglichst viele Bürger*innen aus eigener Überzeugung freiwillig im Sinne der Demokratie handeln, schadet diese Exklusion der Demokratie. Inklusion, als das Bemühen verstanden, Exklusion zu vermeiden oder zu überwinden, ist ein für eine funktionierende Demokratie konstitutives Anliegen.

Nach der Verankerung der UN-Behindertenrechtskonvention (UN-BRK) in deutsches Recht ist Inklusion in der behindertenpädagogischen, aber auch der politischen Diskussion ein Leitbegriff für die gesellschaftliche Aufgabe der Gleichstellung von Menschen mit Behinderung geworden (vgl. Ackermann 2014 und 2015: 31). Mit dem Leitbegriff „Inklusion" wird der normative Anspruch formuliert, dass Menschen mit Behinderung als gleichwertig anerkannt werden (vgl. ebd.).

Kronauer weist darauf hin, dass Inklusion, wenn sie ein Menschenrecht darstellt, nicht auf Menschen mit Behinderungen begrenzt werden kann (vgl. Kronauer 2015: 20).

> „Denn das, was für die ‚Inklusion' von Menschen mit Behinderungen gelten sollte, nämlich dass sie bei Anerkennung ihrer besonderen Bedarfe ihre Lebensziele gleichberechtigt mit allen anderen Menschen verfolgen können, muss für eben jene anderen Menschen mit ihren besonderen Bedarfen gleichermaßen gelten". (ebd.)

Die menschenrechtliche Idee der Gleichwertigkeit aller Menschen kann per definitionem nicht nur auf eine gesellschaftliche Gruppe bezogen werden.

Inklusion ist vielmehr – wie Besand und Jugel es formulieren – „ein in allen gesellschaftlichen Teilbereichen vernetzt verlaufender Wandlungsprozess, der darauf abzielt, jedem Menschen in allen gesellschaftlichen Lebensbereichen auf Grundlage seiner individuellen Bedarfe Zugang, Teilhabe und Selbstbestimmung zu ermöglichen" (Besand/Jugel 2015a: 53).

Besand und Jugel konkretisieren die Bedeutung des Begriffes „Inklusion" für die politische Bildung: Ein politischer Bildner, der seine Aufgabe unter einer inklusiven Perspektive betrachtet, beschäftigt „sich intensiv und aufrichtig mit den folgenden Fragen [...]: Welche Bildungsteilnehmerinnen und -teilnehmer können aus welchem Grund mit konkreten Bildungsangeboten erreicht oder nicht erreicht werden? Welche Exklusionsmechanismen werden – wenn auch häufig unbeabsichtigt – im Rahmen von Bildungsangeboten wirksam und wie könnten diese (schrittweise) überwunden werden?" (Besand/Jugel 2015b: 102).

Bildungsmaterialien: Zielgruppe inklusiv definieren

Traditionelle Zielgruppenzuordnung infrage stellen

Aus den vorangegangenen Überlegungen folgt, dass inklusive Bildungsmaterialien einerseits das Ziel der gesellschaftlichen und politischen Teilhabe im Blick behalten und zugleich auch mögliche Exklusionsprozesse durch diese Materialien vermeiden sollten.

In unserer Gesellschaft sind bestimmte vulnerable Gruppen besonders von Ausschluss bedroht, da die Zugehörigkeit zu dieser Gruppe häufig mit negativen Zuschreibungen verbunden ist. Dies gilt zum Beispiel für Menschen mit Behinderung oder für Analphabet*innen. Einzelne Menschen in Bildungsprozessen diesen Gruppen explizit zuzuordnen, kann Exklusion verstärken oder reproduzieren, „einerseits durch die Separierung, andererseits durch die defizitorientierte Perspektivierung" (Zurstrassen 2014). Bei Textmaterialien, die sich durch deren grafisch-bildnerische Gestaltung oder durch die in dem Heft enthaltenen schriftlichen Aussagen und die Textgestaltung erkennbar z.B. an Menschen mit Behinderungen, Analphabet*innen, Migrant*innen wenden, besteht die Gefahr der Reproduktion defizitorientierter Zuschreibungskategorien (vgl. Besand/Jugel 2015b: 104ff.).

Bei der Produktion von Bildungsmaterialien sollte somit Sensibilität dafür bestehen, ob die Adressierung bestimmter Gruppen selbst Element des Exklusionsprozesses ist. Insofern spricht vieles dafür, für inklusive Materialien der politischen Bildung traditionelle Zielgruppenschemata zu überwinden. Materialien, die zwar vom Anspruchsniveau geeignet sind, aber an eine Gruppe adressiert sind, der man sich nicht zugehörig fühlt, werden möglicherweise nicht genutzt.

Dies ist bei wesentlichen didaktischen Grundentscheidungen der inklusiven politischen Bildung zu berücksichtigen, die weder einen spezifischen Politikbegriff noch einen besonderen Bildungsbegriff für bestimmte Zielgruppen beinhalten sollten.

"Im Kontext einer inklusiven politische Bildung geht es [...] nicht darum, Spezialdidaktiken für spezifische Zielgruppen wie ‚Behinderte', ‚Migranten', ‚Politikferne', ‚sozioökonomisch Benachteiligte' usw. zu entwickeln, es geht vielmehr darum, sich gezielt mit den Zugangsschwierigkeiten zu beschäftigen, die Menschen davon abhalten, sich mit politischer Bildung zu beschäftigen, und Angebote zu entwickeln, die diese Hindernisse abbauen." (Besand/Jugel 2015a: 55)

Eine inklusive Definition einer Zielgruppe für Materialien wäre nach Besand und Jugel eine, die nicht auf Eigenschaften wie Migrationshintergrund oder Behinderung rekurriert. Diese Eigenschaften konstituieren nämlich keine positiven kulturellen oder sozialen Gemeinsamkeiten. Menschen mit Behinderung oder Migrationshintergrund sind kulturell, sozial und natürlich auch in ihrem Lebensalter heterogen. Die Materialien sollten vielmehr ausgerichtet sein auf einen bestimmten Bedarf des Komplexitätsniveaus der schriftlichen, grafischen und ggfs. audiovisuellen Informationen.

Unbestreitbar ist dieser Ansatz aus Sicht einer inklusiven, das heißt Barrieren zwischen Gruppen überwindenden Bildung naheliegend. Wie sollen Kommunikations-Ghettos aufgelöst werden, wenn nicht durch neue zielgruppenoffene Ansätze? Insofern ist auch die Zielgruppe der Reihe *„einfach POLITIK:"* im Wesentlichen durch den Bedarf des definierten Komplexitätsniveaus der schriftlichen und grafischen Informationen bestimmt.

„einfach POLITIK:" vermeidet eindeutige Zielgruppenzuschreibungen und wendet sich ganz bewusst nicht an eine eng definierte Zielgruppe. Sie wendet sich an alle, denen es Einfache Sprache ermöglicht oder erleichtert, Zugang zu Politik zu finden. Dass für ein Produkt mit diesem Ansatz ein Bedarf da ist, bestätigen die hohen Absatzzahlen der Reihe. Die Hefte *„einfach* POLITIK:" haben derzeit eine Auflage von 50.000 bis 110.000 Stück. „Politik: Einfach für alle" (www.bpb.de/einfach-fuer-alle), das Angebot in einfacher Sprache auf bpb.de, wird monatlich mehrere zehntausendmal aufgerufen.

Barrieren überwinden: Verständliche Sprache, multimediale Vermittlungswege

Für manche Menschen stellt sprachliche Komplexität, für andere die Form der Vermittlung von politischen Inhalten, etwa mittels Schrift, Barrieren dar, die Verstehen verhindern. Aufgabe eines inklusiven Ansatzes ist es nun, Wege zu finden, wie diese Barrieren abgebaut werden können.

Sprachliche Komplexität reduzieren

Zur Reduktion sprachlicher Komplexität bieten sich folgende Empfehlungen an:
- Nutzen Sie gut verständliche Wörter, vermeiden Sie Fachbegriffe oder (für Politik häufig unverzichtbar!) erklären Sie diese.
- Formulieren Sie das, was Sie erklären wollen, in kurzen Sätzen. Vermeiden Sie Schachtelsätze.

Eine Reduktion der sprachlichen Komplexität ist aber eine besonders anspruchsvolle Herausforderung, die hohe fachliche Kompetenz auf dem Gebiet der politischen Bildung, aber auch Expertise im Schreiben leicht verständlicher Texte voraussetzt.

Bei den Heften *„einfach POLITIK:"* arbeiten Fachleute verschiedener Fachrichtungen zusammen: Fachleute für einfache Formulierungen, für politische Bildung und für wissenschaftliche oder juristische Fragen. Von besonderer Bedeutung ist das Feedback der Zielgruppe. Hinweise einer Gruppe von Prüfer*innen, die aus eigener Erfahrung Kompetenzen bei der Beurteilung von Verständlichkeit haben, haben für die Textentwicklung hohe Relevanz.

Konkret erfolgt die Erstellung der Texte der Reihe *„einfach POLITIK:"* in Kooperation mit dem Lehrstuhl Allgemeine Behindertenpädagogik und -soziologie des Instituts für Sonderpädagogik der Leibniz Universität Hannover. Das Team unter Leitung von Frau Dorothee Meyer erstellt die Texte in Zusammenarbeit entweder mit einer Gruppe aus den inklusionsorientierten Seminaren *Gemeinsam Lernen* oder in Zusammenarbeit mit Beschäftigten des *Büros für Leichte Sprache Hannover* (vgl. auch www.bpb.de/241078). Die Texterstellung erfolgt in mehreren Erarbeitungsschleifen in enger Einbeziehung der Redaktion der bpb. Zusätzlich geben Wissenschaftler*innen vor der Texterstellung den Autor*innen und der Redaktion Fachinformationen zum jeweiligen Thema. Nach der Texterstellung erfolgt eine fachliche Qualitätskontrolle.

Intention der Kooperationspartner ist, leicht zu verstehende Texte zu produzieren, die auch komplexe politische oder gesellschaftliche Sachverhalte fachlich korrekt wiedergeben. Dies erfordert die Einbeziehung unterschiedlicher fachlicher Disziplinen.

Multimediale Vermittlungswege nutzen

In der Einladung zum 35. Forum Kommunikationskultur 2018 beschrieb die veranstaltende Gesellschaft für Medienpädagogik und Kommunikationskultur (GMK) mediale Kommunikation und Interaktion als ein wesentliches Element gesellschaftlicher Teilhabe. „Doch längst nicht alle haben einen gleichwertigen Zugang zu digitalen Medien und zu Medienbildung in der digital geprägten Welt" (GMK 2018), erinnerte die GMK.

> „Um Kinder, Jugendliche und auch Erwachsene jeden Alters und mit unterschiedlichen Voraussetzungen kreativ und kritisch teilhaben zu lassen, sind Politik, Kultur und Bildung aktuell besonders gefordert. Inklusive Medienbildung hat das Ziel, alle Menschen zu erreichen und gemeinsames mediales Agieren anzuregen." (ebd.)

Dabei ist zu berücksichtigen, dass Menschen unterschiedliche Mediennutzungsgewohnheiten und auch unterschiedliche Zugangsmöglichkeiten zu bestimmten Medien haben. Manchen fehlt der Zugang zu digitalen Medien. Andere nutzen gerade diese, um für einen morgen stattfindenden Kurs unmittelbar Zugang zu einem bestimmten Material zu bekommen. Andere wiederum suchen gezielt digitales Material aus, mit dem sie Nutzungsprobleme bei schriftlichen Texten umgehen können. Insofern ist es zur Überwindung von Zugangsbarrieren für inklusive Materialien von Bedeutung, sich an diese unterschiedlichen Vorlieben und Zugangsmöglichkeiten anzupassen.

Für „*einfach* POLITIK:" ist es ein Anliegen, die schriftlichen Texte und Informationen auf verschiedene Weise auffindbar und zugänglich zu machen. So gibt es die Hefte „*einfach* POLITIK:", die als Print-Produkte nutzbar sind, auch auf den Webseiten der bpb als HTML- und PDF-Versionen. Zudem sind die in den Heften erklärten Begriffe auch im Lexikon „*einfach* POLITIK:" zu finden (www.bpb.de/einfach-fuer-alle).

Für alle, die Schwierigkeiten haben, Dokumente zu lesen, ist die Nutzung von audio- und audiovisuelle Medien ein realer Weg, sich durch die Barriere „Schrift" nicht behindern zu lassen. Deshalb bietet „*einfach* POLITIK:" seine Angebote auch als Audio-Dateien an. Für diejenigen, die problemlos Dateien downloaden können, stehen die Audio-Dateien zum Herunterladen zur Verfügung. Für diejenigen, denen ein Download nicht möglich ist oder die heruntergeladene Dateien nicht abspielen können, sind Audio-CDs erhältlich.

Auch Bewegtbild-Angebote mit Bildbeschreibungen oder Gebärdensprachendolmetschung wären Wege für potenzielle Nutzende, eine Barriere zu überwinden. Aufgrund der begrenzten Ressourcen hat „*einfach* POLITIK:" diesen Weg (noch) nicht bestritten.

Die Aufgabe „Inklusion" annehmen: Schlussfolgerungen für die Erstellung von Bildungsmaterialien

Inklusive Materialien sind keine „Übersetzungen" herkömmlicher Materialien

Inklusion ist als Akzeptanz von Heterogenität zu verstehen. Insofern gibt es keine herkömmlichen Lehrmaterialien und andere ergänzende Materialien für bestimmte Zielgruppen. Bildungsmaterialien und Lehrprozesse, die für die Zielgruppe „Bildungsbürger" konzipiert sind, können nicht normsetzend sein. Inklusion ist in der politischen Bildung nicht realisierbar als Übersetzung von in Fachsprache verfassten Inhalten in Leichte Sprache.

Warum Übersetzungen bei politischen Bildungsmaterialien nicht möglich sind, kann ein Beispiel verdeutlichen: In jedem Text werden Begriffe als bekannt vorausgesetzt. Mit diesen Begriffen werden unbekannte Sachverhalte erklärt. Bei Texten in Einfacher oder Leichter Sprache können und müssen weniger Begriffe als bekannt vorausgesetzt werden. Daraus ergeben sich nicht nur mehr Begriffsklärungen, sondern auch die Notwendigkeit, den didaktischen Aufbau eines Bildungsmaterials zu ändern. Wenn zum Beispiel das politische System der Bundesrepublik Deutschland erklärt werden soll, dann ist es ein grundlegender Unterschied, ob vorausgesetzt werden kann, dass die Begriffe „Staat" und „Gewaltmonopol des Staates" bekannt sind oder nicht.

In den 1990er-Jahren hat die Selbstvertretungsbewegung von Menschen mit Lernschwierigkeiten wichtige Impulse für die öffentliche Diskussion über Verständlichkeit von Informationen aller Art für Menschen mit Lernschwierigkeiten gegeben, die auch Ausgangspunkt der Entwicklung der Reihe „einfach POLITIK" waren (vgl. Meyer/Hilpert 2018: 353).

In der Diskussion um die Nutzung der Leichten Sprache in der politischen Bildung weist Zurstrassen auf die Gefahr einer unkritischen Nutzung der Leichten Sprache hin (vgl. Zustrassen 2015: 130). Wenn Menschen mit Lernschwierigkeiten lese- und schreibkulturell spezifisch sozialisiert werden und einen eigenen normierten Schreib- und Sprachstil mit spezifischen Schreibweisen und abweichenden grammatikalischen Regeln verwenden, wenn zudem Fachbegriffe vermieden werden, dann kann dies auch zu nicht gewünschten Exklusionsprozessen führen.

Fachbegriffe verwenden und erklären

Weder „bildungsbürgerliche" Informations- und Lehrmaterialien noch die in der Politik gebräuchliche Sprache und Redewendungen sind als normsetzend für einfache Materialien anzusehen.

Dies heißt aber nicht, dass die Ignorierung von Fachbegriffen einem inklusiven Anspruch gerecht wird. Fachbegriffe sind Bestandteil des gesellschaftlichen Diskurses. Begriffe wie „Erststimme" oder „Landesliste" finden sowohl in Fernsehnachrichten als auch in amtlichen Wahldokumenten Verwendung. Deshalb sollten wichtige, im Medienalltag und im politischen Geschehen genutzte Begriffe auch in inklusiven Lehrsituationen bzw. in Lehrmaterialien verwendet werden. Erforderlich ist allerdings, sie zu erklären.

Da die Erklärungen mit dem Ziel erfolgen, Teilhabe zu erleichtern, ist es sinnvoll, diese in den Bildungsmaterialien so zu verwenden, wie die Begriffe den Lesenden im Partizipationsalltag begegnen. Deswegen trennt zum Beispiel *„einfach* POLITIK:", anders als gemäß den Regeln der Leichten Sprache vorgesehen, zusammengesetzte Wörter wie „Wahlbenachrichtigung" nicht. In den Wahlbenachrichtigungen, die die zur Wahl aufgerufenen Bürger*innen zugesandt bekommen, soll der Begriff wiedererkannt werden.

Es stellt sich dann die Frage, für wen denn die Hefte *„einfach* POLITIK:" tatsächlich geeignet und sinnvoll zu nutzen sind. Sind sie für die allermeisten zu einfach? Werden dort Begriffe erklärt, die allgemein bekannt sind?

Ein Blick auf den Medienalltag kann helfen, diese Frage zu beantworten: Ein beliebtes Mittel, Lacher in Comedy-Sendungen zu generieren, sind Umfragen in Fußgängerzonen. Dabei werden Bürger*innen auf der Straße befragt und später wird sich in der Comedy-Sendung darüber lustig gemacht, wenn die befragte Person ganz offensichtlich gar nicht versteht, worüber sie redet. Auch wenn man dieses Genre nicht mag, es deckt auf, dass viele Menschen, gerade auch wenn es um Politik geht, mit Begriffen oder Sachverhalten operieren, die nicht wirklich verstanden werden.

Daraus folgt: Wenn *„einfach* POLITIK:" Fachbegriffe erklärt, dann heißt dies vor allem, dass die Hefte und Webseiten die Lesenden oder die Hörenden nicht zwingen, so zu tun, als ob die Beherrschung politischer Terminologie für alle selbstverständlich sei. *„einfach* POLITIK:" bringt Menschen nicht in Verlegenheit, so wie die oben genannte Umfrage auf der Straße. Nur weil die „Zweitstimme" auch in den Fernsehnachrichten und auf Wahlplakaten auftaucht, muss nicht klar sein, was der Unterschied zur „Erststimme" ist. Wenn die Unterschiede und ihre Bedeutung in den Heften zur Bundestagswahl erklärt werden, dann korrespondiert dies also nicht nur mit dem spezifischen Bedarf einer besonderen, der Sonderpädagogik zugeordneten Zielgruppe, sondern es wird etwas mit einfachen Worten beschrieben, das den meisten Menschen schwer fallen würde zu erklären.

Abb. 1: Illustration: Leitwerk. Büro für Kommunikation, Köln, ©bpb 2017

Sprachliche Gestaltung von „einfach POLITIK:"
Die Anregungen und Forderungen der Selbstvertretungsbewegung sind auch Ausgangspunkt der Entwicklung der Reihe *„einfach POLITIK:"*. Die Reihe greift als Regel formulierte Gestaltungselemente der Leichten Sprache auf. Aber sie weicht zum Teil auch bewusst von einzelnen Vorgaben des vom Netzwerk Leichte Sprache veröffentlichten Regelwerkes ab. Die Notwendigkeit hierzu ergibt sich aus den Zielsetzungen der politischen Bildung, wie etwa in dem oben genannten Beispiel, aber auch aus dem inklusiven, zielgruppenoffenen Ansatz der Reihe.

a) Charakteristika analog der Regeln „Leichte Sprache"
In Texten der Reihe *„einfach POLITIK:"* finden Verwendung:
- einfache Wörter
- kurze Sätze
- möglichst keine Nebensätze
- möglichst keine Passivkonstruktionen

Typisch für die Gestaltung der Broschüren der Reihe:
- größere Schrift als üblich (z.B. 14 pt)
- Zeilenumbruch nach Satzende oder nach Sinnabschnitten
- kurze Absätze, übersichtliches Layout
- Fotos, Illustrationen oder gezeichnete Bilder unterstützen das Textverständnis

Abb. 2: Illustration: Leitwerk. Büro für Kommunikation, Köln, ©bpb 2018

b) Charakteristika, die die Bezeichnung „Einfache Sprache" induzieren

Andere Charakteristika der Reihe sind Ergebnisse des Diskussionsprozesses. Sie sind Gründe, warum von Produkten in Einfacher Sprache gesprochen wird und nicht von solchen in Leichter Sprache. Dazu zählen:

- Es werden keine Bindestriche zwischen den Wortteilen zusammengesetzter Wörter verwendet.
- Fachbegriffe werden verwendet und eingeführt (z.B. absolute Mehrheit). Sie sind gekennzeichnet, fett geschrieben und werden erklärt.
- Die Texte vermeiden möglichst wertende Aussagen wie „das ist gut", auch wenn dies manchmal einfacher ist, als sachlich zu beschreiben.
- Die Sätze sind einfach, aber grammatikalisch korrekt.
- Um dem individuellen Bedarf derer, die etwas mehr wissen wollen, gerecht zu werden, erklären wir ergänzend auch Zusammenhänge, die etwas schwieriger sind, zum Beispiel: die 5 Prozent-Klausel im Bundestagswahlheft.

Zielgruppe Erwachsene: Hohe Anforderungen an die Bildsprache
Illustrationen haben in der Reihe „einfach POLITIK:" eine das Verständnis des Textes unterstützende Aufgabe. Die Bildauswahl bedarf sehr hoher Kompetenz bei der Einordnung in politisch-gesellschaftliche Sachverhalte und Sensibilität für politisch-gesellschaftliche Symbolik. Eindeutige Überrepräsentanz wie auch Unterrepräsentanz von Personen, die bestimmten gesellschaftlichen Gruppen zuzuordnen sind, wenn nicht inhaltlich besonders begründet, ist zu vermeiden. Mit anderen Worten: In inklusiven Bildungsmaterialien sollten z.B. auch Menschen mit Behinderung oder weibliche Muslima ihren Platz in den Darstellungen finden. Inklusivität bei Bilddarstellungen heißt aber nicht, dass auf die bildliche Wiedergabe von „alten weißen Männer" oder „jungen weißen Frauen" verzichtet werden sollte.

Von hoher Relevanz ist, dass die Reduktion von Komplexität nicht durch Rückgriff auf (problematische) Klischees erfolgt.

Die Bildgestaltung insgesamt und die Auswahl der einzelnen Bilder sollen die Lesenden nicht mit zu hoher Komplexität konfrontieren. Trotzdem dürfen die in Produkten der Reihe „einfach POLITIK:" verwandten Bilder nicht kindlich, simplifizierend wirken. Denn obwohl die Hefte, Webseiten und Hörbücher auch für Schüler*innen geeignet sind und die Produkte hohe Nutzungszahlen an Schulen aufweisen: Die Reihe ist und bleibt für Erwachsene konzipiert.

Bei der Erstellung der Illustrationen wird berücksichtigt, dass nicht alle Personen, die die Hefte lesen, dieselbe Kompetenz bei der Entschlüsselung von Bildaussagen haben. Deshalb können durchaus Bilder gewählt werden, die auf unterschiedlichen Ebenen interpretiert werden können. Auch die Verwendung von Bildern mit unterschiedlichen Funktionen (Veranschaulichung des Textes/weiterführende Erklärung) sind möglich.

Erstellen inklusiver Materialien: Zwischen dem Erfordernis der Reduktion und dem Bedarf an Auswahlmöglichkeiten

Anforderungen bei der Abgrenzung des Themenfeldes

Materialien in Einfacher Sprache können Menschen mit erweiterter Lesekompetenz helfen, Sachverhalte klarer zu verstehen. Ein Einsatz der Materialien in Einfacher Sprache kann somit, bei entsprechender didaktischer Planung, für alle sinnvoll sein, insbesondere für inklusive Gruppen. Einfache Sprache ist kein grundsätzlicher Hinderungsgrund für die gemeinsame Nutzung.

Wenn tiefer in ein politisches Themenfeld eingedrungen wird, werden die Inhalte komplexer und das Produkt umfangreicher. Komplexere Inhalte können insbesondere Menschen mit Lernschwierigkeiten überfordern. Dickere Hefte oder lange Webdossiers oder lange Laufzeiten von Audio-CDs können bei Menschen mit Lese- oder Lernschwierigkeiten Unlust hervorrufen.

Andererseits: Zu starke Reduktion des thematischen Angebotes schränkt die Auswahl nach dem individuellen Bedarf unverhältnismäßig ein und vermindert die Möglichkeit des Einsatzes in inklusiven Settings. Bei der Erstellung der Hefte bemühen sich die Machenden bei jeder Ausgabe um einen Weg, der einerseits dem Erfordernis der zielgruppengerechten Reduktion gerecht wird, der zugleich aber die Möglichkeit eröffnet, bei gegebenem Bedarf mehr als das (streng genommen nur individuell zu bestimmende) Allernotwendigste zu erfahren.

Derjenige, der individuell das Heft bestellt oder die Webseite liest, hat einen individuellen Wissensbedarf. Dem Lesenden soll noch die Möglichkeit bleiben, gemäß des individuellen Bedarfs auszusuchen und sich mit tiefergehenden Inhalten zu beschäftigen.

Nutzungsmöglichkeit in inklusiven Gruppen

Die Möglichkeit, Schwerpunkte auszusuchen, ist für den Lehrbetrieb von besonderer Bedeutung. Die Hefte der Reihe werden viel in der Schule, in Integrationskursen und in anderen Lehrsituationen verwendet. Dort können die Materialien als Ganzschrift eingesetzt werden. Aber es ist auch möglich, einzelne Kapitel gemäß der Unterrichtssituation herauszugreifen und zu behandeln. Und – dies ist ausgehend von der inklusiven Konzeption besonders wichtig – die Hefte bieten der oder dem Lehrenden die Möglichkeit der leistungsgerechten differenzierten Aufgabestellung.

Schlussbemerkung

Der inklusionspädagogische und fachdidaktische Diskurs ist für die Entwicklung inklusiver Materialien von großer Bedeutung. Auch für Medienpädagog*innen sind die fachlichen Überlegungen eine Hilfestellung für die Auswahl von Materialien. Insbesondere mit Blick auf digitale Medien bleibt abzuwarten, wie sich der Diskurs weiterentwickelt.

Literatur

Ackermann, Karl-Ernst (2014): Politische Bildung für eine inklusive Gesellschaft. Abrufbar unter: http://www.bpb.de/180603 [Stand: 15.08.2019].

Ackermann, Karl-Ernst (2015): Politische Bildung im inklusiven Bildungssystem – grundsätzliche Fragen. In: Dönges, Christoph/Hilpert, Wolfram/Zurstrassen, Bettina (Hrsg.): Didaktik der inklusiven politischen Bildung. Bonn: Bundeszentrale für politische Bildung, 18-29.

Besand, Anja/Jugel, David (2015a): Inklusion und politische Bildung – gemeinsam Denken. In: Dönges, Christoph/Hilpert, Wolfram/Zurstrassen, Bettina (Hrsg.): Didaktik der inklusiven politischen Bildung. Bonn: Bundeszentrale für Politische Bildung, 45-59.

Besand, Anja/Jugel, David (2015b): Zielgruppenspezifische politische Bildung jenseits tradierter Differenzlinien. In: Dönges, Christoph/Hilpert, Wolfram/Zurstrassen, Bettina (Hrsg.): Didaktik der inklusiven politischen Bildung. Bonn: Bundeszentrale für Politische Bildung, 99-109.

Dönges, Christoph/Hilpert, Wolfram/Zurstrassen, Bettina (Hrsg.) (2015): Didaktik der inklusiven politischen Bildung. Bonn: Bundeszentrale für politische Bildung.

Gesellschaft für Medienpädagogik und Kommunikationskultur/GMK (2018): 35. Forum Kommunikationskultur der GMK 2018. Medienbildung für alle – Digitalisierung. Teilhabe. Vielfalt. Abrufbar unter: https://www.gmk-net.de/gmk-tagungen/forum-kommunikationskultur/forum-kommunikationskultur-2018/ [Stand: 15.08.2019].

Bundeszentrale für politische Bildung/bpb (Redaktion: Hilpert, Wolfram) (24.05.2019): inklusiv politisch bilden. Abrufbar: http://www.bpb.de/inklusiv-politisch-bilden [Stand: 15.08.2019].

Kronauer, Martin (2013): Soziologische Anmerkungen zu zwei Debatten über Inklusion und Exklusion. In: Burtscher, Reinhard/Ditschek, Eduard-Jan/Ackermann, Karl-Ernst/Kil, Monika/Kronauer, Martin (Hrsg.): Zugänge zu Inklusion. Erwachsenenbildung, Behindertenpädagogik und Soziologie im Dialog. Bielefeld: Bertelsmann Verlag, 17-25.

Kronauer, Martin (2015): Politische Bildung und inklusive Gesellschaft. In: Dönges, Christoph/Hilpert, Wolfram/Zurstrassen, Bettina (Hrsg.): Didaktik der inklusiven politischen Bildung. Bonn: Bundeszentrale für politische Bildung, 30-44.

Meyer, Dorothee/Hilpert, Wolfram (2018): Politik, einfach für alle Grundlagen und Weiterentwicklungen der bpb-Reihe „einfach POLITIK:". In: Sonderpädagogische Förderung *heute,* 63 (2018) 4, Beltz Juventa, 345-355.

Netzwerk Leichte Sprache: Die Regeln für Leichte Sprache (27.05.2019). Abrufbar unter: https://www.leichte-sprache.org/wp-content/uploads/2017/11/Regeln_Leichte_Sprache.pdf [Stand: 15.08.2019].

Rüstow, Nadine (2015): Leichte Sprache – eine neue „Kultur" der Beteiligung. In: Dönges, Christoph/Hilpert, Wolfram/Zurstrassen, Bettina (Hrsg.): Didaktik der inklusiven politischen Bildung. Bonn: Bundeszentrale für politische Bildung, 115-125.

Zurstrassen, Bettina (2014): Zur Definition des Begriffs Inklusion – Überlegungen als Beitrag zur Definition eines Begriffs (aus Sicht der Politikdidaktik). Abrufbar unter: http://www.bpb.de/180303 [Stand: 15.08.2019].

Zurstrassen, Bettina (2015a): Zielgruppenorientierung. In: Dönges, Christoph/Hilpert, Wolfram/Zurstrassen, Bettina (Hrsg.): Didaktik der inklusiven politischen Bildung. Bonn: Bundeszentrale für politische Bildung, 110-114.

Zurstrassen, Bettina (2015b): Inklusion durch leichte Sprache? In: Dönges, Christoph/Hilpert, Wolfram/Zurstrassen, Bettina (Hrsg.): Didaktik der inklusiven politischen Bildung. Bonn: Bundeszentrale für politische Bildung, 126-138.

Lizenz

Der Artikel, sofern nicht gesondert angegeben, steht unter der Creative Commons Lizenz **CC BY-SA 4.0**. Der Name des Urhebers soll bei einer Weiterverwendung genannt werden. Wird das Material mit anderen Materialien zu etwas Neuem verbunden oder verschmolzen, sodass das ursprüngliche Material nicht mehr als solches erkennbar ist und die unterschiedlichen Materialien nicht mehr voneinander zu trennen sind, muss die bearbeitete Fassung bzw. das neue Werk unter derselben Lizenz wie das Original stehen. Details zur Lizenz: https://creativecommons.org/licenses/by-sa/4.0/legalcode

Christoph Marx/Luise Jahn
Selbstbestimmte mediale Teilhabe fördern: Das Projekt „Telling Stories/Geschichten erzählen"

Eine kurze Hinleitung

Mit dem Projekt *Telling Stories/Geschichten erzählen*[1] leistet der Landesfilmdienst Sachsen e.V. einen Beitrag, Menschen mit Behinderung[2] in ihrer selbstbestimmten medialen Teilhabe an der Gesellschaft zu unterstützen. Das Projekt basiert auf drei zentralen Tätigkeiten: Zum einen soll ein barrierearmes[3] sachsenweites Wanderkino etabliert werden, das sogenannte *Kino ohne Hürden!*. Dabei handelt es sich um individuell angepasste, filmkulturelle und medienpädagogisch orientierte Veranstaltungen vor Ort. Zum anderen werden Werkstätten initiiert, in denen Menschen mit Behinderung ihre eigenen medialen Produkte herstellen und so ihre eigenen Geschichten erzählen können. Zentrales Medium in diesem Bereich ist das elektronische Buch, das E-Book. Das dritte Tätigkeitsfeld besteht in Workshops und Fortbildungen für Fachkräfte in der Arbeit mit Menschen mit Behinderung, in welchen Ziele, Inhalte und Methoden des Projekts vermittelt und medienpädagogische Kompetenzen befördert werden sollen, vor allem auch um die Nachhaltigkeit der Projektarbeit sicherstellen zu können.

Im vorliegenden Artikel wird erläutert, wie es gelingen kann, ein solches Projekt erfolgreich umzusetzen und zu etablieren. Es wird die Rede sein von der Bedeutung niedrigschwelliger Erstangebote, vom Umfang des Begriffs Barrierefreiheit im Kontext der medienpädagogischen Arbeit sowie von den Vorteilen des E-Books als „multimodaler Baukasten". Darüber hinaus werden Gedanken zu gelingender Netzwerkarbeit geäußert, was die genauere Betrachtung potentieller Kooperationspartner*innen ebenso einschließt wie die Konzeption von Projektangeboten, welche verschiedene Akteur*innen „an einen Tisch bringen". Der Artikel liefert einen lebendigen Einblick in ein laufendes Projekt im Freistaat Sachsen und bietet Anregungen, wie medienpädagogische Arbeit den Anspruch an selbstbestimmte mediale Teilhabe realisieren kann.

Der Projektträger Landesfilmdienst Sachsen e.V.
Der Landesfilmdienst Sachsen für Jugend- und Erwachsenenbildung e.V. (LFD) ist ein gemeinnütziger Verein, landesweit anerkannter freier Träger und seit 1990 tätig. Er dient der Aus- und Weiterbildung, der Erziehung sowie der Kin-

der- und Jugendhilfe. Dazu entwickelte der LFD ein inhaltliches und organisatorisches Profil mit medienpädagogischer und -didaktischer Zielrichtung. Im Mittelpunkt steht dabei die Förderung der Medien- und Informationskompetenz von Kindern, Jugendlichen, Multiplikator*innen und Eltern, das heißt die Beförderung des sachgerechten, selbstbestimmten und verantwortlichen Umgangs mit Medien als konstitutives Element gesellschaftlicher Teilhabe. Vor diesem Hintergrund richtet der LFD seine Angebote auf die Förderung medialer selbstbestimmter Teilhabe aus und hat dementsprechend diverse Projekttätigkeiten konzipiert. Diese münden in das von 2015 bis 2017 durchgeführte Modellprojekt *Medien. Machen. Teilhabe*, auf dessen Erfahrungen und Ergebnissen wiederum *Telling Stories/Geschichten erzählen* basiert.

Zentrale Fragen und Rahmenbedingungen

Wie die Bundesrepublik Deutschland insgesamt befindet sich auch der Freistaat Sachsen auf dem Weg, die 2009 ratifizierte UN-Behindertenrechtskonvention umzusetzen. Ein Aktionsplan der Sächsischen Staatsregierung ist seit 2016 in Kraft. Der zugehörige Webauftritt „Behindern verhindern" informiert über die diversen Handlungsfelder, wie z.B. Arbeit, Bildung, Mobilität, und initiiert die Vernetzung sowie gemeinsame Aktivitäten politischer und zivilgesellschaftlicher Akteur*innen; durch die „Förderrichtlinie Teilhabe" werden Projektvorhaben freier Träger unterstützt. Dabei ist aber auch zu konstatieren, dass es sich um einen „steinigen und kurvenreichen Weg" hin zur inklusiven Gesellschaft handelt, wie auch Valentin Aichele kürzlich dargelegt hat (Aichele 2019). Angesichts der Existenz traditionell gewachsener Fürsorgestrukturen bzw. -institutionen – hier muss auf die weiterhin existierenden allgemeinbildenden Förderschulen sowie die quantitative Bedeutung von Wohnheimen und Werkstätten für Menschen mit Behinderung exemplarisch hingewiesen werden – verwundert dies nicht. Daher stellt sich für die Etablierung eines Projekts wie *Telling Stories/ Geschichten erzählen* die wichtige Frage, wie Angebote für selbstbestimmte mediale Teilhabe in einem Umfeld gemacht werden können, in dem Menschen mit Behinderung zwar professionell in ihrem Lebensalltag unterstützt werden und zahlreiche Hilfestellungen erhalten, dies aber funktionslogisch zu Lasten ihrer Selbstbestimmung geschieht. Auf die Träger derartiger Strukturen sowie die darin arbeitenden Personen als Projektpartner*innen kann folglich nicht verzichtet werden. Sie erscheinen aber auch als Projektzielgruppe.

Sachsen weist einige Besonderheiten auf, welche Berücksichtigung bei der Projektplanung finden. Im Freistaat leben etwa 400.000 Menschen mit gültigem Schwerbehindertenausweis (Stand: 31.12.2017), es handelt sich also um ca. zehn Prozent der vier Millionen Einwohner*innen (vgl. Statistisches Landesamt des Freistaates Sachsen 2019). In drei Großstädten, Chemnitz, Leipzig und Dresden, leben ca. 1,4 Mio. Personen, der Rest teilt sich auf den ländlichen Raum auf. Diese vor allem durch Kleinstädte geprägten Regionen haben seit 1990 signifikant an kulturellen Vor-Ort-Angeboten verloren, was z.B. an der Nichtexistenz von Kinos sichtbar wird und vor allem für Menschen mit Behinderung mit erhöhten Teilhabehürden einhergeht.

Ein sachsenweites Projekt muss diesen Tatsachen Rechnungen tragen. Im Abschnitt „Verschiedene Akteur*innen an einen Tisch bringen" wird herausgearbeitet, was das in der Praxis bedeutet. Berücksichtigung muss natürlich auch der Anspruch finden, eine methodisch und didaktisch angemessene Förderung der Teilhabechancen zu organisieren. Abgeleitet aus medienpädagogischer Perspektive wird dieser Anspruch untersetzt durch die Ziele, Medienkompetenz zu fördern und eine inklusive Medienbildung zu leisten. Daraus leiten sich, konzeptionell gesehen, drei Felder medialer Teilhabe ab: die Teilhabe in, an und durch Medien (vgl. Bosse/Schluchter/Zorn 2019: 26ff.). Folglich ist die Frage zu beantworten, wie eine möglichst starke Verzahnung der drei Projektsäulen, nämlich des Wanderkinos, der Medienwerkstatt und der Fortbildung, sowohl im Projektdesign als auch in der Durchführungspraxis gelingen kann.

Grundlegend für alle Überlegungen ist dabei der Begriff der Barrierefreiheit. Dieser erfährt im medialen Bezug eine deutliche Ausweitung im Vergleich zu einer Definition, die vorrangig die Beseitigung baulicher Hürden beinhaltet. Auch die strukturimmanenten Barrieren, die sich aus der Wohnungs-, Bildungs- und Arbeitssituation von Menschen mit Behinderung ergeben, müssen in den Blick genommen werden. Bei einer so verstandenen Barrierefreiheit muss also auch die Beseitigung einer, auch in anderen Lebensbereichen wohlbekannten „Betriebsblindheit" für neue und naheliegende Wege und Lösungen angegangen werden. Dreh- und Angelpunkt an dieser Stelle ist die Frage, wie sich passende niedrigschwellige „Einstiegsangebote" planen und vermitteln lassen.

Niedrige Schwellen – Offene Inhalte

Vom Begriff der Barrierefreiheit

Die Multidimensionalität des Terminus „Barrierefreiheit" ist hinlänglich erfasst und längst auch gesetzlich verankert. Er fordert laut §4 des Bundesgleichstellungsgesetzes, dass Angebote für Menschen mit Behinderung „ohne fremde Hilfe" (BMAS 2016) wahrnehmbar sein sollen. Dabei handelt es sich durchaus um eine Herausforderung, wie Anne Haage und Christian Bühler herausgearbeitet haben (Haage/Bühler 2019). Wenn man den Begriff umfassend auf die eigenen Projekttätigkeiten anwendet, sind einige grundlegende

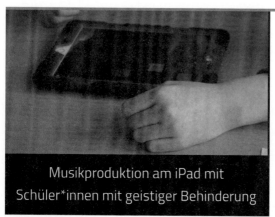

Abb. 1: ©Marx/Jahn

Überlegungen notwendig und das Konzept des „universal design"[4] maßgeblich. Zunächst sollte der Webauftritt barrierefrei sein, ebenso ist die weitere Öffentlichkeitsarbeit unter den Maßgaben von Einfacher oder sogar Leichter Sprache zu überprüfen. Im Bereich der aktiven Medienarbeit müssen Inhalte und Methoden im Hinblick auf konkrete Zielgruppen stets neu bedacht werden. Bei Ausschreibungen, z.B. für offene Ferien-Projektwochen, stellt sich die Frage, wie auch Menschen mit Behinderung behutsam angesprochen und zur Teilnahme eingeladen werden sollen. In Bezug auf das *Kino ohne Hürden!* können Barrieren durch den Einsatz mobiler Endgeräte und entsprechender Apps[5] sowie durch Vor- und Nachgespräche beseitigt werden. Derartige Vorüberlegungen allgemeiner Art haben dennoch ihre Grenzen. Denn barrierefrei werden viele Veranstaltungen erst dann, wenn gemeinsam mit den Kooperationspartner*innen im Vorfeld alle eventuell behindernden Bedingungen erfasst und im besten Sinn ausgeräumt wurden. Der Aspekt gegenseitiger Beratung ist also zu berücksichtigen, jede Veranstaltung muss zielgruppengerecht angepasst werden, um Teilhabe ermöglichen zu können. Natürlich findet hier der Anspruch der Inklusion seine Grenzen, wie dies auch schon herausgearbeitet wurde (siehe „Rahmenbedingungen").

Filmkultur als Erstangebot: Das „Kino ohne Hürden!"
Ein Auszug aus der Bewerbung des Projekts:

> „Der Ausflug ins Kino stellt für viele Menschen ein ganz besonderes Erlebnis dar. Die Geschichten, die hier erzählt werden, bleiben den meisten noch

lang im Gedächtnis und im Herzen. Doch leider gibt es gar nicht überall eine Spielstätte [...] und schade ist es noch dazu, wenn man die Filme aus verschiedensten Gründen gar nicht sehen, hören oder verstehen kann."

Die Erkenntnis, dass auch Menschen mit Behinderung gern ins Kino gehen, ist banal, aber wahr. Die Auswertung zahlreicher Fragebögen von Fachkräften aus Einrichtungen, in denen das *Kino ohne Hürden!* Station gemacht hat, sowie der Rückmeldung der Teilnehmenden zeigt, dass das Interesse an „normalen" Filmen, welche auch Menschen ohne Behinderung schauen, außerordentlich groß ist. Die Kombination aus kleinstädtischer Struktur mit wenig kulturellem Angebot sowie dem Alltag in der Werkstatt/im Wohnheim ergeben jedoch eine negative Spirale: Denn selbst wenn es z.B. ein Kino im Nachbarort gibt, ist es schwer, dieses zu erreichen, wenn man entweder auf den eigenen Fahrdienst oder ÖPNV angewiesen ist. Es handelt sich hierbei um ein konkretes Beispiel für ein zentrales, in der Fachliteratur schon mehrfach konstatiertes Diskriminierungsphänomen (vgl. Bosse/Schluchter/Zorn 2019: 20). An dieser Stelle versucht das *Kino ohne Hürden!* als mobiles und individuell angepasstes Vor-Ort-Angebot gegenzusteuern. Welche Erkenntnisse und nachhaltigen Effekte sich durch derartige filmkulturelle Veranstaltungen einstellen können, liegt dabei in der (gemeinsamen) Auswahl der Filme sowie der medienpädagogischen Einbettung dieser Veranstaltungen, z.B. durch das klassische Vor- und Nachgespräch zum Film, das Hürden abbaut und für Reflexionsleistungen auf Basis des Gesehenen sorgt.

In jedem Fall kann das Wanderkino auf diese Weise auch Berührungsängste mindern, das zugrunde liegende Projekt bei den Zielgruppen bekannt machen und so weitere Zusammenarbeiten anbahnen. Wenn sich die unterschiedlichen Akteur*innen und Träger erst einmal kennengelernt haben, entsteht beiderseitiges Vertrauen. So lässt sich dann zum Beispiel das bereits vorhandene Interesse an Unterstützung bei der Förderung der kompetenten Nutzung von Smartphone/sozialen Medien viel einfacher und konkreter als Bedürfnis formulieren. In diesem Sinn kann das *Kino ohne Hürden!* sowohl als in sich abgeschlossenes Projekttätigkeitsfeld als auch als niedrigschwelliges Erst- bzw. Einstiegsangebot in nachfolgende Medienwerkstätten oder gar Fortbildungen verstanden werden.

Das E-Book als multimodaler Baukasten

Bezogen auf die geforderte Barrierefreiheit stellen E-Books eine hervorragende Möglichkeit für die aktive Medienarbeit dar.[6] Ein E-Book bietet die Möglichkeit, Inhalte in Form von (Hyper-)Texten, Bildern, Animatio-

Abb. 2: ©Marx/Jahn

nen, Videos und Audioaufnahmen, das heißt multicodal, bereitzustellen. Darüber hinaus ist es möglich, die Inhalte sowohl inhalts-, verständnis- und lernfördernd multimedial ergänzend darzustellen als auch auf verschiedenen „Wegen" parallel vermitteln zu können. So kann der Text durch ein Bild ergänzt werden oder als Audiodatei zusätzlich angeboten werden. Ein Bild erleichtert oder ermöglicht die visuelle Vorstellung des Inhalts, was alleine mit Text schwierig oder unmöglich wäre. Man kann somit von Multimodalität sprechen. Das bedeutet, dass die Informationen (auch redundant) mit mehreren Sinnesmodalitäten wahrgenommen und verarbeitet werden können. Bestimmte Einschränkungen in Bezug auf nicht-multimediale digitale Medien verlieren so zunehmend an Bedeutung und Zugangshürden werden niedriger.

Diese Aspekte sind auch insofern wichtig, da in der aktiven Medienarbeit gerade mit Menschen mit Behinderung eine Offenheit hinsichtlich der Methoden als auch der selbstgewählten (Geschichten-)Inhalte geboten ist. Vor allem Jugendliche verlieren schnell das Interesse am Projekt und sind demotiviert, wenn ihnen Themen und Vorgehensweisen zu stark vorgegeben werden. Individualisierung und Differenzierung sind wesentliche methodische Rahmenbedingungen in der inklusiven Medienbildung (vgl. Schluchter 2019). Dadurch entstehen selbst in einer kleinen Gruppe von vier Personen zahlreiche, höchst unterschiedliche und nebeneinander existierende Produkte. Diese können dann mithilfe des E-Books als eine Art

Abb. 3: ©Marx/Jahn

„Baukasten" wieder zusammengeführt werden. In *Telling Stories/Geschichten erzählen* geschah und geschieht dies häufig in Form eines Projekttagebuchs. In diesem werden die Tätigkeiten des Tages in verschiedenen Formen zusammengefasst sowie erstellte eigene Medien integriert. Auch eine regelmäßige gemeinsame Reflexion des Geschehenen ist auf diese Weise möglich.

Das Projekt bekannt machen

Erfolgreiche Netzwerkarbeit

Projekttätigkeiten mit Menschen mit Behinderung werden nur dann stattfinden, wenn diese vom Projekt erfahren. Wie kann dies gelingen? Vor allem: Welche Schritte sind zu unternehmen, damit dies gelingt und zudem das Projekt eine Breitenwirkung erzielt trotz begrenzter finanzieller Ressourcen?

Die eigentliche Zielgruppe ist zunächst um die Fachkräfte und Trägerinstitutionen zu erweitern, wie schon in Kapitel „Zentrale Fragen und Rahmenbedingungen" ausgeführt wurde. Projektpartner in Sachsen sind somit Deutsches Rotes Kreuz, Diakonisches Werk, Arbeiterwohlfahrt, Arbeiter-Samariter-Bund, Caritas u.ä. Daneben existieren Träger für Werkstätten, wie die Landesarbeitsgemeinschaft Werkstätten für behinderte Menschen Sachsen e.V. All diese haben das Bedürfnis, den durch sie betreuten MmB

(Menschen mit Behinderung) abwechslungsreiche und sinnvolle Gestaltungsangebote für den Alltag zu machen. Das Potential, gemeinsam MmB in ihrer gesellschaftlichen Teilhabe zu unterstützen, ist demnach sehr hoch, die Kluft zwischen denjenigen mit Bedarf und jenen mit passenden Angeboten ist gering. Ansprechpartner*innen in den genannten Trägerstrukturen sind dabei vor allem die Einrichtungsleiter*innen sowie jene Personen, welche die Fachberatung für die entsprechenden Einrichtungen verantworten. Diese Akteur*innen sind in der Regel gegenüber einem Telefongespräch, einem per Mail unterbreiteten Angebot und auch einem Vor-Ort-Termin sehr aufgeschlossen.

Darüber hinaus ist die Vernetzung der vielen verschiedenen weiteren Akteur*innen freier Trägerschaft sowie der Regelstrukturen, wie z.B. der Jugendämter, unabdingbar. In Sachsen existieren zu diesem Zweck verschiedene Netzwerke, im Besonderen sind die Servicestelle für Inklusion im Kulturbereich sowie das Inklusionsnetzwerk Sachsen zu nennen. Die Mitglieder dieser Netzwerke treffen sich regelmäßig, bearbeiten gemeinsam für alle relevante Themen, organisieren Fachtage oder auch Aktionswochen für mehr Teilhabe und vieles mehr. Die Präsenz des eigenen Projekts oder auch Projektträgers in diesen Zusammenschlüssen ist außerordentlich wichtig, denn durch sie können neue Partner*innen gefunden, Projektangebote nachhaltig gestaltet und die eigene Arbeit inhaltlich und auch methodisch verbessert werden.

In ebensolchen Netzwerken sind auch die Vereine und Verbände aktiv, welche sich für die Belange von Menschen mit Behinderung vor allem lokal und regional einsetzen, wie z.B. die Behindertenverbände. Sie stellen die örtlichen Interessenvertreter*innen von MmB dar und übernehmen wichtige Scharnierfunktionen zwischen den MmB und anderen gesellschaftlichen Akteur*innen. Der Bedarf an Unterstützung ist bei ihnen stets hoch, die Erfahrungen in der Zusammenarbeit mit Trägern aus der Medienbildung aber meist sehr gering. Insofern ist es nötig, die verantwortlichen Personen direkt anzusprechen und konkrete Angebote zu machen und zumindest um Weiterverbreitung zu Selbsthilfegruppen etc. zu bitten.

Bezüglich der zielgerichteten Verbreitung von Projektangeboten sind die „Kommunalen Behindertenbeauftragten" besonders wichtig. Nicht nur nehmen sie beratende Aufgaben wahr, in der Regel haben sie großes Interesse an Unterstützung durch externe Partner*innen und geben gern Projektinformationen weiter. Im Kontext *Telling Stories/Geschichten erzählen* wurden in diesem Zusammenhang außerordentlich positive Erfahrungen gemacht.

Nicht zu vernachlässigen sind natürlich auch die digitalen Kanäle und sozialen Medien, über die vor allem jüngere Menschen mit Behinderung trotz aller noch vorhandenen Teilhabehürden verstärkt kommunizieren. Der regelmäßige Verweis auf Filmveranstaltungen, auf besondere Workshops, auf Ergebnispräsentationen etc. gehört zum Grundrepertoire der Öffentlichkeitsarbeit in diesem Bereich.

Verschiedene Akteur*innen an einen Tisch bringen – Ein Ausblick
Die Netzwerkarbeit im Allgemeinen hat wenig Wert, wenn die Projektangebote an den Bedürfnissen und Interessen potentieller Partner*innen vorbeigehen. Es gilt Wege zu finden, regionale Allianzen zu bilden und verschiedene Akteur*innen an einen Tisch zu bringen. Das Design eines Projektangebots entscheidet zu einem bedeutenden Teil, ob dies gelingt oder nicht.

Dies soll an einem anschaulichen Praxis-Beispiel konkretisiert werden, bei dem drei Partner (AWO Senioren- und Sozialzentrum gGmbH Sachsen-West, Stadtverwaltung Bad Lausick, Kinder- und Jugendring Landkreis Leipzig e.V.) im Jahr 2019 zusammenarbeiten werden:

Die Kleinstadt Bad Lausick im Landkreis Leipzig hat etwa 8.000 Einwohner*innen. Der Status als Kurstadt ist in wirtschaftlicher wie kultureller Hinsicht herausragend wichtig. Das nächste Kino befindet sich erst in etwa 12 km Entfernung, ist für die meisten MmB also kaum ohne die Inanspruchnahme eines Fahrdienstes erreichbar. Die AWO betreibt vor Ort mehrere Wohnstätten für Menschen mit chronischer psychischer Erkrankung mit insgesamt mehr als 50 Plätzen. Im Jahr 2018 wurde über das Projekt *Telling Stories/Geschichten erzählen* informiert. Doch erst ein Jahr später wurde eine konkrete Zusammenarbeit vereinbart. Wieso ist dies nicht früher erfolgt? Die Angebote waren noch nicht lokal verankert, das Projektdesign musste also angepasst werden, damit verschiedene Personen mit ihren je eigenen Bedürfnissen zusammenfinden konnten. Welche Akteur*innen sind dies und welche Interessen haben sie, auf die das Projekt eingehen kann? Der Bedarf der AWO Bad Lausick ist es, ihren Bewohner*innen ansprechende, aber auch wenig aufwendige Kultur- und Bildungsangebote zu machen und diese zu animieren, an vorhandenen städtischen Angeboten selbstbestimmt teilzuhaben. Die Stadtverwaltung als zweiter Akteur hat Interesse daran, dass eben diese Angebote stärker genutzt werden. Im vorliegenden Projektdesign werden sich folglich, ab Sommer 2019, Projektteilnehmende aus den AWO Wohnstätten mit der Stadt Bad Lausick und ihrer Kultureinrichtungen auseinandersetzen, die Stadtbibliothek besuchen und letztlich aus ihrer je eigenen Perspektive medial präsentieren. Der Bildungs-

Abb. 4: ©Marx/Jahn

ansatz der Stadtbibliothek, die Lesekompetenz zu fördern, wird durch die Beschäftigung mit dem Bestand der Bibliothek erfüllt, zudem soll ein E-Book erstellt werden. Dieses wiederum wird am Ende öffentlichkeitswirksam präsentiert. Hierfür bietet sich der Kinder- und Jugendring Landkreis Leipzig e.V. als Partner an, welcher sich darum bemüht, durch spezielle Kulturangebote verschiedene Bevölkerungsgruppen der Stadt zusammenzubringen. Zu diesem Zweck soll unter anderem eine Open-Air-Kino-Reihe auf der „Alten Rollschuhbahn", einem in der Etablierung befindlichen soziokulturellen Zentrum, verstetigt werden. Dieser Ort befindet sich nur wenige hundert Meter vom zentralen AWO Wohnheim entfernt, ist für die Bewohner*innen also fußläufig erreichbar. Im Rahmen einer dieser Open-Air-Kino-Veranstaltungen wird es ein besonderes *Kino ohne Hürden!* geben, bei dem auch die produzierten Projektergebnisse präsentiert werden. Dadurch kommen die Bewohner*innen mit dem Open-Air-Kino in Kontakt und können hoffentlich langfristig als Gäste dieses Veranstaltungsortes gewonnen werden. Flankierend zum Projektvorhaben wird die Zusammenarbeit mit der vor Ort befindlichen Evangelischen Hochschule für Sozialwesen „Luise Höpfner" intensiviert. Im Rahmen von Workshops lernen angehende Fachkräfte der Behindertenhilfe das Projekt, seine Inhalte und Methoden kennen und erhalten Gelegenheit, die Aktivitäten mit den Projektteilnehmenden aus dem AWO Wohnheim intensiv zu begleiten.

Dieses Beispiel macht deutlich, dass ein Projekt wie *Telling Stories/Geschichten erzählen* vor allem dann erfolgreich durchgeführt werden kann, wenn die spezifischen Bedürfnislagen potenzieller Partner*innen sowie der Zielgruppe Berücksichtigung finden. Theoretische Konzepte und vor Ort gelebter Alltag müssen zusammen gedacht, Erfahrungen ausgetauscht werden. Es gilt, Berührungsängste hinsichtlich der Medienarbeit abzubauen sowie aufzuzeigen, welche Vorteile im gemeinsamen Vorgehen für jede*n Partner*in bestehen. Wenn dies gelingt, kann auch die nachhaltige Förderung selbstbestimmter Teilhabe von Menschen mit Behinderung gelingen.

Anmerkungen

1 Weitere Informationen unter https://www.telling-stories.org.
2 Im Artikel wird aufgrund der weiten Verbreitung der Begriff Behinderung verwendet. Die Autor*innen reflektieren dennoch, dass Menschen mit Beeinträchtigung durch gesellschaftliche Strukturen behindert werden. Hinweis zur Abkürzung: Im Artikel wird die Abkürzung „MmB" für Menschen mit Behinderung bzw. Beeinträchtigung verwendet.
3 Da trotzdem nach wie vor Diskussionsbedarf über Begrifflichkeiten besteht, werden im Artikel die Termini „Barrierearmut" und „Barrierefreiheit" gegenseitig ergänzend benutzt (Barrierekompass 2005). Damit ist keine Willkür gemeint, es ist jedoch nicht die Intention der Autor*innen, derartige Begriffsstreitigkeiten hier abzubilden.
4 „universal design" ist ein internationales Design-Konzept, das Produkte, Geräte, Umgebungen und Systeme derart gestaltet, dass sie für so viele Menschen wie möglich ohne weitere Anpassung oder Spezialisierung nutzbar sind.
5 Im Projekt wird die App *Greta* verwendet, welche die individuelle Einrichtung der Hörfilmfassung (im Falle von Sehbeeinträchtigungen) oder der erweiterten Untertitel (im Falle von Hörbeeinträchtigungen) während einer Filmveranstaltung ermöglicht.
6 Ein anschauliches Beispiel für ein E-Book aus dem Projektkontext findet sich in Form der vier Bilder (siehe Abb. 1 bis 4) im vorliegenden Artikel. Weitere E-Books können auf der Webseite www.telling-stories.org eingesehen werden.

Literatur

Aichele, Valentin (2019): Eine Dekade UN-Behindertenrechtskonvention in Deutschland. In: APuZ. Zeitschrift der Bundeszentrale für politische Bildung, 69. Jahrgang, 6-7/2019, 4-10.

Barrierekompass (2005): Barrierefrei, barrierearm, accessible oder einfach benutzerfreundlich? Abrufbar unter: https://barrierekompass.de/aktuelles/detail/barrierefrei-barrierearm-accessible-oder-einfach-benutzerfreundlich.html [Stand: 05.03.2019].

BMAS (2016): Gesetz zur Gleichstellung von Menschen mit Behinderungen: BGG. Abrufbar unter: https://www.gesetze-im-internet.de/bgg/BJNR146800002.html [Stand: 26.02.2019].

Bosse, Ingo/Schluchter, Jan-René/Zorn, Isabel: Theoretische Grundlagen inklusiver Medienbildung. In: Bosse, Ingo/Schluchter, Jan-René/Zorn, Isabel (Hrsg.) (2019): Handbuch Inklusion und Medienbildung. Weinheim: Beltz Juventa, 16-33.

Freistaat Sachsen: https://www.behindern.verhindern.sachsen.de/ [Stand: 09.05.2019].

Haage, Anne/Bühler, Christian: Barrierefreiheit. In: Bosse, Ingo/Schluchter, Jan-René/Zorn, Isabel (Hrsg.) (2019): Handbuch Inklusion und Medienbildung. Weinheim: Beltz Juventa, 207-215.

Schluchter, Jan-René: Methoden inklusiver Bildung. In: Bosse, Ingo/ Schluchter, Jan-René/Zorn, Isabel (Hrsg.) (2019): Handbuch Inklusion und Medienbildung. Weinheim: Beltz Juventa, 198-206.

Statistisches Landesamt des Freistaates Sachsen (2019): Schwerbehinderte Menschen. Abrufbar unter: https://www.statistik.sachsen.de/html/472.htm [Stand: 05.03.2019].

Lizenz

Der Artikel, sofern nicht gesondert angegeben, steht unter der Creative Commons Lizenz **CC BY-SA 4.0**. Die Namen der Urheber*innen sollen bei einer Weiterverwendung genannt werden. Wird das Material mit anderen Materialien zu etwas Neuem verbunden oder verschmolzen, sodass das ursprüngliche Material nicht mehr als solches erkennbar ist und die unterschiedlichen Materialien nicht mehr voneinander zu trennen sind, muss die bearbeitete Fassung bzw. das neue Werk unter derselben Lizenz wie das Original stehen. Details zur Lizenz: https://creativecommons.org/licenses/by-sa/4.0/legalcode

5. Positionspapier

Ingo Bosse/Anne Haage/Anna-Maria Kamin/Jan-René Schluchter/GMK-Vorstand

Medienbildung für alle: Medienbildung inklusiv gestalten

Positionspapier der Fachgruppe Inklusive Medienbildung der Gesellschaft für Medienpädagogik und Kommunikationskultur e.V. (GMK)

Die Fachgruppe *Inklusive Medienbildung* der GMK versteht sich als interdisziplinärer Zusammenschluss mit dem zentralen Anliegen, das Feld der inklusiven Medienbildung in Praxis und Theorie weiterzuentwickeln. Ziel der Bestrebungen ist, Chancengleichheit sowie Möglichkeiten zur Umsetzung von Inklusion bei gleichzeitiger Berücksichtigung individueller Bedürfnisse entlang der gesamten Bildungskette zu schaffen.

Die GMK-Fachgruppe vertritt die Auffassung, dass Medienbildung für die Ermöglichung gesellschaftlicher Teilhabe und Zugehörigkeit grundlegend ist und folglich integraler Bestandteil von Bildungsprozessen sein muss. Rechtlich verankert ist diese Forderung in der Behindertenrechtskonvention der Vereinten Nationen, in der Medien eine Schlüsselstellung bei der Erreichung voller und wirksamer Teilhabe an der Gesellschaft zugesprochen werden.

Die Fachgruppe vertritt ein über die Behindertenrechtskonvention hinausgehendes, weites Inklusionsverständnis, jenseits einer Verengung auf Menschen mit Behinderungen. Dieses Verständnis von Inklusion bezieht verschiedene Heterogenitätsdimensionen wie Behinderung, soziale und/oder kulturelle Herkunft, Geschlecht, Alter mit ein und vereint zwei Diskursstränge miteinander: einerseits Diskurse um die ungleichen Lebensbedingungen und -verhältnisse von Menschen mit Behinderungen und andererseits Diskussionen um die Dynamiken der sozialen Spaltung. Beides umfasst die Analyse, Reflexion und Bearbeitung von Strukturen und Mechanismen des sozialen Ausschlusses. Die aktuellen Strukturen und Bedingungen der Gesellschaft und hieraus resultierender Momente des sozialen Ausschlusses durch Zugehörigkeiten zu bestimmten sozialen Gruppen sind vielschichtig verzahnt. Daher kann Inklusion nicht als „[...] Sonderproblem von [einzelnen] Gruppen, sondern nur als gesellschaftspolitische Aufgabe, inkludierende Verhältnisse zu schaffen, [...]" (Kronauer 2013: 25) verwirklicht werden. Inklusion wird aus dieser Perspektive als Entwicklungsaufgabe und -anspruch von Gesellschaft verstanden, jedem Menschen unabhängig bzw. in Würdigung von sozialer und kultureller Herkunft, Gender, Fähigkeiten, Gesundheit und Alter eine gleichberechtigte Teilhabe an allen Lebensbereichen zu ermöglichen.

In Anbetracht von Mediatisierungs- und Digitalisierungsprozessen ist unsere Gesellschaft zunehmend von Medien und medialer Kommunikation durchdrungen. Medien wirken in beinahe alle Alltags- und Lebensbereiche hinein, gestalten deren Strukturen mit und beeinflussen das Denken und Handeln von Menschen. Es gilt insofern zu analysieren und zu reflektieren, welche Bedeutung Medien und mediale Infrastrukturen für Prozesse der Inklusion sowie Exklusion haben.

Gleichberechtigter, uneingeschränkter Erwerb von medialen und kommunikativen Kompetenzen für *alle* Bürger*innen eröffnet Partizipationschancen für verschiedene soziale Gruppen. Die Frage, welchen Beitrag die Medienpädagogik zur Partizipation benachteiligter Gruppen insgesamt leisten kann, ist dabei nicht neu, wenngleich noch immer unbefriedigend gelöst. Die Überlegungen reihen sich im Wesentlichen in die Traditions- und Entwicklungslinien einer handlungsorientierten Medienpädagogik ein, in welcher die Emanzipation und Partizipation von Menschen die grundlegenden Zieldimensionen von Theoriebildung und Praxis darstellen (vgl. Schell 1989; Schorb 2008). Ebenso lassen sich Perspektiven von Medienbildung und Inklusion in Ausführungen zu Medienbildung und sozialer Ungleichheit verorten (vgl. Niesyto 2009; Kamin/Meister 2016).

Das Positionspapier weist auf notwendige Voraussetzungen hin, um (Medien-)Bildungsprozesse über die gesamte Lebensspanne hinweg nach den Zielvorstellungen von Inklusion gestalten zu können.

Zum Selbstverständnis von inklusiver Medienbildung

Inklusive Medienbildung nimmt die Vielfältigkeit des Menschseins in den Blick und bezieht *alle* Menschen ein. Gleichwohl werden Gruppen, die besonders häufig Erfahrungen von Marginalisierung, Entrechtung, Benachteiligung und Ausschluss machen, in den Fokus gerückt. Neben sozialer und kultureller Herkunft, Bildung, Gender und Alter ist auch Behinderung eine Kategorie, die – meist im Zusammenspiel mit den genannten anderen Kategorien – zu Benachteiligungen in Bezug auf die Teilhabe in, an und durch Medien führen kann (vgl. Bosse 2017; Schluchter 2016).

Es lassen sich drei Felder der medialen Teilhabe identifizieren:
Teilhabe IN Medien: Die Repräsentation von sozialen Gruppen in den Medien ist entscheidend dafür, wie sichtbar Vielfalt in der Gesellschaft ist

und wie sie wahrgenommen wird. Dabei ist die Diversität in Redaktionen ein zentraler Ansatzpunkt dafür, dass auch die Darstellung von Gesellschaft vielfältiger wird. Medienpädagogik beschäftigt sich mit stereotypen, klischeebehafteten und stigmatisierenden Darstellungen und setzt diesen durch eigene Medienproduktionen ein vielfältiges und selbstbestimmtes Bild entgegen.

Teilhabe AN Medien: Barrierefreie Medien ermöglichen Teilhabe. Barrierefreiheit betrifft die technische Bedienbarkeit, die Wahrnehmbarkeit mit unterschiedlichen Sinnen sowie die Verständlichkeit der Sprache und Einfachheit der Benutzerführung.

Teilhabe DURCH Medien: Arbeiten, Lernen, Kommunizieren, Beteiligung an öffentlichen Diskursen – digitale Medien bieten vielfältige Möglichkeiten der Partizipation für alle. In Kombination mit unterstützenden Technologien eröffnen sie Teilhabemöglichkeiten, die vielen Menschen bisher verwehrt oder stark erschwert waren (vgl. Bosse 2016).

Barrieren verhindern mediale Teilhabe

Durch Barrieren unterschiedlicher Art wird Medienbildung in der Praxis bislang kaum inklusiv gestaltet. Dies grenzt nicht nur Menschen mit Behinderungen aus, sondern auch weitere benachteiligte Gruppen. Die spezifischen Barrieren und Exklusionsrisiken können sich erheblich unterscheiden: So sind etwa Menschen, die im Alter eine Sehbeeinträchtigung erwerben, mit anderen Barrieren und Schwierigkeiten konfrontiert als minderjährige Geflüchtete mit unsicherem Aufenthaltsstatus oder Menschen mit Lernschwierigkeiten, die in einer Einrichtung der Behindertenhilfe leben und arbeiten.

Technische Barrieren liegen in der Beschaffenheit der Medienangebote, wenn diese nicht für alle wahrnehmbar oder für unterstützende Technologien unzugänglich sind. *Inhaltliche Barrieren* ergeben sich auf der Ebene der Verständlichkeit durch komplizierte Strukturen und eine komplexe, mittelschichtsorientierte Sprache, die in vielen Medien, aber auch in vielen Bildungsinstitutionen dominiert. *Soziale Barrieren* wiederum erschweren oder verhindern aufgrund mangelnder materieller und immaterieller Ressourcen den Zugang zu digitalen Medien sowie eine souveräne und vielfältige Nutzung (vgl. Zaynel 2017). Im 15. Kinder- und Jugendbericht wird darauf hingewiesen, dass auch unter Jugendlichen nach wie vor eine digitale Kluft existiert (vgl. Bundesministerium für Familie, Senioren, Frauen und Jugend 2017). Weitere Studien wie der Digitalindex belegen, dass das Alter in Bezug auf das Medienhandeln eine bedeutende Ungleichheitskategorie darstellt (vgl. Initiative D21 e.V. 2018). Die verschiedenen Faktoren sind intersektional verwoben: Menschen mit Beeinträchtigungen haben überdurchschnittlich häufig keinen allgemeinen Schulabschluss, sind häufiger arbeitslos bzw. nicht erwerbstätig (vgl. BMAS 2016). Das Zusammenspiel von Alter und Beeinträchtigung wirkt sich besonders negativ aus (vgl. Bosse/Hasebrink 2016). Viele Beeinträchtigungen werden erst im Alter erworben.

Nicht zuletzt kann auch eine fehlende oder mangelhafte *Motivation, Haltung und Kompetenz des familiären oder pädagogischen Umfelds* eine Barriere darstellen. Wenn Heranwachsende aus ihrem Umfeld unzureichende Anregung und Unterstützung oder gar Ablehnung erfahren, wird die eigenständige Medienaneignung insbesondere für Menschen, die auf Unterstützung angewiesen sind, erschwert.

Forderungen der GMK-Fachgruppe Inklusive Medienbildung

1. Selbstbestimmte und souveräne Mediennutzung für alle sichern: Abbau von Barrieren

Eine umfassende Zugänglichkeit zu und Nutzbarkeit von Medienangeboten muss für alle gesichert sein.

Medien müssen für alle wahrnehmbar, bedienbar und verständlich sein. Aus diesem Grund müssen sie barrierefrei gestaltet und für unterstützende Technologien zugänglich sein. Es gilt, Medien an die individuellen Bedürfnisse aller Nutzer*innen – mit entsprechenden Hilfsmitteln oder Funktionen der erleichterten Bedienung – anzupassen. Eine Gestaltung nach den Prämissen des Universal Design ermöglicht es, dass Produkte, Geräte, Lernumgebungen und Systeme idealerweise für alle Menschen ohne weitere Anpassung oder Spezialisierung nutzbar sind. Technik und Design sind insofern nicht als unhinterfragte Bedingung, sondern als sozial gestaltbares Element zu sehen. In der medialen Kommunikation ist z.B. Einfache Sprache auf Webseiten von Bedeutung.

Diese Zugänglichkeit zu Medien muss verbindlich durch den Gesetzgeber gesichert sein. Die bestehenden Regelungen sind unzureichend. Die Expertise der Medienpädagogik sollte Bestandteil von Diskussionen um die gesetzlichen Bestimmungen zu Barrierefreiheit von Medien und öffentlicher Kommunikation sein. Bislang ist dies fast ausschließlich Sache von Behindertenverbänden und -bewegungen.

Darüber hinaus müssen medienpädagogische Angebote selbst barrierefrei gestaltet sein. Es kann Gegenstand gemeinsamer aktiver Medienarbeit sein, kreative Lösungen für universelles Design und unterstützende Technologien zu finden. Menschen mit Behinderungen sind hier als Expert*innen für Vereinfachung zu sehen. Erste inklusive MakerSpaces zeigen das große Potenzial für soziale Innovation.

2. Inklusion und mediale Teilhabe in allen Bildungskontexten konsequent mitdenken

Inklusion und Medienbildung eröffnen wechselseitige Partizipationsgewinne und sollten in Bildungsangeboten zusammen gedacht werden.

Entlang der Bildungskette werden Medienbildung und Inklusion in Bildungseinrichtungen in der Regel als zwei separate Anforderungen diskutiert. Dabei bleibt das Potenzial der Medien(-bildung) für Inklusion in der Kita, Schule, außerschulischen Bildung, beruflichen Bildung, Hochschul- sowie Seniorenbildung unberücksichtigt. Kompetenzorientierte medienpädagogische Angebote rücken bislang marginalisierte Gruppen in der Gesellschaft zu wenig in den Fokus von Theorie und Praxis, sodass auch von einer Mittelschichtlastigkeit der Medienpädagogik (vgl. Niesyto 2009: 16) gesprochen wird.

Es besteht ein großer Nachholbedarf in der Entwicklung von Konzepten und Modellen zielgruppenoffener und -sensibler sowie inklusiver Formen der Medienbildung, welche der Heterogenität ihrer Adressat*innen Rechnung trägt. Hierbei ist ein Blick auf die Alltags- und Lebenswelten der Menschen notwendig, der deren Bedürfnisse ernst nimmt und mit diesen gemeinsam versucht, einen Weg der bildungsbezogenen Weiterentwicklung der eigenen Person zu initiieren.

Es gilt bei anstehenden Akzentuierungen und Aktualisierungen von Richtlinien, Curricula, Novellierung von Lehr- und Bildungsplänen sowie bei der Teilhabeplanung, inklusive Medienbildung und die besonderen Bedürfnisse von benachteiligten Gruppen konsequent mitzudenken und konzeptionell zu verankern. Der Einbezug von Betroffenen als Expert*innen bei der Erarbeitung sichert die Integration ihrer Sichtweise.

3. Aus-, Fort- und Weiterbildung von Fachkräften in Bezug auf inklusive Medienbildung fördern

Inklusive Medienbildung lässt sich entlang der Bildungskette nur verankern, wenn ausreichend ausgebildete Fachkräfte zur Verfügung stehen.

Das bedeutet, dass Mitarbeiter*innen in allen Bildungsinstitutionen neben der Expertise im Hinblick auf ihre Zielgruppe sowohl in der Medienbildung als auch im Hinblick auf Inklusion ausgewiesen sein müssen. Dazu braucht es Medienpädagog*innen als Expert*innen und medienpädagogische Anteile in den Ausbildungen, in denen auch die Perspektive der Inklusion berücksichtigt wird. Medienpädagogik bzw. Medienbildung stellt in den meisten Studiengängen hingegen kein verpflichtendes Angebot dar. Zudem sind nicht an allen Hochschulen medienpädagogische Professuren eingerichtet. Insofern kann nicht davon ausgegangen werden, dass im Studium der Erziehungs- oder Bildungswissenschaften, der Sozialpädagogik oder Sozialen Arbeit heute ausreichende medienpädagogische Kompetenzen im Kontext digitaler Medien erworben werden, um in den verschiedenen Handlungsfeldern medienkompetent – unter der Perspektive von Inklusion – zu agieren. Noch weniger findet inklusive Medienbildung Eingang in Ausbildungen von pädagogischen Fachkräften, die im Kontext von Inklusion besonders bedeutsam sind – etwa bei Erzieher*innen, Ergotherapeut*innen, Heil- und Rehabilitationspädagog*innen oder Logopäd*innen (vgl. Meister 2017).

Inklusive Medienbildung muss verbindlich Eingang in Curricula von Studiengängen und Ausbildungen sowie in Angebote der Erwachsenen- und Weiterbildung erhalten. Weiterhin ist die Entwicklung von Zusatzqualifikationen/Zertifikatskursen notwendig.

4. Multiprofessionelle Kooperation stärken

Für das interdisziplinäre Arbeits- und Forschungsfeld der inklusiven Medienbildung ist der Ausbau multidisziplinärer Kooperationen und Netzwerke wichtig.

Zur Umsetzung inklusiver Medienbildung braucht es einerseits die Expertise unterschiedlicher Professionen, um Barrieren abzubauen und individuelle Bedarfe zu berücksichtigen. Andererseits darf Medienbildung, die den Anspruch hat, inklusiv zu wirken, es nicht Sonderinstitutionen überlassen, bestimmte Gruppen anzusprechen. Kooperationen und Netzwerkarbeit fördern den gegenseitigen Erfahrungsaustausch und Wissenstransfer. Eine weitere Verzahnung von Medienpädagogik, spezifischer Fachlichkeit, wie z.B. der Fachdidaktiken, und der Expertise für sonderpädagogische Förderung sind unabdingbar. Gleiches gilt für eine stärkere Zusammenarbeit mit allen Akteur*innen, die das gemeinsame Lernen gestalten.

Multiprofessionelle Kooperationen und Netzwerke zur inklusiven Medienbildung, wie die Fachgruppe *Inklusive Medienbildung* oder das *Netzwerk Inklusion mit Medien (NImM!),* sind ein Schritt in diese Richtung und deshalb zu initiieren, zu fördern und weiterzuentwickeln. Nicht zuletzt sollte es getreu des Mottos der Behindertenbewegung „Nichts über uns ohne uns" darum gehen, Menschen mit Behinderungen und weitere marginalisierte gesellschaftliche Gruppen auf allen Ebenen aktiv einzubeziehen und ihre Mitarbeit in Wissenschaft und Praxis der Medienbildung zu fördern.

5. Ein inklusives Schulsystem unter der Perspektive von Medienbildung unterstützen

Medienbildung kann einen substanziellen Beitrag zur Gestaltung des inklusiven Lernens leisten.

Digitale Medien und inklusive Medienbildung haben ein großes Potential, gemeinsames Lernen zu ermöglichen und zu fördern. Sie unterstützen selbstgesteuertes und individualisiertes Lernen sowie Kooperations- und Kollaborationsprozesse (vgl. GMK-Fachgruppe Schule 2016). Digitale Medien können insofern einen substanziellen Beitrag zur Gestaltung und (Weiter-)Entwicklung einer inklusiven Schule leisten.

Insgesamt sehen zu wenig Akteur*innen das Potential digitaler Medien für Inklusion und individuelle Förderung in der Schule (vgl. Schmid et al. 2017). Die Kombination von Universal Design (for learning), Barrierefreiheit, unterstützenden Technologien und angemessenen individuellen Vorkehrungen kann für alle Schüler*innen neue individuelle Lernwege, ein Mehr an Partizipation und Ausdrucksmöglichkeiten eröffnen. Ferner können Medien zur Diagnostik, didaktischen Gestaltung von Lehr-Lernprozessen oder als Werkzeuge zum Lernen eingesetzt werden. Ein Verständnis von Medienbildung als Empowermentpraxis ermöglicht die Perspektive der Verzahnung von Inklusion und Medienbildung. Empowerment als pädagogische Intervention zielt auf eine (Wieder-)Aneignung der sozialen Handlungsfähigkeit von Menschen, deren Lebensbedingungen und -zusammenhänge gezeichnet sind von Formen sozialer Benachteiligung, Diskriminierung und/oder Ausgrenzung (vgl. Herriger 1997: 73). Medienangebote und -inhalte sowie Angebote der Medienbildung und Formen aktiver Medienarbeit als (medien-)pädagogische Methode können entsprechend Bestandteil und Ausgangspunkt von Empowermentpraxen sein (vgl. Schluchter 2010: 167–172). Im Fokus aktiver Medienarbeit stehen der Erwerb und die Umsetzung von gesellschaftlicher Handlungsfähigkeit, verbunden mit dem Ziel, Zugehörigkeit zu und Teilhabe an Gesellschaft zu ermöglichen.

Hierfür notwendig sind die interdisziplinäre Zusammenarbeit und der Austausch unterschiedlicher am Unterricht beteiligten Professionen. Noch zu wenig genutzt wird zudem das Potential digitaler Medien in Kombination mit unterstützenden Technologien, um Schüler*innen mit unterschiedlichen Beeinträchtigungen die Partizipation an allen schulischen Aktivitäten zu ermöglichen. Vielfach kann hier lediglich auf das Spezialwissen von sonderpädagogischen Fachkräften zurückgegriffen werden. Diese Expertise ist nicht ausreichend, denn Strategien und Konzepte zum Einsatz von digitalen und assistiven Technologien dürfen nicht vom individuellen Engagement Einzelner abhängen, sondern müssen als Teil der Schulentwicklung und Schulkultur begriffen werden. Medienkonzepte an Schulen, die auch den Einsatz von digitalen Medien und assistiven Technologien zur Unterstützung unterschiedlicher Bedarfe einschließen, sind ein Schritt auf Schulebene. Dazu gehört auch ein guter pädagogischer und technischer Support, der nicht allein auf der Ebene der einzelnen Schulen gelöst werden kann. Außerschulische medienpädagogische Partner*innen verfügen über vielfältige Kenntnisse und Angebote. In Kombination und in Kooperation mit der inklusiven Medienbildung an Schulen sind außerschulische Angebote auszubauen und zu festigen.

6. Gestaltung öffentlicher Kommunikation

Allen Menschen muss die Möglichkeit zur aktiven Einmischung in das gesamte Spektrum der öffentlichen Kommunikation eröffnet werden, um ihre Bedarfe zu artikulieren und öffentlich zu kommunizieren.

Medien prägen gesellschaftliches Orientierungs- und Deutungswissen. Sie müssen deshalb die Vielfalt der Gesellschaft widerspiegeln und Stigmata, Klischees und Vorurteilen entgegenwirken. Das schließt die öffentliche Kommunikation in allen Medien ein, auch Lernmaterialien sowie Kinder- und Jugendmedien. Eine entscheidende Voraussetzung, dass dies gelingen kann, ist Diversität in den Redaktionen. Redaktionen sollten in ihrer personellen Zusammensetzung die Vielfalt der Gesellschaft widerspiegeln und die Mitarbeiter*innen sollten durch Aus- und Fortbildungen für das Thema sensibilisiert werden.

Medien dienen der Identitätsbildung und Selbstvergewisserung. Um diese Auseinandersetzungsprozesse angemessen begleiten zu können, müssen Verantwortliche für Bildungsprozesse sich intensiv mit medialen Bildern und Repräsentationen von Vielfalt und Inklusion beschäftigt haben. Zu untersuchen und diskutieren ist, welche Bilder in Medien geprägt werden, und auch: was fehlt? Inklusive Medienbildung bietet Möglichkeiten des kulturellen Selbstausdrucks, die massenmedialen Darstellungsweisen eine individuelle Auseinandersetzung entgegensetzen können. Voraussetzung dafür ist, dass die produzierten Medien der Öffentlichkeit präsentiert werden. Die zahlreichen Blogs, Facebook-Gruppen, Videokanäle und Twitter-Accounts von Aktivist*innen mit Behinderung zeigen das Potential digitaler Medien für Empowerment.

Von der Behindertenbewegung lässt sich viel lernen, wie Medien(-arbeit) für alle zugänglich und nutzbar gemacht werden kann, wo Medien stigmatisieren und Klischees transportieren. Sie hat eigene Forderungen in Bezug auf mediale Teilhabe, bisher laufen die Diskurse noch weitgehend getrennt nebeneinander her. Die vom Fachausschuss Kommunikation und Medien bei der Bundesbehindertenbeauftragen erstellten Leitfäden „Auf Augenhöhe. Leitfaden zur Darstellung von Menschen mit Behinderung für Medienschaffende" und „Schule inklusiv – Leitfaden für Bildungsmedien" sind ein Schritt, Diskurse zusammenzuführen und sollten einer breiten Fachöffentlichkeit (Medienschaffenden und pädagogisch Tätigen) bekannt gemacht werden.

7. Transdisziplinäre Forschung und Evaluation fördern

Um die Potentiale von inklusiver Medienbildung in Kontexten verwandter Disziplinen und Professionen auszuloten, bedarf es transdisziplinärer Forschungsansätze.

Die Potentiale von inklusiver Medienbildung lassen sich nicht alleine innerhalb von Zusammenhängen beschreiben, die originär medienpädagogisch geprägt sind, sondern auch in pädagogischen Kontexten benachbarter Disziplinen und Professionen, in denen inklusive medienpädagogische Praxis und Forschung stattfinden. Dies trifft unter anderem auf Schulpädagogik, Sozialpädagogik/Soziale Arbeit, Heilpädagogik und Rehabilitationswissenschaften zu. So könnten Methoden einer inklusiven Medienpädagogik das handlungs- und forschungsmethodische Repertoire der Sozialpädagogik sowie der Schul- und Heilpädagogik erweitern.

Perspektiven der inklusiven Medienbildung können ferner die Forschung und Theoriebildung in den benachbarten Disziplinen bereichern, da inklusive Medienbildung über Wissen und Kompetenzen in Feldern verfügt, die zunehmend auch in anderen pädagogischen Kontexten bedeutsam geworden sind (z.B. Medienkompetenz, digitale Inklusion und Exklusion, Umgang mit Big Data). Es besteht ein Bedarf an (empirischer) Grundlagen- und Anwendungsforschung sowie Theoriebildung, ebenfalls erscheint eine stärkere Verzahnung von Theorie und (Berufs-)Praxis erforderlich (vgl. Schluchter 2014: 355). Dies kann durch die Entwicklung von gegenstandsangemessenen Forschungsdesigns, wie z.B. durch gestaltungs- und entwicklungsorientierte Forschung, die die Partizipation des Beforschten berücksichtigt, gelingen (vgl. Tulodziecki/Herzig/Grafe 2013; Kamin/Meister 2017).

Partizipative Forschung und inklusive Forschungsteams sind zu fördern. In der Wissenschaft müssen Rahmenbedingungen so verändert werden, dass Wissenschaft und Forschung in inklusiven und transdisziplinären Teams selbstverständlich wird. Barrierefreiheit muss auch in der Forschung sichergestellt werden und darf bei Projektanträgen kein Wettbewerbsnachteil sein (vgl. Aktif 2017).

Materialien und Projekte

AG Lokale Medienarbeit NRW e.V. in Kooperation mit der Technischen Jugendfreizeit- und Bildungsgesellschaft (tjfbg) gGmbH: NImM! | Netzwerk Inklusion mit Medien. Duisburg. Abrufbar unter: inklusive-medienarbeit.de [Stand: 19.09.2018].

Bosse, Ingo/Schluchter, Jan-René/Zorn, Isabel (Hrsg.): Handbuch Inklusion und Medienbildung. Weinheim: Beltz Juventa. Demnächst online verfügbar.

Bundeszentrale für gesundheitliche Aufklärung (2018): Inklusive Medienbildung. Ein Projektbuch für pädagogische Fachkräfte. Ab November 2018 als kostenlose Print- und Onlineversion unter bzga.de verfügbar.

Bundeszentrale für politische Bildung: einfach Internet: Online-Leitfäden in einfacher Sprache | bpb. Berlin. Abrufbar unter: bpb.de/lernen/digitale-bildung/medien paedagogik/214270/einfach-internet-online-leitfaeden [Stand: 19.09.2018].

Bundeszentrale für politische Bildung: "Werkstatt einfache Sprache" | bpb. Abrufbar unter: bpb.de/lernen/projekte/inklusiv-politisch-bilden/227411/werkstatt-einfache-sprache [Stand: 19.09. 2018].

Bundeszentrale für politische Bildung (2018): Wege zur Inklusion | bpb. Abrufbar unter: bpb.de/lernen/projekte/inklusiv-politisch-bilden/227406/wege-zur-inklusion [Stand: 19.09.2018].

PIKSL (Personenzentrierte Interaktion und Kommunikation für mehr Selbstbestimmung im Leben – In der Gemeinde leben gGmbH. Abrufbar unter: piksl.net [Stand: 19.09.2018].

NetzStecker – Lebenshilfe Münster e.V. Abrufbar unter: lebenshilfe-muenster.de/de/projekte/ netzstecker/ [Stand: 19.09.2018].

Selfmade – inklusionsorientierter MakerSpace im UK-Büro Dortmund. Abrufbar unter: selfmadedortmund.de [Stand: 19.09.2018].

Mitgewirkt an diesem Positionspapier zur inklusiven Medienbildung haben zahlreiche Mitglieder der GMK-Fachgruppe Inklusive Medienbildung, hauptverantwortlich für den Text sind: Ingo Bosse, Anne Haage, Anna-Maria Kamin und Jan-René Schluchter.

Literatur

Aktif (2017): Kampagne – AKTIF – Akademiker*innen mit Behinderung in die Teilhabe- und Inklusionsforschung. Abrufbar unter: aktif-projekt.de/kampagne-inklusive-forschung.html [Stand: 01.06.2018].

Bosse, Ingo (2016): Teilhabe in einer digitalen Gesellschaft. Wie Medien Inklusionsprozesse befördern können. Bundeszentrale für politische Bildung (Onlinedossier Medienpolitik.). Abrufbar unter: bpb.de/gesellschaft/medien/medienpolitik/172759/medien-und-inklusion [Stand: 19.09.2018].

Bosse, Ingo (2017): Digitale Teilhabe im Kontext von Beeinträchtigung und Migration. Zum Selbstverständnis inklusiver und integrativer Medienbildung. In: von Gross, Friederike/Röllecke, Renate (Hrsg.): Medienpädagogik der Vielfalt — Integration und Inklusion. Dieter Baacke Preis Handbuch 12. Medienpädagogische Konzepte und Perspektiven. Beiträge aus Forschung und Praxis. Prämierte Medienprojekte. München: kopaed, 19-30.

Bosse, Ingo/Hasebrink, Uwe (2016): Mediennutzung von Menschen mit Behinderungen. Forschungsbericht. Unter Mitarbeit von Anne Haage, Sascha Hölig, Sebastian Adrian, Gudrun Kellermann und Theresa Suntrup. Hrsg. von Aktion Mensch, Die Medienanstalten. Berlin. Abrufbar unter: gmk-net.de/wp-content/uploads/2018/09/aktion-mensch-studie-mediennutzung-langfassung-2017-03-1.pdf [Stand: 19.09.2018].

Bühler, Christian (2016): Barrierefreiheit und Assistive Technologie als Voraussetzung und Hilfe zur Inklusion. In: Bernasconi, Tobias/Böing, Ursula (Hrsg.): Schwere Behinderung und Inklusion. Facetten einer nicht ausgrenzenden Inklusion. Oberhausen: Athena, 155-169.

Bundesministerium für Arbeit und Soziales (BMAS) (Hrsg.) (2016): Teilhabebericht der Bundesregierung über die Lebenslagen von Menschen mit Behinderungen. Unter Mitarbeit von Dietrich Engels, Heike Engel und Alina Schmitz. ISG Institut für Sozialforschung und Gesellschaftspolitik GmbH. Abrufbar unter: bmas.de/SharedDocs/Downloads/DE/PDF-Publikationen/a125-16-teilhabebericht.pdf?_blob=publicationFile&v=7 [Stand: 14.09.2017].

Bundesministerium für Familie, Senioren, Frauen und Jugend (2017): 15. Kinder- und Jugendbericht. Bericht über die Lebenssituation junger Menschen und die Leistungen der Kinder- und Jugendhilfe in Deutschland. Berlin.

Demmler, Kathrin/Rösch, Eike (2012): Aktive Medienarbeit in Zeiten der Digitalisierung. Kontinuitäten und Entwicklungen. In: Rösch, Eike/Demmler, Kathrin/Jäcklein-Kreis, Elisabeth/Albers-Heinemann, Tobias (Hrsg.): Medienpädagogik Praxis Handbuch. Grundlagen, Anregungen und Konzepte für aktive Medienarbeit. München: kopaed, 19-26.

GMK-Fachgruppe Schule (2016): Stellungnahme der Gesellschaft für Medienpädagogik und Kommunikationskultur (GMK) zum Strategie-Papier der KMK "Bildung in der digitalen Welt" (vom 27.04.2016). Abrufbar unter: gmk-net.de/wp-content/t3archiv/fileadmin/pdf/GMK-Stellungnahme zum_KMK-Strategie-Entwurf.pdf [Stand: 19.09.2018].

Herriger, Norbert (1997): Empowerment in der Sozialen Arbeit. Eine Einführung. Stuttgart: Kohlhammer.

Initiative D21 e.V. (2018): Digitalindex 2017/2018. Jährliches Lagebild zur digitalen Gesellschaft. Abrufbar unter: initiatived21.de/app/uploads/2018/01/d21-digital-index_2017_2018.pdf [Stand: 19.09.2018].

Kamin, Anna-Maria/Meister, Dorothee M. (2016): Increasing Educational Opportunities through Digital Participation. In: Antona, Margherita/Stephanidis, Constantine (Hrsg.): Universal Access in Human-Computer Interaction: Methods, Techniques, and Best Practices. 10th International Conference, UAHCI 2016 Held as Part of HCI International 2016 Toronto, Canada, Juli 17- 22, 2016, Proceedings, Part III, Cham: Springer, 82-92.

Kamin, Anna-Maria/Meister, Dorothee M. (2017): Digital unterstütztes Lernen in Pflegeberufen unter entgrenzten Bedingungen – Ein gestaltungs- und entwicklungsorientiertes Forschungsprojekt. In: Mayrberger, Kerstin/Fromme, Johannes/Grell, Petra/Hug, Theo (Hrsg.): Digital und vernetzt: Lernen heute. Gestaltung von Lernumgebungen mit digitalen Medien unter entgrenzten Bedingungen. Wiesbaden: Springer VS, 213-229.

Kronauer, Martin (2013): Soziologische Anmerkungen zu zwei Debatten über Inklusion und Exklusion. In: Burtscher, Reinhard/Ditschek, Eduard/Ackermann, Karl-Ernst/Kil, Monika/Kronauer, Martin (Hrsg.): Zugänge zu Inklusion. Erwachsenenbildung, Behindertenpädagogik und Soziologie im Dialog. Bielefeld: Bertelsmann, 17-25.

Maurer, Björn/Reinhard-Hauck, Petra/Schluchter, Jan-René/von Zimmermann, Martina (2013) (Hrsg.): Medienbildung in einer sich wandelnden Gesellschaft (Festschrift für Horst Niesyto). München: kopaed.

Meister, Dorothee M. (2017): Medienpädagogik: Herausforderungen der Digitalisierung. In: Kulturelle Bildung digital – Vermittlungsdomen, ästhetische Praxis und Aus- und Weiterbildung, Dossier 6. Abrufbar unter: kultur-bildet.de/sites/default/files/mediapool/dossier/pdf/dorothee_m._meister_medienpaedagogik-_herausforderungen_der_digitalisierung.pdf [Stand: 19.09.2018].

Niesyto, Horst (2009): Digitale Medien, soziale Benachteiligung und soziale Distinktion. In: Zeitschrift für Theorie und Praxis der Medienbildung, Nr. 17: Medien und soziokulturelle Unterschiede. Abrufbar unter: medienpaed.com/article/viewFile/115/115 [Stand: 13.11.2017].

Schell, Fred (1989): Aktive Medienarbeit mit Jugendlichen. Theorie und Praxis. Wiesbaden: Springer.
Schluchter, Jan-René (2010): Medienbildung mit Menschen mit Behinderung. (Medienpädagogische Praxisforschung, 5). München: kopaed. Abrufbar unter: social net.de/rezensionen/isbn.php?isbn=978-3-86736-094-4 [Stand: 19.09.2018].
Schluchter, Jan-René: (2012): Medienbildung als Perspektive für Inklusion. In: merz – Medien und Erziehung, Jahrgang 52, Heft 1, 16-21.
Schluchter, Jan-René (2010): Medienbildung mit Menschen mit Behinderung. München: kopaed.
Schluchter, Jan-René (2014): Medienbildung in der (sonder)pädagogischen Lehrerbildung. Bestandsaufnahme und Perspektiven für eine inklusive Lehrerbildung. 1. Auflage. München: kopaed.
Schluchter, Jan-René (2015) (Hrsg.): Medienbildung als Perspektive für Inklusion. Modelle und Reflexionen für die pädagogische Praxis. München: kopaed.
Schluchter, Jan-René (2016): Medien, Medienbildung, Empowerment. In: merz 60 (2), 24-30.
Schmid, Ulrich/Goertz, Lutz/Behrens, Julia (2017): Monitor Digitale Bildung. #3 Die Schulen im digitalen Zeitalter. Hrsg. v. Bertelsmann Stiftung. Gütersloh.
Schorb, Bernd (2008): Handlungsorientierte Medienpädagogik. In: Sander, Uwe/von Gross, Friederike/Hugger, Kai-Uwe (Hrsg.): Handbuch Medienpädagogik. Wiesbaden: VS-Verlag, 75-86.
Tulodziecki, Gerhard/Grafe, Silke/Herzig, Bardo: (2013): Gestaltungsorientierte Bildungsforschung und Didaktik. Bad Heilbrunn: Klinkhardt.
Zaynel, Nadja. (2017): Internetnutzung von Jugendlichen und jungen Erwachsenen mit Down-Syndrom. Wiesbaden: Springer Fachmedien.

Lizenz

Der Artikel steht unter der Creative Commons Lizenz **CC BY-SA 4.0**. Die Namen der Urheber*innen sollen bei einer Weiterverwendung genannt werden. Wird das Material mit anderen Materialien zu etwas Neuem verbunden oder verschmolzen, sodass das ursprüngliche Material nicht mehr als solches erkennbar ist und die unterschiedlichen Materialien nicht mehr voneinander zu trennen sind, muss die bearbeitete Fassung bzw. das neue Werk unter derselben Lizenz wie das Original stehen. Details zur Lizenz: https://creativecommons.org/licenses/by-sa/4.0/legalcode

Autor*innen

Jun. Prof. Dr. Ingo Bosse
Juniorprofessor für motorische-körperliche Entwicklung und (neue) Medien an der Technischen Universität Dortmund, Forschungscluster Technology for Inclusion and Participation; Forschungsschwerpunkte: Barrierefreiheit und Inklusion mit dem Schwerpunkt Medien/Technologien; dazu hat er zahlreiche nationale und internationale Publikationen verfasst und ist Program Board Member internationaler Tagungen und E-Inclusion Expert der Europäischen Union.

Marion Brüggemann
Wissenschaftlerin am Institut für Informationsmanagement Bremen GmbH (ifib) und Mitglied des GMK-Vorstands; Arbeits- und Forschungsschwerpunkte: Evaluation und wissenschaftliche Begleitung von Projekten zur schulischen und außerschulischen Medienbildung, medienpädagogische Kompetenz in pädagogischen Berufen und frühe Medienbildung; weitere Themen sind Medienbildung im Lehramtsstudium sowie die Durchführung von medienpädagogischen Fortbildungsveranstaltungen und Lehrveranstaltungen, z.B. an der Universität Hamburg (Vertretungsprofessur WiSe 2017/18) sowie Lehraufträge der FAU Nürnberg Erlangen und der Uni-Bremen.

Ass. Prof. Dr. Ricarda Drüeke
Assistenzprofessorin am Fachbereich Kommunikationswissenschaft der Universität Salzburg; Forschungsschwerpunkte: Gender Media Studies sowie Protestbewegungen und digitaler Aktivismus.

Sabine Eder
Geschäftsleitung und Bildungsreferentin beim Blickwechsel e.V. – Verein für Medien- und Kulturpädagogik und 1. Vorsitzende (in Doppelspitze mit Prof. Dr. Dorothee M. Meister) der Gesellschaft für Medienpädagogik und Kommunikationskultur; Arbeitsschwerpunkte: Vorträge (Gutes Aufwachsen in digitalisierten Medienwelten, Medienbildung in Kita und Grundschule), Durchführung von Fortbildungen für pädagogische Fachkräfte (Medienpädagogische Elternbildung, Medienpraxis in Kita und Grundschule, Jugendmedienschutz), Workshops für Schulklassen (Smarter Umgang in mobilen Medienwelten), Praxisworkshops (Tablet, Apps, Filmbildung, Digitales Kinderzimmer), Elternabende zu Medienthemen; Autorin von Fachartikeln sowie Fachbüchern und Arbeitsmaterialien für Kindergärten und Schulen.

Frank Egle
Diplom-Pädagoge, freischaffender Medienpädagoge; Arbeitsschwerpunkte: Konzeption und Durchführung von Projekten in den Bereichen aktive Medienarbeit, Mediengestaltung und E-Learning.

Prof. Dr. Sonja Ganguin
Erziehungswissenschaftlerin und Medienpädagogin; seit 2014 Professorin für Medienkompetenz- und Aneignungsforschung am Institut für Kommunikations- und Medienwissenschaft sowie Direktorin des Zentrums für Medien und Kommunikation (ZMK) an der Universität Leipzig; arbeitete davor an der Universität Bielefeld, der FernUniversität Hagen sowie der Universität Paderborn in den Bereichen Bildungstheorie, Medienpädagogik und empirische Medienforschung; Arbeitsschwerpunkte: Medienkompetenz, Medienkritik, Mobile Medien, Digitale Spiele und empirische Medienforschung.

Anne Haage
Diplom-Journalistin; seit 2013 wissenschaftliche Mitarbeiterin an der Fakultät Rehabilitationswissenschaften der TU Dortmund, Fachgebiet körperliche und motorische Entwicklung, Forschungscluster Technologie, Inklusion, Partizipation; Projektleiterin beim media consulting team (mct) für Medienprojekte für Zeitungen, Radio und Fernsehen an Schulen und Kindertagesstätten; Arbeits- und Forschungsschwerpunkte: digitale Teilhabe und inklusive Medienbildung.

Dr. Rahel Heeg
Wissenschaftliche Mitarbeiterin, Hochschule für Soziale Arbeit FHNW; Arbeitsschwerpunkte: Kindheits- und Jugendforschung, Jugendliche im digitalen Raum.

Katharina Heitmann
Wissenschaftliche Mitarbeiterin am Zentrum für Medien-, Kommunikations- und Informationsforschung der Universität Bremen; promoviert zum Thema lokale Öffentlichkeit in Zeiten tiefgreifender Mediatisierung; arbeitete nach dem Studium der Kulturwissenschaft, Germanistik und Kommunikations- und Medienwissenschaften bis 2017 bei der Bremischen Landesmedienanstalt als Referentin für Medienkompetenz und Öffentlichkeitsarbeit und als Koordinatorin des Medienkompetenz-Netzwerks Bremen.

Wolfram Hilpert
War nach seinem 2. Staatsexamen (Geschichte, Philosophie, Sek. II/I) u.a. als Lehrer für Politik und Geschichte und in der politischen Erwachsenenbildung tätig; seit 2013 Referent im Fachbereich „Zielgruppenspezifische Angebote" der Bundeszentrale für politische Bildung, u.a. mit didaktischen Fragen der „inklusiven politischen Bildung" und der Erstellung inklusiver Angebote befasst; Produktverantwortlicher der Reihe „einfach POLITIK:".

Prof. Dr. Bernward Hoffmann
Professor für Medien- und Kulturpädagogik an der Fachhochschule Münster, Fachbereich Sozialwesen; Studium der Erziehungswissenschaft, Theologie, Musikwissenschaft in Münster; Promotion an der Universität der Künste Berlin; nach Referatsleitung bei einem Lehrer*innenverband und Redakteurs- und Lektoratsarbeit bei einem Verlag Professor für Medien- und Musikpädagogik an der Katholischen Hochschule Mainz; sechs Jahre Mitglied im Bundesvorstand der GMK; Schwerpunktthemen: Grundlagen der Medien- und Kulturpädagogik, kommunikative Problemlagen, Jugendmedienschutz, Praktische Medienarbeit, E-Learning.

Luise Jahn
Studium Master Kommunikations- und Medienwissenschaften mit dem Schwerpunkt Medienpädagogik an der Universität Leipzig; arbeitete nach dem Abschluss als freie Medienpädagogin; seit 2018 beim Landesfilmdienst Sachsen e.V. für das Projekt *Telling Stories/Geschichten erzählen* (Medienbildung für Menschen mit Behinderung) angestellt.

Prof. Dr. Herbert Kubicek
Pensionierter Professor für Angewandte Informatik an der Universität Bremen und Wissenschaftlicher Vorstand der Stiftung Digitale Chancen; arbeitet am Institut für Informationsmanagement Bremen (ifib) in mehreren Projekten zur digitalen Teilhabe älterer Menschen; Ko-Autor des Buches *Nutzung und Nutzen des Internet im Alter*.

Jun. Prof. Dr. Anna-Maria Kamin
Juniorprofessorin für Erziehungswissenschaft mit dem Schwerpunkt Medienpädagogik im Kontext schulischer Inklusion an der Universität Bielefeld; Forschungsschwerpunkte: Inklusive Medienbildung in der Schule und in der beruflichen Bildung, Medienerziehung in der Familie und Qualitative Methoden der empirischen Sozialforschung.

Torben Kohring
Studierter Pädagoge, Soziologe und Germanist; war bis 2014 verantwortlich für den Spieleratgeber-NRW; leitet seitdem die offizielle Fachstelle für Jugendmedienkultur des Landes NRW und ist dort für die didaktische Ausrichtung und Konzeption von Projekten zuständig; seit 2009 zudem Jugendschutzsachverständiger bei der USK und langjähriger Referent der Initiative „Eltern+Medien" der LfM NRW; seit 2014 Mitglied in der Jury des Deutschen Computerspielpreises.

Monika Luginbühl
Dozentin für Sozial- und Medienpädagogik, Höhere Fachschule für Sozialpädagogik BFF Bern; Arbeitsschwerpunkte: Medienpädagogik in der stationären Kinder-und Jugendhilfe, Medienpädagogik im Bereich Behinderung und Inklusion.

Christoph Marx
Lehrer für Geschichte und Ethik/Philosophie am Gymnasium; als Medienpädagoge beim Landesfilmdienst Sachsen e.V.; Projektleitung u.a. von *Telling Stories/Geschichten erzählen* (Medienbildung für Menschen mit Behinderung), *Kompetente Medienkinder,* Kinder- und Jugendfilmfest *Rabazz*.

Lorenz Matzat
Mitgründer der NGO AlgorithmWatch in Berlin, die sich seit 2016 mit den Folgen automatisierter Entscheidungssysteme im gesellschaftlichen Kontext befasst; Journalist und Softwareunternehmer; Arbeitsschwerpunkte: Daten- und Lokaljournalismus, Kartenvisualisierungen und Algorithmic Accountability.

Univ.-Prof. Dr. Ingrid Paus-Hasebrink
Professorin für Audiovisuelle und Online-Kommunikation; seit 01.10.2018 im Ruhestand; ehemalige Leiterin der Abteilung „Audiovisuelle und Online-Kommunikation" am Fachbereich Kommunikationswissenschaft der Universität Salzburg; Gründungsleiterin des Fachbereichs und Dekanin der Kultur- und Gesellschaftswissenschaftlichen Fakultät der Universität; spezielle Forschungsbereiche: (Medien-)Sozialisations- und Rezeptionsforschung sowie Genreforschung und Medienpädagogik.

Dirk Poerschke
MedienSpielPädagoge (M.A.); Medienpädagoge im LVR – Zentrum für Medien und Bildung in Düsseldorf; Schwerpunkte: Frühkindliche Mediennutzung,

ComputerSpielPädagogik, Jugendmedienschutz; Sprecher der GMK-Fachgruppe Games; Vorstandsmitglied Fachstelle für Jugendkultur-NRW/Spieleratgeber-NRW; Gremiumsmitglied beim Gütesiegel Games „pädagogisch wertvoll" des Bundesverband des Spielwaren-Einzelhandels e.V. (BVS); Medienreferent für die Landesanstalt für Medien Nordrhein-Westfalen (LfM); Kuratoriumsmitglied des Fonds Soziokultur des Bundes.

Horst Pohlmann
Diplom-Sozialpädagoge, MedienSpielPädagoge (M.A.); bis 2006 Fachstelle Medienpädagogik/Jugendmedienschutz des Amts für Kinder, Jugend und Familie der Stadt Köln; Januar 2007 bis Dezember 2015 Co-Leitung von „Spielraum – Institut zur Förderung von Medienkompetenz" am Institut für Medienforschung und Medienpädagogik der Technischen Hochschule Köln; Koordination des Weiterbildungsstudiengangs „Handlungsorientierte Medienpädagogik" der Donau-Universität Krems und der Technischen Hochschule Köln in Kooperation mit der Akademie der Kulturellen Bildung; seit 2016 ehrenamtlicher Vorstand im ComputerProjekt Köln e.V.

Adrian Roeske
Wissenschaftlicher Mitarbeiter am Institut für Informationsmanagement Bremen (ifib) und dort tätig u.a. in den Projekten *Tinder die Stadt* und *MeMoApp;* Forschungs- und Arbeitsschwerpunkte: Mediatisierung, Digitalisierung und Datafizierung Sozialer Arbeit sowie berufliche Medienkompetenzförderung und Co-Creation bzw. partizipative Methoden; sein Promotionsvorhaben bewegt sich im Themenkomplex Datafizierung, digitale Ungleichheiten und Soziale Arbeit.

Ronja Schlemme
Medienpädagogin im Jugendzentrum Naumburg; Studien der Medien- und Kommunikationswissenschaften und Psychologie (B.A.) sowie Kommunikations- und Medienwissenschaften mit dem Schwerpunkt Medienpädagogik (M.A.); Forschungsstudie zur Mediennutzung blinder Menschen (Masterarbeit); als freiberufliche Medienpädagogin Leitung von internationalen Filmwerkstätten, Projektevaluation und Konzeptentwicklung; ehrenamtliche Assistenz für Menschen mit Behinderungen.

Judyta Smykowski
Redakteurin, Referentin und Projektleiterin von Leidmedien.de, einem Projekt von Sozialhelden e.V.; studierte Online- und Kulturjournalismus; schreibt als freie Journalistin über die Themen Inklusion, Gesellschaft und Kultur.

Dr. Jan-René Schluchter
Pädagogische Hochschule Ludwigsburg, Institut für Erziehungswissenschaft, Abt. Medienpädagogik; Arbeits- und Forschungsschwerpunkte: Medienbildung und Inklusion, Medienbildung mit Menschen mit Behinderung, Aktive Medienarbeit, Filmbildung.

Magdalene Schmid
Diplom-Pädagogin, Wissenschaftliche Mitarbeiterin an der Hochschule für Soziale Arbeit FHNW; Arbeitsschwerpunkte: Partizipation von Kindern und Jugendlichen, Kindheitsforschung, Mediatisierung in der Kinder- und Jugendhilfe.

Prof. Dr. Olivier Steiner
Dozent, Hochschule für Soziale Arbeit FHNW; Arbeitsschwerpunkte: Digitale Transformation, Mediatisierung in der Kinder- und Jugendhilfe, Medienbildung und Medienkompetenz, Medienpädagogik.

Prof. Dr. Angela Tillmann
Professorin für Kultur- und Medienpädagogik am Institut für Medienforschung und Medienpädagogik an der Fakultät für Angewandte Sozialwissenschaften an der TH Köln, Leiterin des Forschungsschwerpunkts „Medienwelten" und des Instituts „Spielraum – Medienpädagogik in der digitalen Spielekultur"; Arbeitsschwerpunkte: Kinder- und Jugendmedienforschung, Mediensozialisationsforschung, Medienkompetenzförderung, Medien und Identität, Genderkonstruktionen in Medienwelten, Bildungspotentiale Digitaler Spielewelten.

Abbildungsnachweis

Titelbild
©Titelcollage: optimarc/clickbestsellersshutterstock.com

Herbert Kubicek
Seiten 76, 77, 79, 81, 82

**Olivier Steiner/Monika Luginbühl/Rahel Heeg/
Magdalene Schmid/Frank Egle**
Seite 133

Adrian Roeske/Katharina Heitmann
Seiten 165, 167

Wolfram Hilpert
© Bundeszentrale für politische Bildung – bpb (Seiten 186, 187)

Christoph Marx/Luise Jahn
Seiten 196, 198, 199, 202

merz | medien + erziehung
Zeitschrift für Medienpädagogik

Die unabhängige publizistische Plattform für medienpädagogische
Forschung und Praxis im deutschsprachigen Raum
6 x jährlich, davon 1 x jährlich merzWissenschaft

Normalabo (5 + 1 Ausg. jährl.): € 36,- + Porto (D: € 6,- EU: € 8,-)
ermäßigt: € 28,80 + Porto | **Probeabo**: 3 Ausg.: € 15,- inkl.
Einzelheft: € 10,- | **merzWissenschaft**: € 12,-
merzWissenschaft 2018 (Nr. 6/18): **Kinder|Medien|Rechte**
merzWissenschaft 2019 (Nr. 6/19): **Meinungsbildung in sich wandelnden Öffentlichkeiten**

www. merz-zeitschrift.de

erscheint bei kopaed